GRöLS Verlage

„Bücher sind wie Fallschirme. Sie nützen uns nichts, wenn wir sie nicht öffnen."

**Gröls Verlag**

## Redaktionelle Hinweise und Impressum

Das vorliegende Werk wurde zugunsten der Authentizität sehr zurückhaltend bearbeitet. So wurden etwa ursprüngliche Rechtschreibfehler regelmäßig *nicht* behoben, denn kleine Unvollkommenheiten machen das Buch – wie im Übrigen den Menschen – erst authentisch. Mitunter wurden jedoch zum Beispiel Absätze behutsam neu getrennt, um den Lesefluss zu erleichtern.

Um die Texte zu rekonstruieren, werden antiquarische Bücher von Lesegeräten gescannt und dann durch eine Software lesbar gemacht. Der so entstandene Text wird von Menschen gegengelesen und korrigiert – hierbei treten auch Fehler auf. Wenn Sie ebenfalls antiquarische Texte einreichen möchten, finden Sie weitere Informationen auf www.groels.de

Viel Freude bei der Lektüre wünscht Ihnen das Team des Gröls-Verlags.


**Adressen**

Verleger: Hermann-Josef Gröls,

Im Borngrund 26, 61440 Oberursel

Externer Dienstleister für Distribution & Herstellung:

BoD, In de Tarpen 42, 22848 Norderstedt

**Unsere „Edition | Werke der Weltliteratur“** hat den Anspruch, eine der größten und vollständigsten Sammlungen klassischer Literatur in deutscher Sprache zu werden. Nach und nach versammeln wir hier nicht nur die „üblichen Verdächtigen“ von Goethe bis Schiller, sondern auch Kleinode der vergangenen Jahrhunderte, die – zu Unrecht – drohen, in Vergessenheit zu geraten. Wir kultivieren und kuratieren damit einen der wertvollsten Bereiche der abendländischen Kultur. Kleine Auswahl:

**Francis Bacon** • Neues Organon • **Balzac** • Glanz und Elend der Kurtisanen • **Joachim H. Campe** • Robinson der Jüngere • **Dante Alighieri** • Die Göttliche Komödie • **Daniel Defoe** • Robinson Crusoe • **Charles Dickens** • Oliver Twist • **Denis Diderot** • Jacques der Fatalist • **Fjodor Dostojewski** • Schuld und Sühne • **Arthur Conan Doyle** • Der Hund von Baskerville • **Marie von Ebner-Eschenbach** • Das Gemeindekind • **Elisabeth von Österreich** • Das Poetische Tagebuch • **Friedrich Engels** • Die Lage der arbeitenden Klasse • **Ludwig Feuerbach** • Das Wesen des Christentums • **Johann G. Fichte** • Reden an die deutsche Nation • **Fitzgerald** • Zärtlich ist die Nacht • **Flaubert** • Madame Bovary • **Gorch Fock** • Seefahrt ist not! • **Theodor Fontane** • Effi Briest • **Robert Musil** • Über die Dummheit • **Edgar Wallace** • Der Frosch mit der Maske • **Jakob Wassermann** • Der Fall Maurizius • **Oscar Wilde** • Das Bildnis des Dorian Grey • **Émile Zola** • Germinal • **Stefan Zweig** • Schachnovelle • **Hugo von Hofmannsthal** • Der Tor und der Tod • **Anton Tschechow** • Ein Heiratsantrag • **Arthur Schnitzler** • Reigen • **Friedrich Schiller** • Kabale und Liebe • **Nicolo Machiavelli** • Der Fürst • **Gotthold E. Lessing** • Nathan der Weise • **Augustinus** • Die Bekenntnisse des heiligen Augustinus • **Marcus Aurelius** • Selbstbetrachtungen • **Charles Baudelaire** • Die Blumen des Bösen • **Harriett Stowe** • Onkel Toms Hütte • **Walter Benjamin** • Deutsche Menschen • **Hugo Bettauer** • Die Stadt ohne Juden • **Lewis Caroll** • *und viele mehr….*

# Berühmte Frauen der Weltgeschichte

## Gertrude Aretz

## Inhalt

# Erstes Kapitel
# Liselotte von der Pfalz Herzogin von Orléans

*Liselotte, Herzogin von Orléans; Gemälde von H. Rigaud; Schloss Versailles*

## 1. Das Elternhaus

Der alte Glanz der Pfalz lag in Schutt und Asche. Nur der äussersten Sparsamkeit des Landesfürsten konnte es gelingen, das Land wieder zu dem üppigsten und fruchtbarsten aller deutschen Gaue zu machen. Liselottes Vater, der damals noch junge Kurfürst Karl Ludwig, bemühte sich daher auch redlich, die Wunden zu heilen, die der Dreissigjährige Krieg seinem schönen Lande geschlagen hatte. Es kam im Jahre 1649 in sehr verkleinertem Zustand in seine Hände. Die Hauptstadt Heidelberg lag halb in Trümmern. Ein grosser Teil der Dörfer und Flecken war vom Erdboden vollkommen verschwunden, die Bevölkerung durch Krieg und Seuchen aufgerieben. Ueberall wüteten Not, Hunger und Elend. Es bedurfte einer starken, energischen Hand, die Pfalz wieder zu Wohlstand zu bringen, und Karl Ludwig, den im Sturme des Lebens Aufgewachsenen, erwartete auch nach seinem Regierungsantritt kein sorgloses Dasein. In sich selbst fühlte er seinem Lande gegenüber eine tiefe Schuld. Er hoffte sie durch eisernen Fleiss und strengste Pflichterfüllung zu sühnen. Denn durch die Fehler seiner Eltern war die Pfalz ins Unglück geraten. Seine stolze Mutter, die Tochter König Jakobs I. von England, als Winterkönigin bekannt, hatte grosses Luxusbedürfnis. Sie war eine schöne Verschwenderin. Ihre Ansprüche und exzentrischen Neigungen überschritten weit die Verhältnisse am kurpfälzischen Hofe. Des Vaters verhängnisvolles Streben nach einem höheren, glänzenderen Thron hatte die kurfürstliche Familie zu obdachlosen Flüchtlingen gemacht und war schuld an der Verwüstung der Pfalz durch die Spanier und Franzosen.

Leider erreichte Karl Ludwig sein Ziel nur zu seinem Schaden, denn die Pfalz, wieder zu Wohlstand gelangt, ward aufs neue ein begehrlicher Gegenstand in den Augen anderer Fürsten. Besonders Ludwig XIV. hatte es auf das Land des Kurfürsten abgesehen. Wie es sich später zeigte, wurde Liselottes Vater ein Opfer des französischen Königs, und zwar nicht infolge persönlicher Schwäche und Nachgiebigkeit, sondern hauptsächlich infolge des Zustandes der damaligen deutschen Verfassung. Er musste es geschehen lassen, dass sein schönes Land der

Willkür der Franzosen preisgegeben ward, ohne dass das Reich ihm Schutz und Hilfe gewährte. Ueber der Pfalz schwebte ein Unglücksstern.

Auch die junge Ehe des Landesfürsten war nicht vom Glück begünstigt. Karl Ludwig war mit Charlotte, einer Tochter des Landgrafen Wilhelm V. von Hessen-Kassel, vermählt. Er heiratete sie ein Jahr nach seiner Thronbesteigung, am 12. Februar 1650. Die Prinzessin war kränklich, deshalb fast immer gereizt und übelgelaunt. Nichtsdestoweniger war sie ungemein vergnügungssüchtig, eine ausgezeichnete Amazone. Sie liebte es, mit reichem Gefolge weite Spazierritte zu unternehmen, in der Umgegend zu jagen, Feste und Bälle zu veranstalten und an ihrem Hofe einen gewissen Glanz zu entfalten. Ihre Schönheit zur Geltung zu bringen, daran lag ihr am meisten. Daneben war sie streitsüchtig, launisch und heftig, gegen Untergebene sehr stolz und hoffärtig. Sie behandelte ihre Dienerschaft schlecht. Es kam ihr nicht darauf an, ihre Hofdamen mit der Reitpeitsche zu schlagen. Sie hatte gewiss keinen angenehmen Charakter, war ausserdem eine höchst hysterische Frau. Die eigene Mutter, die edle Landgräfin Amalie von Hessen-Kassel, warnte den Kurfürsten bei der Verlobung vor dem widerspenstigen, halsstarrigen und verdriesslichen Wesen der Tochter. Damals rechnete Karl Ludwig jedoch in voller Zuversicht auf seinen eheherrlichen Einfluss, er wolle sich um so freundlicher gegen seine Gattin zeigen und ihre Liebe zu erobern trachten. Es gelang ihm nicht, trotz aller Geduld, die ihm bei seinem leicht erregbaren Charakter möglich war aufzubringen.

Es gab zwischen dem ungleichen Paar nicht nur heftige Privatauseinandersetzungen, sondern auch Streitigkeiten wirtschaftlicher Natur. Karl Ludwig war sparsam bis zur Kleinlichkeit. Vor allem strebte er danach, seinem verarmten Lande jede Mehrausgabe für die Unterhaltung des Hofes zu ersparen. Die Dienerschaft war aufs nötigste beschränkt. Wenn er gezwungen war, irgendeinen offiziellen Besuch bei einem hohen Fürsten oder gar beim Kaiser zu machen, so liess er es freilich an einem seiner Würde zukommenden äusseren Auftreten nicht fehlen, umgab sich mit einem glänzenden Hofstaat, machte ansehnliche Geschenke. Sobald er jedoch wieder daheim war, wurden alle unnützen

Esser verabschiedet. Karl Ludwig war von neuem der sparsame Bürger. Persönlich wog er die gewisse Menge Zucker und Nahrungsmittel für seinen Hausbedarf ab, überwachte seine Landwirtschaft selbst, verkaufte sein Vieh und sein Wild, um nicht von der Apanage seiner Untertanen abzuhängen. Eine Zeitlang verzichtete er sogar ganz darauf. Ferner war er ein Feind aller Koketterie. Er liebte es nicht, dass die Frauen viel Geld für Kleidung oder Vergnügen ausgaben. Reiten und Jagen waren ihm beim weiblichen Geschlecht verhasst; seine Tochter Lieselotte lernte es erst in Frankreich.

Durch diese Eigenschaften allein stiess er auf heftigen Widerstand bei seiner luxusbedürftigen und vergnügungssüchtigen Frau. Sie liebte es, viel Geld auszugeben. Sie liebte es, ein grosses Haus zu führen, sich mit einem prächtigen Hofstaat zu umgeben, in der Welt zu glänzen und eine Rolle zu spielen. Karl Ludwig war nicht reich genug, ihr ein solches Leben zu gewähren; das verhängnisvolle Beispiel seiner eigenen Mutter stand ihm warnend vor Augen. Aber Charlotte sah nur Böswilligkeit und Geiz in der Sparsamkeit ihres Gatten, und die Zänkereien und Streitigkeiten nahmen kein Ende.

Aus dieser höchst unglücklichen Verbindung gingen drei Kinder hervor. Nur zwei davon blieben am Leben: ein Sohn Karl, der im Jahre 1651 geboren wurde, und eine kleine Prinzessin, Elisabeth Charlotte, von ihren Angehörigen kurzweg Liselotte genannt. Sie kam im Mai 1652 zur Welt.

Auf Liselottes Kinderjahre fiel der Schatten des unglücklichen Zerwürfnisses ihrer Eltern. Bald machte der Vater kein Hehl mehr daraus, dass er mit der Mutter nicht glücklich sei. Er suchte in einer anderen Neigung Trost. Unter den Hofdamen der Kurfürstin Charlotte befand sich seit dem Jahre 1653 ein Fräulein Luise von Degenfeld. Sie war ein junges blondes Mädchen, das von Anfang an Eindruck auf Karl Ludwig machte. Fräulein von Degenfeld wollte ihm indes nur als Gattin, nicht aber als Mätresse angehören. Auch sie liebte ihn, obwohl er mehr als zwanzig Jahre älter war als sie. Der Kurfürst war zu allem bereit. Die Scheidung war für ihn beschlossene Sache. Impulsiv, wie er war, teilte er seiner Frau sofort den Entschluss mit. Charlotte war ausser sich über diese Schmach und erwiderte zornig, dass sie nie und nimmer ihre Zustimmung geben werde. Von diesem Augenblick an wurde das Leben im Heidelberger Schlosse unerträglich. Täglich gab es die heftigsten Auseinandersetzungen zwischen den beiden Ehegatten. Vergebens versuchten die Verwandten des kurfürstlichen Paares eine Versöhnung herbeizuführen. Karl Ludwig war unerbittlich. Von Tag zu Tag liebte er Luise von Degenfeld mehr. Je unüberwindlicher die Hindernisse schienen, sie zu erlangen, desto heftiger entflammte seine Leidenschaft. Sein Hass gegen die Kurfürstin wurde immer grösser. Aber obwohl das Leben für Charlotte unter seinem Dache nicht nur qualvoll, sondern auch würdelos war, vermochte sie doch nichts zu bewegen, das Schloss zu verlassen. So lebten beide Frauen anfangs gemeinsam in Heidelberg. Später verlegte Karl Ludwig seinen neuen Hausstand nach Frankenthal, wo er den Winter verbrachte. Vierzehn schöne Kinder gingen aus diesem Bunde mit Luise von Degenfeld hervor. Er hatte Luise zur Raugräfin erhoben. Er war sehr glücklich und verbarg sein Glück vor niemandem. Luise kannte nur ein Ziel: den Kurfürsten, für den sie die grösste Verehrung und Dankbarkeit empfand, den Schritt nicht bereuen zu lassen, den er getan hatte. Niemals vergass sie, welch hohe und bevorzugte Stellung ihr Karl Ludwig eingeräumt hatte. Sie vergalt ihm seine Liebe und Fürsorge mit herzlicher Hingabe. Seinen beiden Kindern aus der Ehe mit der Kurfürstin ist sie jederzeit mit Liebe begegnet. Liselotte weiss nur Gutes von dieser Stiefmutter zu sagen. Besonders aber lobte sie die Liebenswürdigkeit und Sanftmut der Raugräfin.

Noch ehe Liselotte geboren war, kam Karl Ludwigs Lieblingsschwester Sophie, die spätere Kurfürstin von Hannover, an den Hof von Heidelberg, um ihren jungverheirateten Bruder zu besuchen. Die zweiundzwanzigjährige Sophie war nicht nur ausserordentlich gebildet, sondern auch ein ganz besonders individueller Charakter. Ausser dem Deutschen sprach sie gleich fliessend Holländisch, Englisch, Französisch, ziemlich gut Spanisch, Italienisch und Lateinisch. Jedermann war erstaunt, bei einer so jungen Prinzessin so viele Kenntnisse zu finden, besonders da sie nichts weniger als ein Blaustrumpf war, sondern Freude an allen Vergnügungen der grossen Welt hatte. Französisch war damals die Sprache der Höfe und vornehmen Gesellschaft, Englisch hatte Sophie von frühester Kindheit durch die Mutter gelernt, ebenso Holländisch durch ihren Aufenthalt im Land, und Lateinisch musste damals jedermann verstehen, der einigermassen Anspruch auf höhere Bildung machte. Karl Ludwigs Schwester besass jedoch auch recht ansehnliche Kenntnisse in Philosophie und Geschichte, die selbst Gelehrten Bewunderung einflössten. Dazu kam ein äusserst glückliches Temperament. Sie verfügte über einen lebhaften, oft derben Witz mit starker Neigung zum Spöttischen, einen festen, entscheidenden Willen, der sich in allen Widerwärtigkeiten des Lebens aufrecht erhielt. Sophie war weit entfernt von dem damals sehr verbreiteten Aberglauben, von aller Frömmelei und Intoleranz; eine starke, frohe Natur, die trotz aller äusseren Derbheit viel Herzensgüte und Wärme in sich trug. In vielen Eigenschaften ging Sophies Charakter auf Liselotte über, für die sie der Inbegriff alles Vollkommenen und Schönen wurde. Von dem rauschenden Hofe in Frankreich flüchtete später die Herzogin von Orléans in den Stunden ihrer Einsamkeit zu ihrer herzlieben Tante Sophie, um in langen Briefen alle ihre Kümmernisse zu beichten und sich bei ihr Rat und neuen Mut zu holen.

Als diese Tante an den kurpfälzischen Hof kam, war der Erbprinz Karl ein Jahr alt, und Liselottes Geburt wurde erwartet. Während das Brüderchen aber sein Leben lang kränklich und schwächlich blieb, entwickelte sich die kleine Prinzessin zu einem körperlich und geistig gesunden Naturkind, voll Frische und Frohsinn. Ihr wildes Temperament war kaum zu bändigen.

Trotz allen häuslichen Zwistes zwischen den Eltern, trotz aller Strenge des Kurfürsten sind Liselottes Kinderjahre im Elternhause doch äusserst glückliche. Sie geniesst die grösste Freiheit, darf sprechen und spielen mit wem sie will, darf mit ihren Gouvernanten in der Umgebung von Heidelberg umherstreifen, braucht sich nicht mit vielem Lernen zu beschweren. Sie kann ganz Kind sein. Auf diese Weise befreundet sie sich mit Hoch und Niedrig und gelangt schliesslich zu jenen ausserordentlichen Kenntnissen von Dingen und Menschen ihrer Heimat, der wir in ihren zahlreichen Briefen begegnen. Jene köstliche Natürlichkeit und Einfachheit ihres Wesens, denen sie selbst später in einer völlig anderen Umgebung voll Glanz, Reichtum und Verderbnis treu blieb, sind in jenen harmlos glücklichen Kinderjahren verwurzelt. Wie an ein Paradies auf Erden erinnerte sie sich bis ins hohe Alter ihrer ungestümen Jugendlust und Wildheit. Ihren Erzieherinnen bereitete sie allerdings oft die grössten Sorgen. Einen rechten „rauschenblattenen Knecht“ nennt sie sich, was so viel heissen will wie „flatterhaft Bürschchen“. Als sie dann selbst Mutter eines äusserst lebhaften Töchterchens ist, schreibt sie in ihrem originellen Deutsch: „Ich glaube, dass aller Liselotten ihr Naturell ist, so wild in der ersten Jugend zu sein, hoffe, dass mit der Zeit ein wenig Blei in dem Quecksilber kommen wird, wenn ihr mit der Zeit das Rasen so vergeht, als es mir vergangen ist, seiderdem ich in Frankreich bin.“ Sie wäre wohl auch lieber ein Knabe gewesen, der nach Herzenslust auf den Bäumen herumklettern konnte, ohne danach fragen zu müssen, ob das sich auch schicke. Denn für das „Sichnichtschicken“ hat Liselotte ihr Leben lang kein Verständnis. Sie tut und sagt, was ihr gerade einfällt, spricht den Pfälzer Dialekt wie der geringste Untertan ihres Vaters. Jede Ziererei ist ihr fremd. Am liebsten wäre es ihr, wenn man sie mit aller Zeremonie und Vornehmtuerei verschonte. „Wie irgendein anderes Bürgerkind geht sie mit einem „gut Stück Brot in der Hand“ schon morgens um fünf Uhr vor das obere Tor in Heidelberg „Kirschenessen“ und empfindet es als das höchste Glück, wenn man sie ungestört diesem harmlosen Vergnügen überlässt.

So wächst Liselotte auf in Sorglosigkeit und Natürlichkeit. Die Erzieherinnen haben keinen leichten Stand bei diesem zu allen tollen Streichen aufgelegten Kinde. Die erste Gouvernante erbat vom Kurfürsten ihren Abschied mit der Erklärung, sie wolle nicht mehr bei der Prinzessin bleiben, weil sie ihr zu viele Schabernacks spiele. Fräulein von Quaadt war nämlich alt und langweilig, und so entledigte sich das fröhliche, mutwillige Kind ihrer eines Tages durch einen Gewaltstreich. Liselotte war ungehorsam gewesen und sollte die Rute bekommen. Als „die Jungfer

Eltz von Quaadt“ sie hinaustragen wollte, zappelte die kleine Prinzessin so sehr mit den Füssen und gab ihr „so viel Schläg in ihre alte Bein“, dass Jungfer Eltz mitsamt der wilden Liselotte zu Boden fiel. Das schadenfrohe kleine Mädchen aber suchte schleunigst das Weite und entging so der zugedachten Strafe. Fräulein von Quaadt erzog fortan nur noch den sanfteren, stillen Erbprinzen. Liselotte indes bekam von da an ihr geliebtes Fräulein von Offelen zur Hofmeisterin.

Es kommt aber auch vor, dass Liselottes Missetaten durch einen Zufall aufgedeckt werden, wie an jenem Abend, als sie gerade mit einem Teller voll Specksalat am Fenster steht und hastig die für sie köstliche, aber verbotene Speise heimlich hinunterwürgt. Sie ist noch nicht fertig mit essen, als plötzlich auf dem Altan, direkt vor ihrem Fenster, die Kanone abgefeuert wird, weil ein Brand in der Stadt ausgebrochen war. Darüber erschrickt das Fräulein von Colb, ihre Gesellschafterin, dermassen, dass sie im Hemd aus dem Bett springt, um die Prinzessin zu retten, denn sie glaubt, das Feuer sei ganz in der Nähe. Aus Furcht, ertappt zu werden, wirft Liselotte eiligst den silbernen Teller mitsamt dem Salat und der Serviette zum Fenster hinaus. Da aber kommt auch schon der Kurfürst die hölzerne Stiege herauf, um von Liselottes Zimmer aus in die Stadt hinunterzuschauen, wo sich der Brand befände. „Wie er mich so mit dem fetten Maul und Kinn sah“, erzählt später die Frau Herzogin von Orléans in ihrer derben Art, „fing er an zu fluchen: ‹Sacrament, Liselotte, ich glaube, ihr schmiert euch etwas auf dem Gesicht.› Ich sagte: ‹Es ist nur Mundpomade, die ich wegen der gespaltenen Lefzen (Lippen) geschmiert habe.› – Papa selig sagte: ‹Ihr seid schmutzig.› – Da kam mir das Lachen. Die Raugräfin kam auch herauf durch meiner Jungfern Kammer und sagte: ‹Ah, wie riechts in der Jungfern Kammer nach Specksalat!› Da merkte der Kurfürst den Possen und sagte: ‹Das ist denn eure Mundpomade, Liselotte?› – Wie ich sah, dass der Kurfürst guter Laune war, gestund ich die Sache und verzählte den ganzen Handel, wie ich die Hofmeisterin betrogen hatte. Der Kurfürst lachte nur darüber, aber die Colbin hat mirs lange nicht verziehen.“

Lachen und Fröhlichsein füllten ihre Kinderjahre aus und liessen die Stürme vorüberziehen, die sich oft genug im Elternhaus über ihr zusammenzogen. Der Vater war infolge des traurigen Verhältnisses seiner Ehe oft heftig und streng gegen die beiden Kinder. Indes scheint Liselotte mit ihrem urwüchsigen, fröhlichen Naturell weniger unter der Strenge des Vaters gelitten zu haben als der Erbprinz, der sich später auch völlig von ihm abwandte. Liselotte verehrte jederzeit den Kurfürsten mit grosser Liebe. Höchstens kommt sie bisweilen auf sein hartes Wesen zu sprechen und meint, „der Vater, Ihro Gnaden, der Kurfürst selig", habe sie wohl sehr lieb gehabt, allein sie habe ihn noch viel lieber gehabt als er sie. Und vielleicht hat sie nicht ganz unrecht. Aus Instinkt stellt sich das Kind, das oft Zeuge der elterlichen Zerwürfnisse ist, auf die Seite der Mutter. Als Liselotte älter ist und in die Schule der Tante Sophie von Hannover geht, die ihren Bruder Karl Ludwig abgöttisch liebte und natürlich seine Tochter in der Liebe zu ihm erzog, entfernt sich auch Liselotte immer mehr von ihrer Mutter.

Karl Ludwigs Schwester Sophie hatte sich am 18. Oktober 1658 mit dem Herzog Ernst August von Braunschweig- Lüneburg verheiratet. Vorläufig war er noch ein Herzog ohne Land, aber doch keine allzu schlechte Partie für die nicht mehr ganz junge und vermögenslose pfälzische Prinzessin. Einst hatte sich zwar der Erbe des englischen Königsthrones um sie bemüht. Diese Verbindung hatte sich indes zerschlagen. Sophies gesunder Verstand sagte ihr, es sei besser, überhaupt einen Mann zu finden als gar keinen. Er müsse nur, wie sie sich ausdrückte „in einem annehmbaren Range stehen, seine Frau nicht schlagen", wie Prinz Adolf Johann von Zweibrücken. Auch er hatte um ihre Hand angehalten. Ferner dürfe er „weniger dem Trunke zuneigen wie der Prinz von Holstein", der gleichfalls in sie verliebt war.

Herzog Georg Wilhelm von Hannover, der Bruder ihres zukünftigen Gatten, war zuerst mit ihr so gut wie verlobt. Diese Verbindung zerschlug sich jedoch, weil der Bräutigam inzwischen in Venedig einer griechischen Kurtisane in die Hände gefallen war. Obwohl Sophie dem Herzog Georg Wilhelm weit mehr als nur konventionelle Neigung entgegenbrachte, liess es ihr Stolz nicht zu, sich irgend etwas merken zu lassen, dass sie unter dem Zusammenbruch ihres Glücks litt. Und als er sie, wie etwas Sachliches, einfach seinem Bruder Ernst August als Braut abtritt, willigt sie ohne Widerstreit, vielleicht aber auch ohne Bedauern, in diese unter Brüdern arrangierte Heirat. Auch das mit der Zeit unerträgliche Leben im Heidelberger Schloss mag Sophie zu diesem raschen Entschluss bestimmt haben.

Als sie ihren Verlobten, den Herzog Ernst August, einen schönen, hochgewachsenen Mann, endlich in Heidelberg empfängt, freute sie sich, ihn liebenswürdig und nett zu finden, denn sie hat sich vorgenommen, ihn zu lieben, gleichviel ob er ihr gefällt oder nicht. Nun ist sie froh, dass auch sein Aeusseres ihrem Geschmack entspricht. Durch eine Klausel des Westfälischen Friedens war dieser protestantische Fürst Koadjutor des Kardinals von Wartenberg, Bischofs von Osnabrück und zu dessen Nachfolger auf dem bischöflichen Stuhl bestimmt. Da jedoch Wartenberg noch lebt, führt Ernst August seine junge Frau einstweilen nach Hannover, an den Hof seines Bruders Georg Wilhelm, der ihm als Belohnung, dass er ihm die Braut abgenommen, versprochen hat, niemals zu heiraten und ihm sein Erbe auf den Thron von Hannover abzutreten.

Von dem Augenblick an, da die junge Herzogin Sophie das Schloss Heidelberg verlassen hat, tritt sie in engsten Briefwechsel mit dem Kurfürsten von der Pfalz. „Er hatte so grosses Vertrauen zu mir", sagte sie in ihren Memoiren, „dass er mir mit jedem Posttage schrieb, und seine Briefe waren so warm und unterhaltend, dass die Korrespondenz mir die grösste Freude meines Lebens ausmachte." Es bestand zwischen beiden Geschwistern ein so herzliches Freundschaftsband, dass ihr sein Urteil alles galt; und ihm war sie diejenige Frau, vor der er keine Geheimnisse zu haben brauchte. Jederzeit konnte er ihr sein Herz ausschütten. Gleich in den ersten Briefen an seine Schwester bespricht er mit ihr die Erziehungsfrage der damals siebenjährigen Liselotte, die ihm sehr am Herzen liegt. Damals schlug ihm Sophie vor, sie wolle die kleine Prinzessin zu sich nach Hannover nehmen und für sie sorgen wie für ihr eigenes Kind.

Karl Ludwig musste wohl einsehen, dass es heilsamer sei, Liselotte nicht länger dem ungesunden Verhältnis seiner Ehe auszusetzen. Die täglichen Reibereien zwischen Vater und Mutter bleiben dem Kinde nicht verborgen, weil sich weder der eine noch der andere geniert, und das konnte für Liselottes Charakter leicht gefährlich werden. Immer mehr spitzt sich das Verhältnis der beiden Gatten zu. Hartnäckig weigert sich die Kurfürstin, das Schloss Heidelberg zu verlassen, wo ihre Stellung nachgerade beschämend für sie wird. Ganz unverständlich für ihre Frauenwürde ist es, dass sie noch immer darauf besteht, bei offiziellen Gelegenheiten mit dem Kurfürsten die Honneurs zu machen, der längst eine neue Familie besitzt. Auch im Theater erscheint Charlotte mit ihm und empfängt bei den Hofcouren. Weder sie noch er sind indes Naturen, die sich beherrschen und wenigstens für Augenblicke im öffentlichen Leben vergessen können, dass bittere Feindschaft zwischen ihnen herrscht. Mit einem Wort: das Leben im Schlosse wird immer unerträglicher, immer unerfreulicher. Es ist höchste Zeit, dass Liselotte dieser Umgebung entrissen wird. Der Herzogin von Hannover ist es wirklich ernst mit ihrer Absicht, die Erziehung ihrer Nichte zu übernehmen, und als ihr Bruder sich endlich auch dazu entschlossen hat, verwandelt Sophie die Absicht in die Tat. Am 15. Mai 1659 schreibt sie unumwunden an Karl Ludwig, mit dem sie die Briefe stets in französischer Sprache wechselt: „Wenn es Ihnen zu dieser Stunde angenehm wäre, die Vorbereitungen zur Reise Liselottes zu treffen, so würden sie unsere Wagen in Minden an dem Tage erwarten, an dem sie Ihrem Wunsch gemäss dort einträfe...“

Für das kleine Kurprinzesschen brechen nun vier herrliche, glückliche Kinderjahre bei ihrer „herzlieben Tante Sophie“ an. Sie wird ihre wahre Mutter! Liselotte liebt sie mit aller kindlichen Inbrunst. Hier am Hofe Sophies sieht sie nie Szenen des Zorns und gehässiger Erbitterung. Hier gibt es keine kleinlichen Reibereien, keine Eifersüchteleien, keine unwürdigen Zänkereien. Wenn auch der hannöversche Hof durchaus kein Muster an Tugenden ist – dafür sorgen schon die vier sehr lebenslustigen und galanten Brüder –, so ist doch die Herzogin Sophie dessen Seele, eine sehr kluge Frau, die jeden öffentlichen Skandal, jede Art von Streitigkeiten und Zänkereien vermeidet. In ihrem häuslichen Leben mit dem Gatten ist später gewiss nicht alles, wie es hätte sein sollen, aber Sophie verschliesst das Leid darüber in ihrem grossen starken Herzen, ohne die Miene einer Märtyrerin zur Schau zu tragen. Im Gegenteil, sie ist immer heiter, immer geistvoll, immer die Gebende, oft derb und geradezu witzig und spöttisch, aber stets der Mittelpunkt ihres Hofes. Ihr treuester und ergebenster Freund Leibniz nennt sie nie anders als „unsere Grosse Kurfürstin".

An der Seite dieser Frau wächst Liselotte auf. Ist es ein Wunder, dass dieses Kind, das nie die wahre Mutterliebe fühlte, für die Herzogin Sophie, die sie mit aller Wärme einer Mutter ans Herz nahm, die tiefste Zuneigung und höchste Bewunderung empfindet? Ihre Tante Sophie ist ihr Ideal und bleibt es. Als Liselotte selbst das Leben an einem der glänzendsten Höfe der Welt und anderer Frauen Geist und Macht kennenlernt, ist Sophie noch immer für Liselotte nicht nur der Stern des Hofes in Hannover, sondern überhaupt die geistreichste und grösste Frau aller Höfe.

Das kleine Pfälzer Prinzesschen folgt übrigens der Tante auf ihren Reisen überallhin. Noch ist Sophies eigene Tochter, die spätere erste Königin in Preussen, Sophie Charlotte, nicht geboren. Die Herzogin verwendet daher alle Liebe auf ihr so vollkommen natürliches und unverdorbenes Pflegekind. Sie ist ganz entzückt und wundert sich nicht wenig, wie aufgeweckt und klug Liselotte ist. Einmal ruft sie begeistert aus: „Sie besitzt ebensoviel Geist wie eine Zwanzigjährige haben könnte. Sie kann sich so nett benehmen, dass es wahrhaft ein Wunder ist." Aber Sophie weiss auch, dass dem etwas unbändigen Kinde, dieser „wilden Hummel", ein wenig Strenge guttut. „Man muss sie jeden Augenblick daran erinnern und ihr sagen: ‹Nimm dich vor der Rute in acht!› Denn sie ist natürlich doch immerhin ein Kind."

So sehr die Tante auf gutes Benehmen hält, so hört das heranwachsende Mädchen doch auch manchen derben Witz und manch grobes Wort, nicht nur von den Herzögen und ihren Höflingen, sondern auch von Sophie selbst, der es im Blute liegt, dann und wann einen recht kräftigen Spass zu machen oder mit anzuhören. Sie ist in dieser Beziehung ein echtes Kind ihrer Zeit, in der Zurückhaltung und Schüchternheit bei Frauen, besonders bei Damen der höchsten Kreise, für zimperlich und gekünstelt, folglich für ungebildet gelten. Die Herzogin und spätere Kurfürstin von Hannover liebt die starken Ausdrücke in ihrer Sprache, und Liselotte wird auch in dieser Hinsicht ihr allzu getreues Ebenbild, wie ihre unzähligen Briefe zur Genüge beweisen. Es ist nicht nur die angeborene Derbheit und Urwüchsigkeit der Pfälzerin, die das zum Ausdruck bringen, sondern Liselottes ganze Erziehung sowohl am Hofe ihres Vaters als auch in Hannover zielte auf unverfälschte Natur. Obwohl ein Fürstenkind, wuchs sie doch eigentlich in aller Zwanglosigkeit heran und büsste trotz der höfischen Umgebung nichts von ihrer herzerquickenden Frische ein, die ihrer Persönlichkeit den grössten Zauber verliehen hat.

Die „Grimassen“ gewöhnte sich Liselotte in der Tat ihr Lebtag nicht ab. Es ist ihr auch ganz gleichgültig, was für ein Gesicht sie macht, denn sie ist nicht eine Stunde in ihrem Leben gefallsüchtig und eitel gewesen. Sie besah sich auch nicht oft im Spiegel. Von jeher fand sie sich zu hässlich und war der Meinung, nur hübsche Mädchen und Frauen hätten das Recht, in den Spiegel zu schauen. Damit übertreibt Liselotte nun freilich ein wenig, denn sie war als Mädchen weder hässlich von Gesicht noch von Gestalt. Es gibt Jugendbildnisse von ihr, wie das eines unbekannten Malers im Kestner Museum in Hannover, die ohne Frage hold und liebreizend wirken. Auf jeden Fall war die junge pfälzische Prinzessin nicht hässlich, wenn auch keine hervorragende Schönheit. Die gesunde Frische ihres Gesichts, der gute Wuchs, der freie offene Blick und ihr ungezwungenes, natürliches Wesen, das war die Schönheit Liselottes, die jedem gefiel. Herzog Georg Wilhelm meinte, als er sie zum erstenmal als kleines kugelrundes Mädchen sah: „Wäre gut zu essen, wenn man sie wie ein Spanferkel braten könnte.“ Und so appetitlich gesund ist sie zum jungen Mädchen und zur Frau herangewachsen.

Liselottes geistige Erziehung beschränkte sich auf das Nötigste, nicht mehr und nicht weniger. Mit sieben Jahren lernt sie in ihrer Muttersprache lesen und schreiben. Im Haag bei der Grossmutter,

Elisabeth Stuart, wird der Grundstein zu ihren französischen und englischen Kenntnissen gelegt. Die französische Sprache war nicht allein von unbedingter Notwendigkeit für eine Prinzessin, sondern besonders an den rheinischen Höfen Umgangssprache. Liselotte hat eine äusserst leichte Auffassungsgabe und begreift alles spielend. Bald spricht sie ohne Mühe das Französische gut und geläufig, so dass es ihr durchaus kein fremdes Idiom ist, als sie als neunzehnjährige Prinzessin an den Hof Ludwigs XIV. kommt. Da die Herzogin Sophie sehr belesen war und gute Lektüre, besonders die zu jener Zeit bevorzugte französische Literatur ausserordentlich schätzte, so weihte sie auch bald Liselotte darin ein und lehrte sie die grossen Meister des Stils und des Geistes lieben. Auch für andere Unterrichtsstunden wurde gesorgt, allerdings ein wenig wahllos und kunterbunt durcheinander, aber nicht ohne Erfolg.

Ein besonders gutes Gedächtnis besitzt Liselotte für geistliche Lieder und Sprüche. Obwohl man am Hofe von Hannover alles weniger als fromm war, so musste doch der Form halber in die Kirche gegangen werden, denn die Etikette schrieb die Anwesenheit des Landesfürsten und seiner Familie beim Gottesdienst vor. Die philosophische Herzogin Sophie und ihr Gatte setzen sich über die sie langweilende Predigt mit irgendwelchen Beschäftigungen in der Kirche hinweg. Sophie benutzt diese Kirchenstunden meist dazu, ihre Korrespondenz zu erledigen. Der Herzog liest Komödien, oft sogar mit lauter Stimme. Einmal schreibt Sophie: „Wir sind in der Kirche, wo mein Herr Gemahl so viel Lärm beim Lesen einer Komödie macht, dass ich jetzt nicht weiter schreiben kann …“ Sie waren eben echte Kinder ihrer Zeit, und Liselotte nahm sich ein Beispiel an ihnen. Es kommt ihr nicht darauf an, mitten in der Predigt mit Fingerhutblumen zu knallen oder sonst irgendwelche Scherze zu treiben. Dafür wird sie von Fräulein von Offelen oder bisweilen auch von der Tante „gefilzt“, aber das hat weiter nichts zu bedeuten. Im nächsten Gottesdienst geht es doch wieder sehr lustig zu, was sie indes nie abhält, ganz andächtig die schönen Kirchenlieder mitzusingen, deren sie sich noch als alte Frau vollkommen erinnert.

Kopfhängerei und Sentimentalität sind nicht Liselottes Fall. Die meisten Spiele der kleinen Mädchen verschmäht sie. Springen, singen und schreien, so recht aus vollem Halse, sind ihr lieber als Puppen. Mit Degen und Flinten versteht sie weit besser umzugehen. „Wäre gar gern ein Junge geworden“, meint sie und wundert sich, dass sie bei dieser Ausgelassenheit nicht hundertmal den Hals gebrochen hat. An Freiheit in dieser Beziehung fehlt es ihr nun allerdings nicht am Hofe der Tante. Es geht dort bei aller Bescheidenheit doch immer lustig und fröhlich zu. Besonders als sich die Verhältnisse für den Herzog Ernst August im Jahre 1661 insofern besser gestalten, als der alte Bischof von Osnabrück das Zeitliche gesegnet hat und Ernst August und Sophie endgültig ins Schloss Iburg übersiedeln, wo sie ihre eigene Hofhaltung haben.

Wie ein Guckkasten bunt durcheinander zieht das Leben der vier Jahre an Liselotte vorüber. Um nichts möchte sie sie missen, und nichts vermag sie ihr aus dem Gedächtnis zu verwischen. Sie sind in ihrem Herzen eingegraben mit goldenen Lettern, unauslöschbar. Wie eine Heilige verehrt sie die liebe Tante Sophie, und je älter sie wird, desto mehr Verständnis bekommt sie für die Wesensart dieses Frauencharakters, der ihrem eigenen so sehr entspricht. Ihr Leben möchte Liselotte für Sophie hergeben, um sie unsterblich zu machen. Unantastbar, mit allen Vorzügen und herrlichen Eigenschaften ausgestattet, steht sie vor ihrem Geiste. Eine grosse, unendlich rührende Liebe und Verehrung für diese Frau keimt in des Kindes liebebedürftigem Herzen und wurzelt sich fest bis ans Ende. Die tiefste und aufrichtigste Dankbarkeit, wie es kaum eine Tochter für die Aufopferung und Fürsorge einer Mutter empfindet, fühlt dieses junge Fürstenkind für alles, was Sophie für sie getan hat. Selbst später, in den Briefen der alternden Herzogin von Orléans an die Kurfürstin von Hannover, meint man noch das liebe, zärtliche Mädchen vor sich zu sehen, das in verehrender Anbetung zu der Mutter aufblickt, der es alles verdankt. Und diesem prächtigen Charakterzug begegnen wir noch öfter bei Liselotte, denn jederzeit empfindet sie die grösste Dankbarkeit für diejenigen, die sie menschlich förderten oder ihr Liebes bezeugten. Nie hat sie ihre treue, oft sehr strenge Erzieherin, Fräulein von

Offelen, spätere Frau von Harling, vergessen. Nie die Kinder der Raugräfin, mit denen sie Freud und Leid des Elternhauses teilte; immer war sie ihnen eine treue und liebevolle Schwester. Ihren Papa aber verehrte sie, trotz seiner Strenge, als den „besten Herrn der Welt“. Weiss sie doch, dass es Karl Ludwig stets nur gut mit ihr gemeint und ihr Bestes gewollt habe. Eine heilige Scheu vor dem Begriff „Vater und Mutter“ wohnt ihr inne. Wäre auf ihre zarte Jugend nicht der grelle Widerschein des Zerwürfnisses ihrer Eltern gefallen, wäre sie nicht schon frühzeitig zwischen beide Parteien gestellt worden, gewiss hätte sie auch mit derselben ergebenen Liebe an ihrer Mutter gehangen wie an der Tante Sophie, weil es eben ihre Mutter war. Aber die kalte, herrische Natur der Kurfürstin Charlotte hat es nicht vermocht, das Kind ganz für sich zu gewinnen. Es kamen andere, die es an ihr Herz nahmen; die Trennung bewirkte dann, dass die Tochter sich vollkommen der Mutter entfremdete, ohne jedoch Groll oder Abneigung gegen sie zu empfinden. Im Gegenteil, Liselottes stark ausgeprägtes Gerechtigkeitsgefühl lässt sie trotz aller Bewunderung für jede Handlung des Vaters empfinden, dass er gegen die Mutter hart und ungerecht war.

Die nun elfjährige Prinzessin verlässt ihre geliebte Tante nur ungern. Fräulein von Offelen hat inzwischen in Hannover den Oberstallmeister von Harling geheiratet und ist zur Oberhofmeisterin der Herzogin von Hannover ernannt worden. Liselotte kann sie nun nicht mit nach Heidelberg nehmen. Ein weiterer Schmerz für das Kind. So scheidet Liselotte mit Bedauern und gleichzeitig mit der unauslöschlichen Erinnerung in ihrem Herzen, ein paar wunderschöne, ungetrübte Kinderjahre hinter sich und „nie schönere Tage“ erlebt zu haben. Es gilt jetzt, der heranwachsenden Prinzessin etwas mehr beizubringen, als nur Märchen, Gesangbuchlieder und Katechismussprüche. Karl Ludwig ist zwar nicht viel daran gelegen, seiner Tochter zu grossem Wissen zu verhelfen, immerhin aber hat er Pläne mit ihr, zu deren Ausführung eine gewisse Bildung unbedingt nötig erscheint. Denkt Karl Ludwig auch damals noch nicht an eine Verbindung mit dem französischen Hof, so hofft er doch ganz bestimmt für seine Tochter eine glänzende Partie zu finden, die auch seiner Politik Vorteile bringen kann. Es ist ihm daher nicht unlieb, dass Liselotte wieder unter seine direkte Aufsicht kommt. Jedenfalls hat er mit grösserem Verstand und mehr Einsicht als bei der Erziehung seines Sohnes den Erziehungs- und Lehrplan für Liselotte aufgesetzt. Sie hat ihr Lebtag nicht allzuviel Lernstoff in sich aufnehmen brauchen, und die gute Jungfer Colb, die sie im Jahre 1663 zur Erzieherin erhielt, hat Liselotte nie so recht ernst genommen.

Weit besser versteht es der Erzieher ihres Bruders Karl, der Gelehrte Ezechiel Spanheim, die junge Liselotte für seine Weisheit zu interessieren, ohne dass sie direkt an den Unterrichtsstunden des Erbprinzen teilnimmt, der ganz nach den Vorschriften des Vaters erzogen wird. Es fallen genug Brosamen von Spanheims gelehrtem Tisch, die unserer Liselotte zugute kommen. Bei den gemeinsamen Mahlzeiten im Heidelberger Schloss unterhält sich der Erzieher fast ausschliesslich mit den beiden kurprinzlichen Kindern, und Liselotte sind die kleinen Spässe, die er mit viel Witz und Trockenheit in die Unterhaltung einzuflechten verstand, sowie auch seine grosse Gelehrsamkeit unvergesslich geblieben. Ihr beweglicher Geist fasst rascher die geistreichen Bemerkungen Spanheims, sprudelt selbst eine schlagfertige Antwort heraus, während der Bruder, ein stiller, schüchterner Junge, immer viel länger braucht, ehe er den Sinn der Rede seines Lehrers erfasst. Ueberhaupt ist Liselotte eine viel robustere Natur als der Erbprinz, den die häuslichen Zerwürfnisse der Eltern stark deprimieren. Liselotte ist anderen Schlages. Sie ringt sich durch mit ihrem eigenen Willen und tut nur, was sie will, obwohl auch ihr die harte Hand des Vaters droht. Unter dem Zwang, der über dem ganzen väterlichen Haushalt liegt, lebt das Kind sein Leben für sich. Natürlich zieht sie sich dadurch oft den scharfen Tadel des Vaters zu. Nicht oft genug kann er ihr das gute Beispiel des sanfteren Erbprinzen vor Augen halten. Es sind indes nur vorübergehende Unzufriedenheiten, die Liselotte ihrem Vater bereitet. Ernstlichen Grund zur Sorge hat sie ihm nie gegeben, denn auch in ihrem rebellischen Herzen ist das Gefühl der Pflicht und des Gehorsams so tief verwurzelt, dass sie es nie gewagt hätte, sich dem Willen ihres Vaters ernstlich zu widersetzen.

Auch Liselottes Erziehung ist der Hofmeisterin bis in die kleinste tägliche Einzelheit vorgeschrieben. Man muss jedoch Karl Ludwig Gerechtigkeit widerfahren lassen und zugeben, dass er dabei nicht so pedantisch zuwege ging wie bei seinem Sohn. Besonders vernünftig dachte er in bezug auf die religiöse Erziehung seiner Kinder. Sie sollten vollkommen frei von jeder Konfession sein, und der Religionsunterricht sollte nicht mehr als eine Stunde in der Woche in Anspruch nehmen. Darüber wundert sich sogar Liselotte, die doch bereits vom hannoverschen Hofe her eine gute Dosis Liberalismus hinsichtlich der Kirche kennengelernt hatte. „Mich deucht“, schreibt sie später, „dass unser Herr Vater, der Kurfürst selig, uns eben nicht gar eifrig in Religion hat erziehen lassen.“ Karl Ludwig stand über den Konfessionen. Es genügte ihm, ein guter Christ zu sein. So auch seine Tochter, die er dazu erzog, dass sie später, als sie längst als Herzogin von Orleans den katholischen Glauben angenommen hatte, sagen konnte: „Der Unterschied des Glaubens bei Lutheranern und Katholiken ist so gering, dass es gar nicht der Mühe wert ist, darüber zu disputieren. Wenn ich die Wahrheit sagen soll, so bin ich, wie Apostel Paulus sagt, weder apollisch, noch paulisch, noch kephisch, weder reformiert noch katholisch oder lutherisch, sondern ich werde soviel wie möglich ist, eine rechte Christin sein und darauf leben und sterben.“

Einen grösseren Raum als der Religionsunterricht nimmt die Anstandslehre im Stundenplan der Prinzessin ein. Aber daraus macht sich Liselotte ebensowenig wie aus dem „Moralisiertwerden“ in den Katechismusstunden. Nur die derben und kräftigen Tischreden Luthers gefielen ihr. Für Geister- und Gespenstergeschichten hat sie grosse Vorliebe, hat auch immer einen grossen Vorrat zur Hand, um selbst welche zum besten zu geben. Das übrige findet sie langweilig. Nicht selten hat die Jungfer Colbin, die dem wilden Ungestüm der Prinzessin durchaus nicht gewachsen ist, Grund, sich zu beklagen; denn die Ausgelassenheit ihres Schützlings überschreitet bisweilen die Grenze des Erlaubten. Nimmt doch Liselotte einmal auf einem Spaziergang in ihrem Uebermut die rundliche Rückseite einer behäbigen Heidelberger Bürgersfrau zur

Zielscheibe ihrer Armbrust. Die arme Frau, die friedlich ihres Weges schritt, bekam einen solchen Schrecken, dass sie beinahe platt auf die Erde gefallen wäre. Liselotte, froh ihres übermütigen Streiches, will sich totlachen, während die sie begleitende Colbin „vor Scham hätte in die Erde sinken mögen“ über die Kühnheit der wohlerzogenen Tochter des Kurfürsten. Lachen und Fröhlichkeit ist für Liselotte Hauptzweck des Lebens, und noch begreift sie nicht das immer wiederkehrende Mahnwort der Hofmeisterin, dass „es nirgends wunderlicher zuginge als in der Welt“. Das sollte die Prinzessin erst später einsehen.

So vergingen die Jahre auch in Heidelberg in sorgloser Jugend ebenso rasch wie in Hannover und in Iburg. Die Vergnügungen, die man sich am Heidelberger Hofe gestattete, durften nicht viel Geld kosten. Man ging zur Kirmes und sah sich dann und wann die Vorstellung einer wandernden Schauspielertruppe an. Im Sommer gab es Spaziergänge in die prächtige Umgebung Heidelbergs oder Wasserfahrten auf dem Neckar, im Winter bisweilen Schlittenpartien, sogar nicht selten mit einem Maskenfest verbunden. So ist das Leben im Heidelberger Schlosse doch bei aller Sparsamkeit nicht gerade eintönig. Karl Ludwig umgibt sich gern mit Gelehrten und Künstlern. Am meisten liebt er die englischen Schauspieler. Da aber schon an und für sich um den Heidelberger Hof eine dicke Wolke Klatsch schwebt, und Karl alles Gerede soviel wie möglich vermeiden will, verbietet er den Schauspielern, die er an seinen Hof befiehlt, sich auf ihrer Reise durch die Pfalz als Komödianten auszugeben. In der Verkleidung von Studenten und Gardereitern kamen sie bis an die Grenzbäume, und erst dann trafen sie unter dem Schutze des Kurfürsten ihre Vorbereitungen.

Sehr oft begleitet Liselotte ihren Vater zu diesen fahrenden Künstlern. Aus dieser Zeit ist ihr wohl auch die grosse Vorliebe fürs Theater gekommen, die sie später am Hofe von Frankreich in so hohem Masse befriedigen konnte. Heidelberg aber erscheint ihr doch immer als Paradies auf Erden, wenn sie daran zurückdenkt. Die goldene Freiheit ihrer Jugend bleibt die schönste Erinnerung ihres Lebens. Oft zwar brummt der Vater, dass Liselotte nicht „seriös“ genug sei, aber im Grunde genommen, ist sie ja nur sein getreues Ebenbild. Auch Karl Ludwig liebt, trotz aller Strenge und allen Ernstes, einen derben, übermütigen Spass, einmal recht aus vollem Herzen zu lachen. Besucht er doch auch mit seiner Tochter in heiterer Laune die Kirmes von Schwetzingen und Mannheim. Manch fröhliches pfälzisches Volks-Trinklied bringt er ihr bei, und schon sehr früh werden die kurprinzlichen Kinder mit „dem allzeit gesunden“ Neckarwein bekannt gemacht. Und so ist Liselotte auch in Heidelberg sehr glücklich unter dem strengen väterlichen Joch. Aber der Gipfel ihres Glückes in dieser Zeit ist doch das Wiedersehen mit ihrer Tante Sophie, die anlässlich der Vermählung des Erbprinzen von Hannover an den Hof kommt. Eigentlich ist die ganze Heiratsgeschichte ihr Werk gewesen; denn der Herzog Ernst von Hannover hat als Erster in sehr lobenden Worten von der dänischen Prinzessin zum Kurfürsten von der Pfalz gesprochen, und Sophie wird später eine warme Fürsprecherin für die Braut.

## *2. Die Braut*

Während Liselotte so jugendfrisch und sorglos in den Tag hineinlebt, denkt man in ihrer Umgebung daran, sie möglichst bald und gut zu verheiraten. Sie hat beinahe ihr 18. Lebensjahr erreicht, und es muss für sie ein Mann gefunden werden. Eine Schönheit ist die junge Prinzessin gerade nicht, aber ihr frisches, frohgemutes Wesen, ihr unerschöpflicher Humor und die Jugend helfen über vieles hinweg. Ihr Bruder hat ihr zwar den schönen Spitznamen „Dachsnase“ gegeben, doch das kränkt sie nicht, im Gegenteil, sie macht sich jederzeit selbst über ihre Hässlichkeit lustig. „Ihro Liebden, Unser Herr Vater selig haben mir oft genug gesagt, dass ich hässlich sei. Ich lachte und habe mich niemals darüber geärgert.“ Sie hat sich also schon sehr jung mit ihrem Aeussern abgefunden und war darum nicht weniger glücklich als andere, schöne, junge Mädchen. Gerade dieser Verzicht auf alle Ansprüche der Schönheit, auf alle Koketterie und Eitelkeit schützte Liselotte vor Enttäuschungen in dieser Beziehung. Dass sie infolge ihres wenig vorteilhaften Aeusseren keinen Erfolg bei Männern hatte, wusste sie und gab sich deshalb auch gar keine Mühe, in irgendeiner Weise deren Bewunderung zu erregen. Schon als junges

Mädchen musste sie jeder so nehmen, wie sie war. Nicht wie andere Mädchen ihres Alters träumt sie von zukünftigem Liebes- und Eheglück. Der Gedanke an eine Heirat ist ihr eher unsympathisch. Sie wäre viel lieber unverheiratet geblieben und hätte ihre goldene Freiheit behalten, auf die sie so grosse Stücke hielt. „Aber man entgeht diesem Schicksal nicht", und, so wie es Gott gewollt hat, muss es sich vollziehen", meint sie. „Denn der Prinzessinnen Heirat wird selten aus Liebe geschehen, sondern durch Raison, und dazu tut Schönheit nichts."

Mehrere Heiratspläne sind sowohl vom Kurfürsten, ihrem Vater, als auch von der Kurfürstin von Hannover in Betracht gezogen worden. Aber Liselotte weigerte sich energisch, den einen, einen kurländischen Prinzen, zu heiraten. Den andern aber, den benachbarten Markgrafen Friedrich Magnus von Baden, dessen Gemahlin sie beinahe geworden wäre, entfernte ein drolliger Zwischenfall von ihr. „Der gute Herr" ist ihr übrigens viel zu affektiert und abgeschmackt, und so ist sie froh, dass ein gütiges Geschick sie auch vor diesem Gatten bewahrte. Des jungen Markgrafen Vater hielt es nämlich für unbedingt nötig, auch in Kassel bei der verlassenen Kurfürstin Charlotte um Genehmigung zur Heirat ihrer Tochter mit seinem Sohne zu bitten. Nachdem er vom Kurfürsten von der Pfalz die Zusage bereits erhalten hat, macht er sich eines Tages mit einem prächtigen Gefolge auf den Weg nach Kassel. Aber, oh Unglück! Gerade um diese Zeit sind die pfälzischen Dörfer von lothringischem Kriegsvolk heimgesucht, das dort plündert und Pferde stiehlt. Als die Pfälzer Bauern die vornehmen badischen Kavaliere mit den schönen, prächtigen Pferden die Strasse nach Kassel heraufkommen sehen, halten sie sie für die verwegenen Pferdediebe und ziehen nun mit Knüppeln und anderen handfesten Gegenständen hinter ihnen her. Als sie sie eingeholt haben, verprügeln sie sie aufs schönste und nehmen ihnen die vermeintlich gestohlenen Pferde weg. Der Markgraf aber dachte, dass der Kurfürst von der Pfalz seinen Bauern eigens befohlen habe, ihn durchzuprügeln, zur Strafe, weil er es gewagt habe, auch um den Segen der Mutter Liselottes zu bitten. Jedenfalls machte der Brautwerber wutschnaubend kehrt, und sein Sohn heiratete später eine holsteinische Prinzessin.

Für Liselotte ist die Vernichtung dieses Heiratsplanes, wie sie selbst gesteht, eine „von den grossen Freuden, die sie in ihrem Leben gehabt hat“; denn sie denkt nicht gern ans Heiraten. Vielleicht aber wäre sie mit dem jungen Friedrich Magnus ganz glücklich geworden; denn beide fühlten später grosse Freundschaft zueinander und lernten sich schätzen.

Die jugendliche Liselotte indes hielt nicht viel von der Liebe und Treue der Männer. Und die Ansichten, die sie als reife und leider auch in dieser Hinsicht erfahrene Frau äusserte, unterscheiden sich im grossen und ganzen nicht wesentlich von denen des unerfahrenen Mädchens. Sie betrachtet es als hellen Wahnsinn, wenn eine Frau es sich in den Kopf setzt, unbedingt einen Mann haben zu müssen. Schlimm sei es, einen Arm zu verlieren, noch schlimmer aber einen Mann zu haben; denn der beste sei den Teufel nicht wert. Die grösste aller Dummheiten aber scheint ihr eine Heirat aus Liebe. „Denn“, sagt sie, „es ist ein Wunder, wenn einmal eine Liebesheirat reüssiret.“ Das war die Ansicht der Prinzessin Liselotte von der Pfalz über Liebe und Ehe, und doch entging auch sie ihrem Schicksal nicht.

Der Friede von Aachen im Mai 1668 gebot den Siegeszügen des Sonnenkönigs für einige Zeit Einhalt; denn der Dreibund zwischen Schweden, England und den Generalstaaten war ihm in den Arm gefallen. Dass jedoch Ludwig XIV. nur auf die Gelegenheit wartete, sein Reich noch mehr zu erweitern, war jedem klar. Nicht mit Unrecht und nicht ohne Grund fürchtete man besonders in Deutschland, dass der Besitzgierige an den morschen deutschen Grenzpfählen nicht Halt machen würde, sobald er erst die Generalstaaten niedergerungen hätte. Alle deutschen Fürsten waren daher aufs eifrigste bemüht, Schutzbündnisse zu schliessen und sich Freunde gegen den mächtigen, drohenden Feind zu erwerben. Kurfürst Karl Ludwig von der Pfalz hatte indes wenig Hoffnung auf die Unterstützung des Reichs. Das war ihm bereits im Lothringer Kriege klar geworden, bei dem man ihm keinerlei Hilfe gewährt hatte. Und so sah er die einzige Rettung aus der Bedrängnis in einem direkten Anschluss an Frankreich selbst, von dem die Gefahr zu erwarten war. Die emsigen

Hände einer Frau waren schnell bereit, das Netz zu knüpfen, in das sich die Pfalz und Frankreich so arg verstricken sollten.

In nächster Nähe des französischen Königs und seines Bruders, des Herzogs von Orléans, lebte eine Schwägerin Karl Ludwigs, Anne de Gonzaga de Clèves, die Witwe des Pfalzgrafen Eduard. Sie war eine nahe Freundin Mazarins gewesen und hatte zur Zeit der Fronde eine bedeutende Rolle gespielt. In Paris nannte man sie kurzwegs „La Palatine" oder „La Princesse Palatine", und die feinen Kenner der Frauendiplomatie, wie Kardinal von Retz, sprachen von ihr als von einer Art politischen Genies. Anna von Gonzaga wohnte beständig in Paris und gehörte zu den Vertrauten Monsieurs, des jüngeren Bruders Ludwigs XIV. Auch in der Familie ihres Mannes schätzte man sie ihrer grossen Klugheit und Geschicklichkeit wegen. Ihr Schwager Karl Ludwig von der Pfalz verwandte sie immer mit Erfolg bei allen schwierigen Unterhandlungen, die er mit dem französischen Hofe zu führen hatte. Zwar meinte die Kurfürstin Sophie von Hannover, es fehle Anna von Gonzaga an Aufrichtigkeit und Offenheit, auch sei sie äusserst fruchtbar an „Hirngespinsten"; das verhinderte Sophie indes nicht, sehr enge Beziehungen zu ihr zu unterhalten, und beide Frauen standen jederzeit im regsten Briefwechsel miteinander. Anna von Gonzaga befand sich eben auf einer Reise zu ihren deutschen Verwandten von Hannover und der Pfalz, als sie in Frankfurt die Nachricht von dem unerwarteten Tode der Herzogin Henriette von Orléans erfuhr, der Gemahlin Monsieurs. Die schöne Henriette ist ganz plötzlich unter den furchtbarsten Schmerzen in der Nacht vom 29. zum 30. Juni 1670 gestorben. Sofort verbreitet sich das Gerücht einer Vergiftung der kaum 26jährigen Prinzessin und verstärkt sich immer mehr, nicht allein in Frankreich, sondern besonders in England, der Heimat Henriettes, in Holland, Spanien und Deutschland. Karl II. von England, der Onkel des Kurfürsten von Hannover und Anna von Gonzagas, weigert sich sogar, den Brief zu empfangen, worin Herzog Philipp von Orléans ihm den Tod seiner Gemahlin anzeigt. Denn man war damals in den englischen Hofkreisen vollkommen überzeugt, Henriette sei durch Gift von der Hand des eigenen Gatten gestorben.

Trotz dieser furchtbaren anklagenden Gerüchte denkt „La Palatine“ sofort an eine Wiederverheiratung „Monsieurs“ mit ihrer jungen Nichte, der Kurprinzessin Liselotte von der Pfalz, und bedauert es unendlich, gerade in diesem Augenblick nicht in Paris anwesend zu sein.

Aber auch fern vom französischen Hofe gibt die kluge Diplomatin das Spiel nicht auf. Was sie vorläufig nicht durch ihren persönlichen Einfluss auf den Herzog von Orléans vermag, versucht sie durch sehr geschickte Briefe. Mit ihrem Schwager Karl Ludwig und der Kurfürstin Sophie steht sie von diesem Augenblick an in beständigem Briefaustausch. Ihr scheint es wie eine „Fügung des Himmels“, dass Monsieur gerade in diesem Augenblick Witwer geworden ist, als die Pfalz den mächtigen Schutz Frankreichs am meisten und dringendsten zu bedürfen und zu suchen scheint. Aber die Verhandlungen nehmen doch immerhin einige Zeit in Anspruch, ehe etwas Bestimmtes in dieser Angelegenheit entschieden werden kann.

Nachdem man noch einige andere Partien für Philipp von Orléans in Betracht gezogen hat, kommt man schliesslich der pfälzischen Heirat immer näher. Anna von Gonzaga betreibt die Sache so energisch, dass es ihr schliesslich gelingt, alle Schwierigkeiten aus dem Wege zu räumen. Jetzt erst tritt Karl Ludwig dem Plane auch seinerseits ernstlich näher. Es bereitet ihm dabei das grösste Vergnügen, zu beobachten, mit welch scharfsinniger Gewandtheit seine Schwägerin diese Angelegenheit handhabt. Anna entwickelt eine so grosse Geschicklichkeit in der Intrige, dass sie den ganzen Plan, der Liselotte als Herzogin von Orléans nach Frankreich und zum Katholizismus führt, bis ins einzelne ganz allein entwirft. Und zwar geht sie dabei mit so grosser Vorsicht zuwege, dass der Kurfürst von der Pfalz weder in den Augen des Kaisers und Reiches noch vor seinen evangelischen Untertanen blossgestellt wird. Sie ist es auch, die Karl Ludwig den Vorschlag machte, sie wolle Liselotte als Braut in Strassburg in Empfang nehmen.

Dem Kurfürsten war im Grunde seines philosophischen Herzens der Glaubenswechsel seiner Tochter nur eine äussere Form, und nur der Oeffentlichkeit wegen nahm er Anstoss daran. Er persönlich ist überzeugt, dass jeder auf seine Weise und gleichviel in welcher Religion selig werden könne. Das aber durfte er nicht öffentlich bekennen. Immerhin will er nicht, dass Liselotte zu dem Glaubenswechsel gezwungen werde, zumal sie selbst erklärt, es sei kein Beweis wahrer Frömmigkeit, einen Glauben anzunehmen, den man gar nicht kenne und nur „um einen Mann zu haben". Er beauftragt daher seinen Sekretär, den französischen Gelehrten Urban Chevreau, seine Tochter im geheimen und fern vom Hofe im katholischen Glauben zu unterrichten und sie auf die neue Lehre vorzubereiten. Chevreau entledigt sich seines Amtes glänzend. Es bedarf nur weniger Tage und Unterrichtsstunden, um der schnell auffassenden jungen Prinzessin die Grundzüge der katholischen Lehre beizubringen. Nun steht der Heirat keinerlei Hindernis mehr entgegen. Anna von Gonzaga kann das Werk vollenden, das sie begonnen hat.

Liselotte war bis jetzt noch nicht über ihre Meinung hinsichtlich ihres zukünftigen Gatten befragt worden. Prinzessinnen haben keine Meinung in solchen Angelegenheiten. Man kümmerte sich recht wenig um die Gefühle, die sie dem Manne entgegenbrachte, der ein ganzes Leben mit ihr verbringen sollte. Sie kannte den Herzog von Orléans nicht, hatte ihn nie in ihrem Leben gesehen, und das, was sie in ihren Kreisen von ihm erzählen hörte, war gerade nicht dazu angetan, sie besonders glücklich zu stimmen. Zudem war er ein ausländischer Prinz, dem diese deutscheste aller Prinzessinnen angetraut werden sollte. Liselotte wurzelt mit ihrem Herzen so tief in ihrer Heimat, dass der Gedanke, ihr schönes, geliebtes Deutschland auf immer verlassen zu müssen, sie unendlich traurig stimmt. Aber der Gehorsam gegen den Vater und die Tante Sophie entscheiden alles. „Es ist wohl wahr", schreibt Liselotte später, „dass ich nur aus reinem Gehorsam gegen Ihro Liebden, meinen Herrn Vater und meinen Onkel und meine Tante von Hannover nach Frankreich gekommen bin, denn es war durchaus nicht meine Neigung ..." Und in einem anderen Brief: „Papa hatte mich auf dem Hals, war bang, ich möchte ein alt Jüngferchen werden, hat mich also fortgeschafft, so geschwind er gekonnt."

In der Tat schien es Karl Ludwig sehr eilig zu haben, seine Tochter nach Frankreich zu bringen, sobald alles im reinen war und er wegen des Uebertrittes zum Katholizismus keine Gewissensbisse mehr zu haben brauchte. In Strassburg sollte der Handel besiegelt werden. Pfalzgräfin Anna erwartete ihn dort in Begleitung ihres Jesuitenpaters Jourdan, um Liselotte aus seinen Händen in Empfang zu nehmen und sie dann weiter bis Paris zu geleiten. Ganz inkognito sollte die Reise geschehen und die „Welt erst dann von allem unterrichtet werden, wenn es vollendete Tatsache war. Eilig wird für die junge Prinzessin eine kleine Ausstattung von Wäsche, sechs Nachthemden, sechs Taghemden und den nötigsten Kleidern hergerichtet. Für den Hochzeitstag hat man für sie ein weisses Atlaskleid gewählt. Später wurde diese ärmliche Ausstattung der Pfälzerin gewissermassen zum Spott am französischen Hofe, und Karl Ludwig war gezwungen, sie noch nachträglich zu vervollkommnen, um seine Tochter in Paris nicht ganz und gar lächerlich zu machen. Denn man sprach bereits öffentlich davon, dass „Madame“ nicht einmal das Nötigste mitbekommen hätte, um die Wäsche zu wechseln.

In Begleitung der Tante Sophie von Hannover und der Jungfer Colb reist Liselotte mit ihrem Vater nach Strassburg. Der Abschied vom alten lieben Heidelberg ist bitter. Niemals hat Liselotte den Tag vergessen, da sie mit den Ihrigen schluchzend die Hofkutsche bestieg, und der Vater und die Tante Sophie das Lied anstimmten: „Es ist bestimmt in Gottes Rat, dass man vom Liebsten, was man hat, muss scheiden.“ Wehmütig schaut sie auf der Fahrt in die herrliche Pfälzer Landschaft hinaus, die sie einst von demselben Volke verwüstet wiedersehen sollte, zu dem sie jetzt reist. Alles, was Liselotte Schönes in der Heimat erlebt hat, kommt ihr ins Gedächtnis, und immer wieder drängt sich ihr der Gedanke auf: es wird nie wieder so schön werden, wie es bis jetzt war!

Endlich am 28. Oktober langte man in Strassburg an, wo die „Princesse Palatine“ alles aufs beste zum Empfang der Braut vorbereitet hat. Pater Jourdan findet an der jungen Konvertitin nichts mehr auszusetzen; denn Chevreau hat seine Aufgabe so gut gelöst, dass dem Jesuiten „nichts mehr zu sagen übrigbleibt“.

Anna von Gonzaga hat sogar den Heiratskontrakt fix und fertig mitgebracht. Er braucht nur unterschrieben zu werden. Die Frage der Mitgift erledigt sich ebenso leicht und so schnell wie die des Glaubenswechsels. Karl Ludwig muss, freilich nicht ohne tiefe Scham zu empfinden, erklären, er könne seiner Tochter vorläufig kein Heiratsgut mitgeben, denn die Verhältnisse seines Landes seien dermassen zerrüttet und seine Untertanen vom Reiche aus mit allen möglichen Lasten bedrängt, dass er unmöglich von ihnen auch noch fordern könne, die Mitgift für die Erbprinzessin aufzubringen. Bei dieser Gelegenheit bringt der französische Hof seinen Reichtum ziemlich taktlos in den Vordergrund. Er erwidert huldvollst, man besitze selbst Mittel genug und dringe nicht auf die Auszahlung der Mitgift, die der Kurfürst einmal in besseren Zeiten begleichen könne. Im übrigen war der Heiratskontrakt für die pfälzische Erbprinzessin so ungünstig wie möglich, und Liselotte selbst begreift später nicht, als sie zur Kenntnis dieser Dinge gelangt, wie ihr Vater sie unter solchen Bedingungen dem Herzog von Orléans zur Frau hatte geben können. Nur dringende politische Gründe mussten für ihn damals massgebend gewesen sein.

Freilich, für die Pfälzerin, die mit 64 000 Franken barem Gelde und etwa für 10 000 Franken an Schmuck, Kleidern, Wäsche und Toilettegegenständen nach Frankreich kommt, ist der Herzog von Orléans eine glänzende Partie. Ausser dem Palais- Royal und Saint-Cloud besitzt er noch viele andere schöne Schlösser. Seine Apanage beläuft sich auf eine Million Franken, aber ausserdem bezieht er vom König eine Rente von 560 000 Franken und einen weiteren Zuschuss von jährlich 100 000 Franken. Diesen, für die damaligen Zeiten ansehnlichen Summen werden bald darauf noch 200 000 Franken hinzugefügt, so dass eine Jahresrente von nahezu zwei Millionen herauskommt. Für Liselotte, die an ihres Vaters Hofe niemals von derartigen Summen hatte reden hören, ist das geradezu phantastisch. Monsieur schenkte seiner zukünftigen Gemahlin einen Brautschatz, der an Edelsteinen, Ringen, Geschmeide usw. einen Wert von 150 000 Franken darstellte.

Von allen diesen geschäftlichen Dingen weiss nun allerdings die junge Prinzenbraut auf ihrer Fahrt nach Strassburg nichts. Ihre Gedanken nehmen einen ganz anderen Flug und beschäftigen sich mehr mit ihrer glücklichen Vergangenheit als mit der ungewissen Zukunft. In Metz soll die Prokuratrauung mit dem Marschall Du Plessis-Praslin stattfinden, und da man sich in Strassburg nicht lange aufhält, hat Liselotte auch nicht viel Zeit, über alles nachzudenken. Es kommt der Abschied von den Ihrigen und damit von allem, was sie Liebes auf Erden besitzt. Ihr Schmerz ist herzzerreissend, als sie zum letzten Male ihre liebe Tante Sophie und ihren Vater umarmt.

In Metz findet dann die Hauptsache statt: die Glaubensabschwörung und die Trauung. Liselotte ist gefasst. Sie betrachtet die ganze Zeremonie auf ihre Weise. „Mir las man nur etwas vor“, schreibt sie später darüber, „wozu ich nur ja oder nein sagen musste, welches ich auch nach meinem Sinn getan und ein paarmal nein gesagt, wo man wollte, dass ich ja sagen sollte, es ging aber durch, musste in mich selber darüber lachen.“ Gegen der Eltern Verdammung, weil sie Ketzer waren, protestiert sie indes energisch, und man bekommt darüber kein Wort aus ihr heraus. „Ohne Herzklopfen können solche Spektaklen nicht vorgehen“, fügt sie noch lakonisch hinzu.

Als die Hochzeitsfeierlichkeiten vorüber sind, schreibt Anna von Gonzaga mit grosser Genugtuung an ihren Schwager Karl Ludwig: „Man hat Liselotte dieselben Ehren zuteil werden lassen, wie sie sonst nur dem Könige selbst zukommen ... Sie hat sich auch in jeder Weise so gut benommen, dass ich nicht daran zweifle, sie wird sich bald das Herz ihres Herrn Gemahls erobern und die Achtung des Königs erringen. Und dazu werde ich mit allen Kräften beitragen; denn das gerade soll ja diese grosse Heirat für Ihre Zwecke und Ihr Haus nützlich machen.“

Und während Liselotte wehmütig und mit Zweifel im Herzen die Strasse nach Paris zieht, verkünden in Heidelberg die Glocken, Trompeten und Pauken die glückliche Vermählung der jungen Kurprinzessin mit dem Herzog Philipp von Orléans als etwas ganz Besonderes für die bedrängte Pfalz.

## *3. Am Hofe Ludwigs XIV.*

In Metz hat Liselotte ihre deutsche Umgebung verabschiedet, und der französische Hofstaat erwartet sie. Es ist eine kleine auserlesene Pariser Gesellschaft, die Ludwig XIV. für seine neue Schwägerin mit Sorgfalt gewählt hat. Die Damen sind nach französischer Mode gekleidet, mit einer Eleganz ohnegleichen, ganz anders als die Damen in Deutschland. Liselotte kommt sich wunderlich genug unter ihnen vor, trotzdem man sie bereits nach französischem Muster herausstaffiert hat.

In dieser neuen Umgebung tritt sie nun die Reise nach Châlons an, wo sie Monsieur, ihr Gemahl, erwartet. Nun ist sie „Madame Royale", Herzogin von Orléans! Eine Welt voll Glanz, Reichtum und Pracht harrt ihrer. Aber Liselottes Herz ist schwer. Sie hat nur Tränen auf dem Weg zu ihrem Gatten, während Philipp sich einzig und allein auf den Eindruck freut, den seine prächtigen und zahlreichen Hochzeitskleider, seine Diamanten, Perlen, Federn und Bänder auf die junge deutsche Prinzessin machen werden, die mit sechs Hemden in ihrem Reisegepäck ihm entgegenfährt.

Philipp von Orléans steht in seinem 31. Lebensjahr, als er sich mit der 19jährigen Liselotte von der Pfalz vermählt. Er ist ein kleiner, dicker, untersetzter Herr, der hohe Stöckelschuhe trägt, um grösser zu erscheinen. Stundenlang kann er vor dem Spiegel stehen, wenn er sich ankleidet; denn er ist eitler und putzsüchtiger wie eine Frau. Wenn er dann parfümiert, geschminkt, über und über mit Edelsteinen behangen, mit bunten Bändern und Federn geschmückt, durch die Prunkgemächer seiner Schlösser schreitet, kommt er wie ein Pfau daher, und in seinen wirklich schönen Augen liest man deutlich die Frage: Bin ich nicht der Schönste im ganzen Land? Wie eine Frau ist Philipp von Orléans unglücklich, wenn ihn jemand in einem unvorteilhaften Morgenrock überrascht oder ungeschminkt und ungeschmückt zu Gesicht bekommt. Und so stolz ist er wegen seiner Schönheit, so eingenommen von sich, dass er sogar über seine erste Gemahlin, die junge und reizende Henriette von England, den Sieg davonzutragen wünschte. Als man ihm nämlich ihr Bild zum erstenmal zeigte, stellte er mit grosser Genugtuung fest, die zukünftige Herzogin von Orléans sei nicht schöner wie er selbst. Das höchste Vergnügen aber bereitet es ihm, wenn er sich bei irgendeiner Gelegenheit als Frau verkleiden und im tiefen Décolleté seinen blendend weissen Hals zeigen kann. Die Unterhaltung gewinnt erst dann für ihn Interesse, wenn sie Putz, Tand und Klatsch zum Gegenstand hat. Jagd, Reiten oder sonstige körperliche Uebungen vermeidet er, um seinem Teint nicht zu schaden, den er mehr pflegt wie eine Kurtisane. Wenn er nicht unbedingt dazu gezwungen ist, besteigt er kein Pferd und greift nie zum Degen. Nur einmal in seinem Leben zeigte sich Philipp als Mann. Das war, als ihn der König mit in den Devolutionskrieg nahm. Und zum nicht geringen Erstaunen des ganzen Hofes und der ganzen Welt, zeichnete sich Philipp, der verweichlichte und verwöhnte Dandy, als junger Held aus, der sogar eine Zeitlang den Ruhm des grossen Königs verdunkelte. Aber diese seltsame Anwandlung von Mannesmut und Mannestugend hielt nicht lange bei ihm an. Als er wieder in das schwelgerische Hofleben zurückkehrt, verfällt er von neuem in die alte Eitelkeit, Genußsucht und weibischen Gewohnheiten. Im Gegensatz zu seinem Bruder, Ludwig XIV., dem es, trotz seiner Vorliebe für Eleganz, Pracht und Vergnügen, ein Bedürfnis war, zu arbeiten und nicht müssig durchs Leben zu gehen, liebte der Herzog von Orléans nichts weniger als die Arbeit. Er war faul und träge. Nur das Spiel flösst ihm Interesse ein. Selbst die Lektüre eines Buches ist ihm zuwider. Dennoch ist er ein angenehmer leichter Plauderer über Nichtigkeiten. Das Schlimmste aber ist, dass er durch den Einfluss einiger seiner gefährlichsten Günstlinge ins Laster geriet und immer mehr darin versank.

Das also war der Mann, dem die einfache, unverdorbene Liselotte angetraut wurde! Man kann sich nichts Ungleicheres denken als diese beiden Menschen. Dass beide mit Spannung auf den Augenblick warteten, welchen Eindruck sie gegenseitig aufeinander machen würden, ist leicht vorzustellen. Auch die übrige Pariser Hofgesellschaft war äusserst begierig auf das junge, deutsche Gänschen, das nun den so sieghaft behaupteten Platz der gefeierten Henriette von England einnehmen sollte. Man hatte so viel von Liselottes derber Wesensart gehört, dass man sich die ungeheuerlichste Vorstellung von ihrer Person machte.

Aber siehe da, Liselottes erstes Auftreten mitten unter der verfeinerten französischen Hofgesellschaft ist durchaus nicht lächerlich! Sie gefällt mit ihrer unverfälschten, natürlichen Munterkeit und biederen Offenheit. Ihre Tränen sind versiegt, und ihr frisches Lachen wirkt wohltuend auf alle. Man findet sie hübscher, als man sie sich gedacht hat. Sie ist weder befangen noch linkisch in ihrem Wesen. Sogar Monsieur ist angenehm enttäuscht, als er seine zweite Frau zum erstenmal zu Gesicht bekommt. Man findet auch, dass sie sehr gut Französisch spricht und reizend tanzt. Kurz, der erste Eindruck, den sie hervorruft, ist günstig! Ja, es scheint, als sollte sogar die reizende verstorbene Herzogin von Orléans von der neuen Gattin in den Schatten gestellt werden.

Am 21. November, gleich nach Liselottes Ankunft in Châlons, beginnen die Hochzeitsfeierlichkeiten. Die Zeitgenossen finden nicht Worte genug in ihren Beschreibungen, wie prächtig alles gewesen sei. Aber die junge Pfälzerin lässt sich durch all den Glanz, der da vor ihren Augen so plötzlich entfaltet wird, durchaus nicht blenden. Wohl ist es ein neues Schauspiel, das gewiss nicht ohne Reiz für sie bleibt, aber sie nimmt alles mit so vollkommener Natürlichkeit hin, als wäre sie in diesem Reichtum aufgewachsen und an all die Pracht und Verschwendung seit langem gewöhnt.

Nachdem die Festlichkeiten beendet sind, zieht sich der Herzog von Orléans mit seiner jungen Gemahlin in das reizende, ganz von Wald umgebene Schloss Villers-Cotterets zurück, wo man sie einige Tage allein lässt. Hier gefällt es Liselotte so gut, dass sie am liebsten ihr ganzes Leben dageblieben wäre. Die schmeichelhaftesten Gerüchte über die neunzehnjährige Herzogin von Orléans dringen von Villers-Cotterets nach Paris. Besonders wird ihre Jugendfrische und ausserordentliche Gesundheit gelobt. Man kann sich an dem verzärtelten und eleganten Hofe Ludwigs XIV. nicht genug wundern, dass „Madame“ weder von einem Arzt noch von Medikamenten etwas wissen will. Denn die verstorbene Henriette, deren Gesundheit sehr zerrüttet war, hatte immer ein Heer von Aerzten um sich gehabt und ging nie zu Bett, ohne über irgendein Leiden zu klagen. Als man aber Liselotte ihren Leibarzt vorstellt und ihr rät, sie solle sich nur gleich von ihm einen Aderlass vornehmen lassen, antwortet sie, so etwas habe sie nicht nötig, wisse auch gar nicht, was sie mit einem Arzte anfangen solle. Denn wenn sie krank wäre, mache sie sich durch einen zweistündigen Marsch im Freien Bewegung, und dann wäre sie wieder frisch wie ein Fisch im Wasser. Aber in ihrem Leben habe man an ihr noch nie einen Aderlass vorgenommen oder sie veranlasst, irgendwelche Abführmittel einzunehmen.

Auch Schminke, Puder und Schönheitspflästerchen kennt Liselotte nicht. Alles ist bei ihr unverfälschte Natur, worüber man sich in Frankreich ebenfalls nicht genug wundern konnte. Nie trägt sie eine Maske bei Kälte oder rauhem Wetter, wie die französischen Damen des 17. Jahrhunderts zur Schonung ihrer Haut taten. Liselotte fürchtet nichts für ihren Teint, der etwas gerötet und von der Heidelberger Sonne schon stark gebräunt war. Sie lässt sich gern „die frische Luft um die Nase wehen“, wie sie sich ausdrückt. In allem ist sie eben Natur, auch, oder besser, besonders in ihrer Ausdrucksweise. Aber niemand nimmt es ihr übel. Sogar die stolze, formensichere Winterkönigin, ihre Grossmutter, ist seinerzeit von des Kindes Urwüchsigkeit entzückt gewesen.

Fünf Tage lässt man die Jungvermählten in Villers-Cotterets allein. Dann stattet Ludwig XIV. seiner neuen Schwägerin einen Besuch ab, eine ganz besondere Ehre für Liselotte. Obwohl Ludwig XIV. auf sie einen unauslöschlichen Eindruck macht, vermag doch auch seine blendende Erscheinung sie nicht einzuschüchtern. Mit herzerquickendem Freimut empfängt sie den Herrscher, den Sonnenkönig, dem die halbe Welt in Bewunderung zu Füssen liegt. Ganz im Gegensatz zu seinem Bruder, ist Ludwig wirklich ein vollendet schöner Mann. Seine Augen sind feurig und passen gut zu der kühnen Adlernase. In langen Locken fällt ihm das Haar der Perücke über die Schultern. Seine wohlgebildete Gestalt erregt Bewunderung. Er ist wunderbar gewachsen und hat die schönsten Beine am ganzen Hofe. Er kleidet sich mit höchster Eleganz und ausgesuchtestem Geschmack. Nichts ist überladen an ihm wie an

Monsieur. Seine Manieren sind die eines Weltmannes, sein bezaubernd liebenswürdiges Wesen erobert alle Herzen im Sturme. Stets benimmt er sich vornehm, würdevoll, achtunggebietend und doch niemals hochmütig. Obgleich alle ihm schmeicheln und huldigen, wirkt er doch nie durch Eitelkeit lächerlich. Auch er schmückt sich gern mit prächtigen Gewändern, aber er ist in allem der feinfühlende Künstler. Er liebt kostbare Stoffe, herrliche Kostüme, namentlich Perlen und Edelsteine auf dunklen Sammeträcken, die seiner schönen Gestalt die Vollendung geben. Auch er ist verschwenderisch, aber dabei ein wirklicher Geniesser, ein Kenner wahren Geschmacks und feiner Lebensart. Pracht und Ueberfluss umstrahlen ihn wie einen wahrhaften Sonnenkönig.

Liselotte, die Junge, ganz Unerfahrene, fasst sofort Vertrauen zu seinem gütigen Wesen. Ihr Urteil über ihn drückt sie mit den schlichten Worten an die Tante Sophie aus: „Es ist wahrhaft ein braver, guter Herr, ich habe ihn recht lieb." Ludwig XIV. wiederum kehrt begeistert aus Villers-Cotterets nach Paris zurück und nennt die junge Herzogin von Orléans „diejenige Frau, die den meisten Verstand und das angenehmste Wesen der Welt habe". Die natürliche Ungezwungenheit, mit der sie auch dem grossen König alles sagte, was sie dachte, wirkte so befreiend auf Ludwig XIV., der an seinem Hofe gewiss nicht oft die Wahrheit zu hören bekam, dass er ihr vom ersten Tage ihres Begegnens an seine Zuneigung schenkte.

Dieser erste günstige Eindruck Liselottes wird ein wenig getrübt, als sie zwei Tage nach dem Besuch des Königs selbst am Versailler Hof ihren Einzug hielt. Man hat sie zu diesem Zweck ganz besonders festlich geschmückt und hergerichtet. Dadurch ging gerade ihr grösster Reiz, die Schlichtheit und Natürlichkeit ihrer Jugend verloren. Ihr Haar, das sie am Hochzeitstage offen getragen hatte, war jetzt nach französischer Mode aufgesteckt. Da sie aber weder Puder auf ihr Gesicht getan, noch während der Fahrt durch die kalte Winterluft eine Maske getragen hatte, war ihre Haut noch stärker gerötet als sonst und ein wenig spröde. Und so bildet Liselotte einen starken Kontrast zu den zarten Gesichtern der Französinnen. Zum Ueberfluss hat sie auf der Reise Granatäpfel gegessen und davon ganz blaurote Lippen bekommen. Jedenfalls findet man, dass die Herzogin nicht den Erwartungen entspricht, die sich die Pariser von ihr nach all den Lobsprüchen des Königs und Monsieurs gemacht haben. Auch der Herzog selbst ist sichtlich enttäuscht, als er seine Frau in Versailles sieht. Sie war ihm in Châlons und Villers-Cotterets angenehmer und schöner erschienen. An dem eleganten Hofe Ludwigs XIV. nimmt sich die derbe Pfälzerin weniger gut aus. Schon empfindet man nicht geringe Lust, über Liselottes Kleidung, ihr Benehmen, ihre Art zu spotten. Plötzlich aber gewahrt man, dass der König sie mit ganz besonderer Auszeichnung behandelt, und siehe da, alles ist gut und schön an Liselotte! Ihre Stellung ist gesichert! Sie ist von diesem Augenblick an der Mittelpunkt des Hofes. Bald findet man heraus, dass sie ein zu allem Guten empfängliches Herz hat und bereit ist, allen, die es verdienten, ihre Freundschaft und ihr Wohlwollen zu schenken. Man hofft von ihrem Einfluss auf den König Nutzen zu ziehen und sucht sich sogleich in ihre Gunst zu setzen.

Es ist ein Irrtum, wenn man glaubt, Liselotte sei von Anfang ihres Aufenthaltes in Frankreich an das unglücklichste Geschöpf der Welt gewesen. Sie hat Gutes und Schlechtes am französischen Hofe erlebt, aber die ersten Jahre ihrer Ehe waren durchaus keine unglücklichen. Das beweisen auch ihre zahlreichen Briefe. Es gibt für sie so viel des Neuen und Wechselvollen, dass sie kaum Zeit findet, sich mit ihrem persönlichen Glück oder Unglück zu beschäftigen. Bis auf manche äussere Gewohnheiten, die ihrer Wesensart fremd sind, gefällt es ihr gut in Frankreich. Die Fehler des Hofes Ludwigs XIV. gewahrt sie erst viel später, als sie selbst begreifen lernt, was das Leben ist. Das Leben ihres Mannes versteht sie anfangs so wenig, dass sie sich selbst die grösste Mühe gibt, seine Günstlinge, den Marquis d'Effait und den Chevalier de Lorraine, zu ihren Freunden zu machen. Philipp weiss nicht, was er von diesem rätselhaften Verhalten seiner Frau denken soll. Er bringt ihr in dieser Beziehung stets das grösste Misstrauen entgegen; denn er hält Liselottes Bemühungen nur für schlaue List. Seine erste Gemahlin nämlich, die mehr von dem galanten Leben und den Intrigen der Höfe verstand, hatte gerade das Gegenteil getan und alle Hebel beim König in Bewegung gesetzt, dass er die ihr verhassten Kreaturen aus der Nähe seines Bruders entferne.

Als Liselotte in Frankreich erschien, waren allerdings einige der gefährlichsten Männer und Frauen für einige Zeit aus der Umgebung Monsieurs verschwunden. Sie gewannen indes sehr bald wieder den alten Einfluss auf sein Leben. Gegenüber solchen Frauen, wie den beiden schönen und genußsüchtigen Töchtern des Marschalls de Grancey, ist Liselotte natürlich machtlos. Sie gibt sich auch keine Mühe, ihren Einfluss auf ihren Gatten in dieser Beziehung geltend zu machen; es wäre zwecklos gewesen. Die Frauen an Monsieurs Hofe sind gleichsam nur für den äusseren Glanz, als Staffage da. Sie kosten ihn viel Geld. Philipps Gelage mit seinen Günstlingen sind stets mit hohem Spiel verbunden. Es werden sowohl im Palais Royal als auch in Saint-Cloud in einer Nacht oft Hunderttausende verspielt und vergeudet. Die kostbarsten Juwelen werden zu Geld gemacht, wenn das Geld selbst fehlt. Immer wieder werden neue Summen herbeigeschafft, um der Verschwendungssucht und den Phantasien des Herzogs von Orléans Genüge zu tun. Im Spiel, im Geniessen kennt er keine Grenzen und kein Beschränken. Nur in der eigenen Familie hat er das Prinzip des Sparens. Liselotte muss darunter leiden; denn sie selbst wird von Philipp äusserst knapp gehalten. Nicht nur einmal klagt sie in ihren Briefen darüber, dass Monsieur mit seiner Umgebung die höchsten Summen vergeudet und sie selbst nicht einmal das Nötigste für ihre persönlichen Ausgaben zur Verfügung habe. Und die waren gewiss nicht gross, denn Liselotte hatte schon früh im Elternhause sparen gelernt und war nicht kokett.

Aber selbst die Erkenntnis dieser Dinge kommt ihr erst in viel späterer Zeit. Vorläufig sieht sie nur Gutes und empfängt nur Gutes. Der König erfüllt ihr jeden Wunsch und sucht immer neue Gelegenheiten, um ihr gefällig zu sein. Zur „Unterhaltung des Hauses der Frau Herzogin von Orléans“ hat er am Tage ihres Einzuges im Palais-Royal seinem Bruder 250 000 Franken jährlich bewilligt, die aus dem königlichen Schatz entnommen werden sollen. Und als Hochzeitsgeschenk überreichte er

Liselotte drei Kassetten mit 30 000 Pistolen „für ihre kleinen Bedürfnisse". Die Königin aber schenkt ihr eine Diamantenrose im Werte von 40 000 Talern. Solche Geschenke sind für die einfache Liselotte geradezu verblüffend.

Von Tag zu Tag befestigt sich die Freundschaft zwischen Ludwig XIV. und seiner jungen Schwägerin. Immer mehr fühlt sich der König zu diesem frischen Naturkind hingezogen, das keine Verstellung, kein Falsch kannte, das sich gibt, wie es ist, ohne Künstelei und ohne Berechnung. Und doch ist es nicht zu verkennen, dass die Macht und der Glanz des grossen Königs, in dem sich viele Schmeichler sonnten, auch ihre Wirkung auf die einfache Liselotte nicht verfehlten. Sie schaut zu ihm auf wie zu einem Gott und zeigt ihre wahrhafte Verehrung für den grossen Mann so unverhohlen, dass man anfängt, in der Hofgesellschaft darüber zu lächeln und Witze zu reissen. Am liebsten hätte sie jede Sekunde ihres Lebens mit ihm geteilt. Nichts macht ihr grösseres Vergnügen, als wenn sie den König in Wind und Wetter auf seinen Jagden begleiten darf. Nie hat Ludwig unter den Damen seines Hofes eine unermüdlichere Reiterin gefunden als die Herzogin von Orléans. Und doch lernte Liselotte erst in Frankreich reiten. Aber für sie bedurfte es keines besseren Lehrmeisters als gerade des Königs selbst. Mit ihm scheut sie keine Gefahr, keine Anstrengungen, keine Strapazen. Von morgens bis abends kann sie an seiner Seite im Sattel sitzen, ohne die geringste Müdigkeit zu spüren. Sie fürchtet weder für ihre Toilette noch für ihre Schönheit. Auch ein gelegentlicher Sturz vom Pferde bringt sie nicht aus der Fassung. Um so mehr aber den König. Bleich und geängstigt um ihr Leben, eilt er, wenn Liselotte strauchelt oder stürzt, im rasenden Galopp herbei, um ihr selbst die erste Hilfe zuteil werden zu lassen. Wenn er sie dann aber trotz allem in voller Frische aufspringen sieht und sie sich lachend den Schmutz von den Kleidern schüttelt, um im nächsten Augenblick wieder frisch wie ein Jäger aufs Pferd zu steigen, da kann Ludwig sich nicht genug freuen über die urwüchsige gesunde Kraft, die bei den Damen seines Hofes nicht zu finden war.

Meist ist Liselotte bei den Jagdausflügen so gekleidet, dass sie eher einem männlichen als einem weiblichen Wesen ähnlich sieht. Am wenigsten Eindruck macht auf sie die Mode am französischen Hofe. Die Jagdkleider, die die Damen tragen, sind Prunkgewänder, aber keine praktischen Sportanzüge, in denen man springen, laufen und reiten kann, wie man Lust hat. „So jung als ich gewesen, hatte ich doch nie die Fantasie, so unsere ehrliche Teutsche haben, die französischen Moden zu folgen, begreifen können, denn mich deucht, dass nichts raisonnableres war, als dass sich ein jeder kleiden mögte, wie es ihm am bequemsten und gemächlichsten ist." Und trotz allen Respektes vor ihrem grossen Freund, dem König, besass sie für die Hofcouren doch nur ein einziges Hofkleid. Putzen wollte sie sich nie. An die Schminke, die fast Befehl war, konnte sie sich nicht gewöhnen. Heiss und rot wie ein Krebs, den Hut schief auf dem Kopfe und das Haar verwirrt, kommt sie oft von der Jagd heim.

### *4. Die Ehe*

Ihre Ehe mit dem Herzog bedrückt sie anfangs sehr wenig. Mit Illusionen von Liebe und Treue ist Liselotte ja nicht nach Frankreich gekommen. So kann sie auch in dieser Hinsicht keine Enttäuschung erleben. Sie weiss, dass ihr Gemahl sie nicht aus Liebe oder Neigung geheiratet hat und auch mit der Zeit keine grosse Liebe oder Leidenschaft für sie empfinden wird. Sie weiss, dass Prinzessinnen-Ehen meist nur klug berechnete politische Pakte sind, und dass sie selbst von der Natur nichts mitbekommen hat, was einen Mann bezaubern kann. In ihren Briefen an den Geheimrat von Harling ist sie so offen, dass sie sogar den Herzog von Orléans in der ersten Zeit ihrer Vereinigung wegen seiner sichtbaren Kälte entschuldigt. Um Liebe oder auch nur Leidenschaft in einem Manne zu erwecken, dazu haben ihr, wie sie behauptet, alle weiblichen Reize des Gesichtes und auch des Körpers gefehlt. „Bin gar ein hässlich Schätzchen", schreibt sie einmal an die Tante Sophie; „bin eine wüste, hässliche Figur, habe aber das Glück, gar nicht danach zu fragen; denn ich begehre nicht, dass jemand verliebt vor mir sein solle." – Aber was tut's? Ob sie nun hübsch oder hässlich ist, ihren guten Humor hat sie immer. Sie nimmt das Leben, wie es sich ihr bietet.

Ebenso wie die Kindespflicht ihren Eltern gegenüber ist ihr die Pflicht gegen den Gatten Hauptbedingung. Die Ehe ist etwas Heiliges für sie, an dem man nicht rütteln darf. Und da sie nun Katholikin um ihres Mannes willen wurde, ist sie es auch in ihren Pflichten, ohne dass sie jedoch ihre schönen protestantischen Sprüche, Lieder und Lehren ganz vergisst. Tante Sophie und Ernst August höhnen sie oft in ihren Briefen, dass sie so gut katholisch geworden sei, aber Liselotte lässt sich nicht beirren und antwortet prompt: „Dass Euer Liebden und Onkel über mich lachen, dass ich so gut katholisch bin und so viel vom Sacrament der Ehe halte, so schlägt mir aber solches Sacrament gut an, um zu wünschen, dass es ewig währen möge und man kein Mittel finden möge, selbiges zu scheiden. Denn wer mich von Monsieur scheiden wollte, täte mir keinen Gefallen ..."

Also muss sie damals nicht so überaus unglücklich gewesen sein, wie es fast alle Biographien bis jetzt dargestellt haben. Da der Herzog von Orléans nun einmal ihr Gatte ist, liebt sie ihn auf ihre Weise. Ja, manchmal sogar beweist sie, die trotz allem ein sehr weiches, liebebedürftiges Herz hat, ihm ihre Zuneigung so zärtlich, dass Monsieur, dem im Gegenteil alle Beweise weiblicher Gunst lästig sind, ihr sagen muss, sie möge ihm weniger zeigen, wie lieb sie ihn habe. „Monsieur seelig", schrieb sie später nach seinem Tod, „war so importuniert, dass ich J. L. so lieb hatte und gern bei ihm sein wollte, dass er mich um Gotteswillen bat, ihn weniger zu lieben, dass es ihm gar zu importun wäre." Weit mehr als seine Kälte betrübt Liselotte, dass er kaum lesen und schreiben kann, während sie selbst so viel schreibt und liest und nie genug bekommt. Immerhin tröstet sie sich damit, dass ja auch der grosse König, Ludwig XIV., ihr Idol, nicht besonders in diesen Dingen bewandert ist. Was übrigens die Herzogin von Orléans anfangs am meisten in Frankreich kritisiert, sind nicht die Ausschweifungen ihres Gatten, auch nicht die Sitten im allgemeinen am Hofe Ludwigs XIV. Damals begreift sie noch vieles nicht, worüber ihr später die Augen geöffnet werden, und wovon sie als reifere Frau in ihren Briefen so überaus genau unterrichtet ist. Die Beschwerden der jungen Liselotte beschränken sich im Anfang ihres Aufenthaltes in Paris hauptsächlich auf rein materielle Dinge, wie zum Beispiel das Essen. Die raffinierte französische Küche mit ihren tausenderlei Hors-d'œuvres, Entremets, Ragouts, Pastetchen, Saucen und Konfitüren sagt ihrem pfälzischen Gaumen nicht zu. Sie liebt derbere, kompaktere Kost, wovon man ihrer Meinung nach, „etwas hat“. Ein Gericht Sauerkraut mit Pfälzer Würstchen, ein recht saftiger Schinken, ein Speck- oder Krautsalat, eine kräftige Biersuppe waren ihr tausendmal lieber als alle raffinierten Speisen, mit denen die Tafel Ludwigs täglich so reich besetzt war. „Ich habe mein teutsches Maul noch so auf die teutschen Speisen verleckert“, schrieb sie an Frau von Harling, „dass ich kein einziges französisches Ragout leiden noch essen kann. Ich esse nur Rindfleisch, Kalbsbraten und Hammelschlegel, gebratenes Huhn, selten Feldhühner und nie Fasanen.“ Und schliesslich setzt sie es durch, dass auch auf der Tafel des Königs ihre deutschen Gerichte erscheinen, die nach ihren eigenen Angaben von den Hofköchen zubereitet werden. Da Ludwig kein Kostverächter und ein starker Esser war, machte es ihm Vergnügen, auch die fremden Speisen, die ihm seine Schwägerin aus der Heimat vorsetzte, kennenzulernen. Aber kein Koch macht es Liselotte in dieser Beziehung recht. Die französischen Köche können eben doch nicht so gut kochen, wie zum Beispiel die in Heidelberg, meint sie. Am schlimmsten von allem erscheinen ihr die furchtbaren Getränke, die in Frankreich serviert werden, wie Schokolade, Kaffee, Tee! Von all diesem hatte sie bisher in Heidelberg keine Ahnung gehabt, und als man ihr in Paris diese Getränke vorsetzt, findet sie sie geradezu schauderhaft. Schokolade ist ihr viel zu weichlich, vom Kaffee behauptet sie, er röche wie stinkender Atem. Und da sie immer schnell mit drastisch vergleichenden Bildern zur Hand war, meint sie, der Erzbischof von Paris habe diesen Geruch aus dem Munde gehabt. Es sei ihr immer schlecht geworden, wenn er mit ihr gesprochen habe. Dasselbe geschehe ihr auch bei dem blossen Geruch des Kaffees. Den Tee aber verglich sie mit Heu und Mist.

Das alles waren kleine Sorgen und kleine Beschwerden, die Liselotte vorzubringen hatte. Die grossen harrten ihrer noch, denn bald sollte auch sie in die Intrigen mit hineingezogen werden, die an einem so galanten Hofe nicht ausbleiben können.

In einer Umgebung, wo schöne, aber auch intrigante Frauen die Hauptrolle spielen, wo Giftmischerprozesse und Wunderkuren an der Tagesordnung sind, vermag die einfache Liselotte nicht lange im Vordergrund zu stehen. Zur Zeit, als sie an den Hof Ludwigs XIV. kam, war Madame de Montespan Gebieterin des königlichen Herzens und die sanfte Louise de La Vallière bereits im Kloster, um die Vergebung ihrer Sünden zu erlangen. Madame de Montespan war eine stolze, prachtliebende Schönheit. Ganz im Gegenteil zu ihrer bescheidenen Vorgängerin liebte sie es, sich mit Glanz und Reichtum zu umgeben und die Huldigungen einer wahren Königin zu empfangen. Noch mehr aber lobte man den Geist der Montespan. Immer wusste sie angenehm zu plaudern und mit einer Liebenswürdigkeit und Anmut sich zu geben, die ihren sonstigen Hochmut vergessen liessen.

Madame de Montespan war eine sieghafte Schönheit, die alle zur Bewunderung hinriss. Ihr Einfluss war ungeheuer, nicht nur auf den König, sondern auch auf die stille Königin. Sie war die Hoffnung und zugleich der Schrecken der Minister, Höflinge und Generale. Ihr Ehrgeiz kannte keine Grenzen. Er ging soweit, dass sie den König zwang, die sieben Kinder, die sie ihm schenkte, zu legitimieren und als „Kinder von Frankreich“ wie die rechtmässigen Prinzen und Prinzessinnen seines Hofes erziehen zu lassen. Liselotte sagt von dieser stolzen Königsmätresse, sie sei viel ehrgeiziger als ausschweifend gewesen. Und damit hat sie recht. Louise de La Vallière hatte den König wie eine Geliebte geliebt, Frau von Maintenon liebte ihn wie eine Gouvernante, Frau von Montespan aber wie eine wahre Herrscherin!

Und doch kam für diese kluge, hochmütige und selbstbewusste Frau auch eine Zeit, in der sie kleingläubig in Hinsicht auf die Liebe des Königs wurde. Nicht selten nahm sie dann ihre Zuflucht zu Zauberinnen, Wahrsagerinnen und Giftmischerinnen, an deren Wundertaten sie mit aller Inbrunst als Kind ihrer Zeit glaubte; denn sie war abergläubisch und unwissend.

Nicht lange, nachdem die neue Herzogin von Orléans an den Hof Ludwigs gekommen war, etwa im Jahre 1676, begann Frau von Montespans Stern durch die Erzieherin ihrer Kinder zu verdunkeln. Sie fühlte, wie die Liebe des Königs zu ihr immer mehr erkaltete.

Alles stimmte übrigens überein, den König in den Strudel eines üppigen Lebens mit fortzureissen: der grosse Reichtum und Glanz seines verschwenderischen Hofes, die wunderbar schönen Frauen, die ihn in Menge umgaben und umschwärmten, die körperliche Gesundheit und Schönheit des Königs selbst, seine zwar gutmütige, aber reizlose Gemahlin, die ganze vergnügenheischende Lebensart von Paris, die raffinierten Intrigen der Frauen, die bewirkten, dass eine Hofdame nach der anderen sich die Gunst des jungen Königs zu erringen suchte. Auch die grosse Bereitwilligkeit der Priester und der Mütter junger Töchter, Ludwig XIV. für eine Pfründe oder ein königliches Geschenk eine neue junge Schönheit in die Arme zu führen, trug dazu bei, ihn in ein Leben voll Vergnügen und Sinnlichkeit zu stürzen.

Seine Prachtliebe überschritt alles, was man in Frankreich bisher gesehen hatte. Die königlichen Gastmähler übertrafen an Eleganz, Schönheit und fürstlichem Pomp alles, was die Geschichte aus alten Zeiten von dergleichen Verschwendungen an anderen Höfen aufgezeichnet hat. Obgleich der ruhige Bürger des Staates über einen Aufwand seufzte, der dem Reiche nicht anders als verderblich werden konnte, bewunderte er doch des Königs guten Geschmack und war geschmeichelt davon. Die Säle von Versailles und Saint-Cloud waren mit den herrlichsten Kostbarkeiten angefüllt. Alles, Spiegel, Kronleuchter, Kunstgegenstände, seidene und goldene Stoffe an den Wänden und über den Möbeln waren von einer Pracht, die an die Schätze des Orients erinnerte. In diesen kostbaren Räumen bewegte sich der König mit einer Liebenswürdigkeit und Leutseligkeit, die alle bezauberte. Man liebte auch an ihm die unverstellte Offenheit und Geradheit seines Charakters, die besonders Liselotte zu schätzen wusste. Nie erniedrigte sich Ludwig zu einer hinterlistigen Handlung oder einer Intrige, wie sie leider in seiner Umgebung alltäglich waren. Seine Mätressen und Günstlinge missbrauchten diese Herzensgüte oft schändlich und wandten sie zum Verderben des Staates an.

Liselotte öffnet weit die Augen vor diesem Leben, das für sie neu und doch nicht reizlos ist. Nie hat sie nur annähernd Aehnliches gesehen oder erlebt. Mit der Verfeinerung und künstlichen Politur französischer Umgangsformen ist sie nicht vertraut. Es scheint ihr alles unecht, und deshalb bleibt sie scheu im Hintergrunde stehen. Von allen Intrigen hält sie sich fern. Sie ist jederzeit fest entschlossen, sich in nichts zu mischen, was ihre Augen auch sehen und ihre Ohren auch hören mögen. Und dieser Grundsatz hat sich schon sehr früh in ihrem biederen Herzen eingeprägt. So vermag man sie auch nie zu irgendeiner Intrige zu bewegen, obwohl sie dadurch am Hofe des von Frauen beherrschten Königs die einflussreichste Stellung hätte einnehmen können. Die kluge Frau von Montespan, mit der Liselotte sich oft über die Hofkabalen unterhält, wirft ihr mehr als einmal vor, sie besitze nicht den geringsten Ehrgeiz, denn sie kümmere sich um nichts, was am Hofe und in den Regierungskreisen vorginge. Aber gerade sie würde sich dadurch die grössten Ehren verschaffen können, da der König sie ja sichtlich auszeichne. Liselotte lächelt und sagt, nein, sie wolle mit solchen Dingen nichts zu tun haben, und es sei ihr vom Grunde ihres Herzens aus verhasst, auf dem Wege der Intrige etwas zu erreichen. – „Nun“, antwortet Frau von Montespan, „Sie sind eben eigensinnig.“ – „Nein, Madame“, erwidert schlicht die Herzogin, „aber ich liebe meine Ruhe und halte allen Ihren Ehrgeiz für reine Eitelkeit!“ –

Eine so natürlich veranlagte Frau wie Liselotte ist am Hofe von Versailles eine ungewohnte Erscheinung. Aber es fehlt ihr auch jedes Geschick, sich durch die hundertmal verschlungenen Wege dieses Hoflebens hindurchzuwinden. Zwar haben sie und ihr Gemahl einen eigenen kleinen Hof für sich, eigentlich aber leben sie am Hofe Ludwigs XIV., nach dessen Befehlen und Wünschen, Lebensgewohnheiten und Launen sie sich zu richten haben. So führen sie ihr Dasein zwischen Versailles und Saint-Germain. Kaum zwei Monate im Jahre sind sie wirklich frei und dürfen sich auf ihre eigenen Schlösser entweder nach Saint-Cloud oder nach dem Palais-Royal oder Villers-Cotterets zurückziehen.

### 5. *Intrigen*

Allmählich wird Liselotte sehender. Ihre offene, ehrliche Natur und die nicht immer gewählten Ausdrücke beginnen bereits Missfallen in der Hofgesellschaft zu erregen. Unter dem Glanze und dem Reichtum an Ludwigs Hofe sieht sie viel Schmutz und Widriges, vorläufig nur äusserlich, aber sie hält mit ihrer Kritik nicht zurück. Paris besonders missfällt ihr, weil es schmutzig und unordentlich ist. In den Schlössern des Königs widert sie die Ungeniertheit an, mit der sich die Herren auf den Gängen und Treppen des Louvre und des Palais-Royal benehmen. Liselotte schildert diese Zustände in ihrer realistischen Weise, die an Deutlichkeit nichts zu wünschen übrig lässt.

Oft bedient sich Liselotte so kraftvoller Ausdrücke, dass sogar der gütige König, der gern aus ihrem Munde einen derben Scherz entgegennimmt, betroffen ist und es sie fühlen lässt, wie wenig hoffähig sie sich benommen habe; denn Ludwig XIV. hält streng auf Formen. Aber auch er, der Sonnenkönig, vermag unserer Liselotte in dieser Beziehung nicht zu imponieren und sie nicht zu „polieren", wie sie selbst zugesteht. Oft lässt sie sich in ihren Reden sogar in den Gemächern des Königs so gehen, dass der fromme Dauphin bei seinem Vater Beschwerde einreicht, die Herzogin von Orléans bediene sich mit Vorliebe in ihren Unterhaltungen unanständiger Ausdrücke, wie sie nur das gemeine Volk auf der Strasse gebrauche. Dafür wird ihr offiziell vom König bisweilen ein „derber Filz" erteilt. Er schickt dann ihren Beichtvater zu ihr und lässt der massiven Liselotte ins Gewissen reden. Dann bewahrt sie wohl einige Tage Stillschweigen oder hält ihre lockere Zunge etwas mehr im Zaume, aber es dauert nicht lange und sie ergeht sich von neuem in so kräftigen Ausdrücken, die selbst im Heidelberger Schloss bei Karl Ludwig nicht hoffähig gewesen wären.

Das galante Treiben am Hofe berührt sie zu dieser Zeit eigentlich wenig. Sowohl einer La Vallière als einer Montespan und allen kleineren Mätressen lässt sie die Herrschaft, eben als unvermeidliche Beigabe eines grossen Hofes, der von einem sinnlichen und prachtliebenden König geleitet wird. Ihrer Meinung nach haben Fürsten das Recht, sich Mätressen zu halten. Merkwürdigerweise kommt auch eigentlich nie ein direktes Bedauern mit der Königin über ihre Lippen. Halb vergessen fristet diese stille Frau in ihren Gemächern von Versailles ihr Dasein, um das sie keine Bürgersfrau beneidet. Aber Liselotte sieht in all diesem nur Selbstverständliches, solange ihr eigenes Blut nicht mit dem „Mausdreck" vermischt zu werden droht. Denn auf das Ansehen ihrer Abkunft und ihrer Würde hält sie streng.

Vom französischen Adel hält sie nicht viel, weil alle die Herzöge, Fürsten, Grafen und Barone erst vom König dazu gemacht werden, während bei ihr, in ihrer Heimat, die Herzöge „von Gottes Gnaden" seien und sie ihren Adel ihrem Vater und ihrer Mutter verdanken! Insofern wären die französischen Herzöge nicht mit den deutschen zu vergleichen, meint sie. Ueberaus stolz aber ist sie auf ihres Vaters Pfalzgrafentum. „So ein lumpener Duc will einem Pfalzgrafen den Rang streitig machen?", ruft sie einmal im Innersten empört aus. „Wirkliche Grösse haben nur die deutschen Fürsten; denn sie haben keine Bürger zu Verwandten und dienen nicht."

So nahm sie also auch an den französischen Hof ihren deutschen Adelsstolz mit und hat es sich nicht einfallen lassen, zu denken, dass sie etwa aus geringerem Geschlechte gewesen wäre wie die Bourbon und Orléans. So wie sie selbst ist, erzieht sie auch ihre Kinder. Die erste Gattin „Monsieurs", Henriette von Orléans, hat zwei Töchter hinterlassen, denen Liselotte eine zweite Mutter sein muss. Die älteste, Marie-Louise, ist neun Jahre alt, die zweite, Anna-Maria, ein Baby von zwei Jahren. Für beide sorgt die junge Liselotte mit Liebe, als wären es ihre eigenen Kinder.

Im Jahre 1673 wird sie selbst Mutter. Es ist ein Knabe, Alexander Ludwig, der jedoch, kaum dreijährig, wieder stirbt. Da sie nicht das geringste Vertrauen zu der französischen medizinischen Wissenschaft hat, ist sie natürlich fest überzeugt, ihr Söhnchen sei das Opfer unwissender Pariser Aerzte geworden, die ebensowenig verständen, wie die Erzieher und Gouvernanten der Franzosen. Als dieses Kind stirbt, ist sie untröstlich. Sie meint, vor Traurigkeit selbst sterben zu müssen. Glücklicherweise hat sie noch einen Sohn, den kleinen Herzog von Chartres. Er kam am 4. August 1674 in Saint-Cloud zur Welt und wurde der spätere, allzu berühmte und berüchtigte „Regent“ von Frankreich.

Zwei Jahre später kann Liselotte ihren alten Freunden und der Tante Sophie noch die Geburt eines Töchterchens melden, dem sie ihren eigenen Namen Elisabeth Charlotte gibt. Zwar erfüllt sie gerade die Ankunft dieses Kindes mit grosser Freude, aber das Kinderkriegen im allgemeinen ist eigentlich nicht nach ihrem Geschmack. Es kommt ihr, dem „rauschenplattenen Knecht“, sehr „spanisch“ vor, dass sie während der Zeit ihrer Schwangerschaft nicht laufen und springen kann, wie sie es gewohnt ist. Nicht einmal in „der Kutschen“ darf sie fahren, sondern muss immer in einer Chaise getragen werden. Das gefällt Liselotte durchaus nicht, die gern zwei Stunden am Tage marschiert. „Ja, wenn es wenigstens bald getan wäre“, meint sie, „so wäre es noch eine Sach'; aber dass es so neun Monate fortwähren muss, das ist ein trübseliger Zustand.“ Und so ist sie recht froh, dass nach diesem dritten Kinde keines mehr kommen wird; denn “Monsieur“ hat gleich nach dieser Geburt getrennte Schlafzimmer angeordnet.

Und doch ist sie damals, als sie ihre Tochter gebar, durchaus nicht unglücklich mit dem Herzog gewesen. Denn sie meldet der Frau von Harling die Geburt des Kindes mit den Worten: „Nun ist eine Liselotte mehr auf der Welt. Gott gäbe, dass sie nicht unglücklicher als ich sein möge, so wird sie sich wenig zu beklagen haben.“

Trotz aller Gegensätze, die Liselotte von ihrem Manne trennen, entdeckt sie doch auch an ihm gute Seiten. Er „ist der beste Mensch“, aber leider geht er in der wüsten Gesellschaft seiner Günstlinge unter, die nichts als Gelage und hohes Spiel kennen. Liselotte weiss es und möchte wenigstens ihre beiden Kinder vor diesem verderblichen Einfluss bewahren. Dieser Kampf ist der schwerste in ihrem Leben. Aber er soll erst beginnen. Vorläufig sind die Kinder noch klein und noch nicht in den Händen der Erzieher, die der Herzog von Orléans aus der Mitte seiner Günstlinge wählt.

Eine eitle Mutter ist Liselotte überdies nicht. Von dem kleinen Prinzesschen schreibt sie an Sophie: „Sie hat eine hübsche Haut, aber alle Traits sein hässlich, eine hässliche Nas, ein gross Maul, die Augen gezogen und ein platt Gesicht …“ Und als die kleine Liselotte älter wird, erkennt sie in ihr sich selbst wieder. „Ist wohl eine dolle Hummel als ich vor diesem war … Ich darf mich nicht so sehr mit ihr familiarisieren; denn sie fürcht keinen Seelenmenschen auf der Welt als mich, und ohne mich kann man nicht mit ihr zurecht kommen. Sie fragt gar nichts nach Monsieur. Wenn er sie ausfilzen will und ich nicht dabei bin, lacht sie ihm ins Gesicht …“ Am stolzesten aber ist die Mutter, dass auch diese zweite Liselotte „das Maul auf dem rechten Fleck“ hat und jederzeit Rede und Antwort stehen kann.

Ueber ihren Sohn spricht Liselotte mit der grössten Offenheit und Ehrlichkeit. Leider geriet er in der Folge nicht nach ihrem Geschmack. Sie hatte geglaubt, dass er bei all seinen herrlichen Anlagen und Talenten nicht so sehr dem verdorbenen Leben des Versailler Hofes verfallen werde, wie es später tatsächlich geschah. Trotz allem lässt sie ihm in jeder Beziehung Gerechtigkeit widerfahren und erkennt vor allem seinen guten Charakter und die ausserordentlichen Fähigkeiten an, mit denen er in der Tat begabt ist. Aeusserlich gefällt ihr der kleine Herzog von Chartres, der, wie sein Vater, Philipp getauft wurde, besser als die Tochter, aber sie findet, dass er weder dem Vater noch der Mutter ähnlich sieht. Auch bei ihm schätzt sie besonders die Schlagfertigkeit und Geschicklichkeit in der Rede, und sein grosser Eifer, alles zu lernen und zu wissen, gefällt ihr. Beide Kinder liebt Liselotte zärtlich. Sie beschäftigt sich mit ihnen wie eine bürgerliche Mutter. Sie schont auch die Rute nicht; denn ihr Grundsatz ist jederzeit: Liebe gepaart mit Strenge! „Als mein Sohn klein war“, schreibt sie noch im Jahre 1710 an die Raugräfin Luise, „habe ich ihn niemals gemaulschellt, aber ich habe ihn so derb mit der Rute geschlagen, dass er sich noch heute daran erinnert. Die Maulschellen sind gefährlich, sie können Verwirrungen im Kopfe hervorrufen ...“

Sowohl der Sohn als die Tochter fürchteten die strenge Hand der Mutter. Liselotte fackelte nicht lange. Wenn sich die Kinder nicht fügen wollten, gab es, wie im kleinsten Bürgerhaus, Schläge. Aber sie verstand es ebensogut, sich ihre Zuneigung zu erwerben; denn beide blieben ihr stets in grosser Liebe zugetan.

Heftig ist der Kampf um die Erziehung dieser Kinder, und es ist ein schönes Kapitel in dem Leben der Herzogin von Orléans, mit welcher Energie und Ausdauer sie diesen Kampf durchführte, um aus ihnen rechte und brauchbare Menschen zu machen. Wie eine Löwin ihre Jungen verteidigt sie sie gegen den verderblichen Einfluss der Günstlinge Monsieurs. Weder Drohungen noch Anklagen beim König vermögen sie davon abzuhalten, sich die Rechte der Mutter zu wahren. Besonders haben es die Günstlinge auf den Sohn abgesehen. Man versucht es auf die denkbar verworfenste Weise, ihn ins Lager seines Vaters zu ziehen. Der Herzog von Orléans ist selbst am meisten darauf bedacht, seinen Sohn so früh wie möglich in die Neigungen einzuweihen, denen er selbst frönt. Und da hat Liselotte harte Kämpfe zu bestehen, besonders im Jahre 1689, als der Erzieher des jungen Prinzen, der Marquis de Sillery, seinen Abschied nimmt. Monsieur will ihn sofort durch eine seiner Kreaturen ersetzt wissen. Da aber stellt sich die Mutter energisch entgegen. Ihren Sohn diesem ausschweifenden, aller Moral entbehrenden Manne übergeben, hiesse ihn dem Verderben weihen! Hier zeigt Liselotte ihren harten Willen. Es hilft Monsieur nichts, zu toben und zu drohen; sie gibt nicht nach. Und so verfliessen sechs Monate im heftigsten Widerstreit der Meinungen, bis die besorgte Mutter ihre Zuflucht zum König selbst nimmt. Sie weiss, dass Ludwig, wenn er erst ihre Bedenken hört und prüft, ihr auch in dieser Beziehung beistehen wird. Und in der Tat: er verspricht seiner Schwägerin, selbst die Wahl eines Erziehers für seinen Neffen treffen zu wollen. Wenige Tage später erhält der junge Herzog von Chartres den Marquis d'Arcy als Gouverneur, einen Mann voll Ernst und

Würde und fleckenlosem Rufe. Liselotte kann nun ruhig sein: Die Erziehung ihres Sohnes liegt in guten Händen.

Um so unverständlicher ist es, dass sie bei der Wahl des zweiten Lehrers nicht hellblickender war und vollkommen mit den Ansichten der beiden Günstlinge ihres Mannes übereinstimmte. Denn sie lässt es geschehen, dass der Abbé Dubois, der allerdings zu jener Zeit noch eine recht unbedeutende Persönlichkeit ist, die Unterrichtsstunden ihres Sohnes leitet.

So grossen Einfluss die Günstlinge auf Monsieur haben, so wenig lässt er sich von seiner Frau beraten. Liselotte versagt man jeden Einfluss, selbst in der eigenen Familie. Aber trotz allem gelingt es ihr, sich wenigstens die Liebe ihrer Kinder zu erhalten. Ihr Sohn bewies ihr stets die grösste Achtung und Ehrerbietung, und es gelang weder herrschsüchtigen Frauen, die ihn später in grosser Anzahl umgaben, noch intriganten Männern, ihn mit seiner Mutter zu entzweien.

Man sieht gar bald ein, dass es vergebene Liebesmühe sei, Mutter und Kinder auseinanderzubringen, und so versucht man es mit den beiden Gatten, deren Band nicht so fest geknüpft ist. Zu diesem Zwecke muss der Herzog von Orléans überzeugt werden, dass seine Frau ihn hintergeht! Aber es ist schwer, gegen die gar nicht kokette Liselotte irgend etwas in dieser Hinsicht vorzubringen. Man kann ihr nicht die kleinste Heimlichkeit, nicht den leisesten Augenaufschlag gegen einen Mann vorwerfen. Schliesslich gelingt es aber doch der würdigen Clique des Chevaliers de Lorraine, des Marquis d'Effiat und der Madame de Grancey, die Herzogin von Orléans in den Augen Monsieurs als leichtsinnige Frau zu verdächtigen. Diese Anklage ist jedoch so absurd, dass kein Mensch und am allerwenigsten Monsieur daran glaubt. Niemand hält die derbe, wahrheitsliebende, grundehrliche und etwas massive Liselotte einer Untreue für fähig. Man war ihr entweder sehr zugetan, wegen ihrer grossen Herzensgüte und ihres unverwüstlichen Humors, oder man fürchtete sie wegen der unumwundenen Wahrheiten, die sie in Versailles oder Saint-Germain jedem sagte, an dem sie etwas auszusetzen hatte. Aber einer Niederträchtigkeit oder Schlechtigkeit hielt man sie für unfähig. Ausserdem war sie nicht der Typ der leichtsinnigen Frau. Ludwig XIV. war von Liselottes Unschuld vollkommen überzeugt. Zu jener Zeit sah er nur die anziehenden Eigenschaften seiner jungen Schwägerin. Er, als guter Frauenkenner, wusste am besten, dass ein solches Gerücht vollkommen aus der Luft gegriffen war. Frauen wie Liselotte eigneten sich nicht zur Geliebten. Sie konnte nur Frau und Mutter sein. Jeden Tag bewies ihr der König mehr seine Achtung, gleichsam, als wollte er damit der Welt zeigen, wie unantastbar sie in jeder Beziehung sei. Nie ging er vorüber, ohne das Wort an sie zu richten, und jeden Sonnabend liess er sie rufen, damit sie an dem berühmten Mitternachtsmahl der Madame de Montespan teilnähme. Das war eine Auszeichnung, die nur wenigen zuteil wurde, und Liselotte wusste sie zu schätzen. Vor ihr verschwand der Monarch, und nur der ritterliche Mann trat in Erscheinung. Es schmeichelte sie, wenn es hiess: „Der König begibt sich nach Fontainebleau, weil Madame es wünscht.“ Und dieses „Madame wünscht es“, erstaunt bald niemand mehr. Man findet die Herzogin charmant, trotz ihrer ungeheuren Perücke, die ihr meist schief auf dem Kopfe sitzt, trotz ihres von der Jagd und von Spazierritten dunkelgebräunten Gesichts und trotz ihrer beinahe männlichen Kleidung.

Der Herzog von Orléans liess sich gleichfalls durch die Verleumdungen, die man über seine Frau ausstreute, nicht beeinflussen. Er fuhr fort, sich als angenehmer Lebensgefährte zu erweisen, soweit es sich eben nicht um die Erziehung der Kinder handelte. Im Juli 1678, nach siebenjähriger Ehe noch, schreibt Liselotte an die Tante Sophie: „Was Euer Liebden Idee anlangt, dass, wenn ich Monsieur habe, ich nichts weiter auf Erden verlange, so ist es wahr, dass ich sehr gern mit ihm bin.“ – Sie langweilt sich ohne ihn und weiss nichts anzufangen, besonders wenn auch noch der König abwesend ist. „Die Zeit wird mir so lang“, seufzt sie und ist über die Massen vergnügt, wenn beide wieder da sind.

Diese Aussprüche zeugen allerdings nicht davon, dass die Herzogin von Orléans eine unglückliche Frau an der Seite eines Mannes war, der so wenig wie Philipp geeignet schien, eine Frau glücklich zu machen. Aber für Liselotte hat er eben doch manche Eigenschaften, die ihr angenehm sind und ganz ihrem Sinn entsprechen. Jeder anderen Frau wären gerade die weiblichen Neigungen an dem Herzog unangenehm gewesen; Liselotte findet hingegen in ihrem Gatten Talente ergänzt, die sie nicht im geringsten besitzt. So liebt sie es gar nicht, sich mit ihren Kleidern zu beschäftigen. Es ist für sie geradezu eine Qual, stundenlang mit den Schneiderinnen und Modistinnen beschäftigt zu sein und vor dem Spiegel Hüte und Kleider zu probieren. Monsieur hingegen bereiten diese Dinge um so mehr Vergnügen. Er kann sich ganze Tage lang mit der Wahl eines Kleides, eines Schmuckes, eines Bandes beschäftigen und behandelt die Modefragen als die wichtigsten seines Lebens, eingehender wie Staatsangelegenheiten. Da Liselotte nichts von all dem versteht und auch nichts verstehen will, sucht Monsieur ihre Kleider aus.

Auch als Krankenpfleger ist Philipp unermüdlich. Das hat er ihr bereits im Jahre 1672 bei einem vorübergehenden Unwohlsein bewiesen. Als aber die Herzogin im Jahre 1675 ernstlich an einem heftigen Fieber erkrankte und wirklich zwischen Leben und Tod schwebte, da zeigte sich Monsieur über alle Begriffe besorgt. Er wich nicht von ihrer Seite, reichte ihr selbst die vorgeschriebene Medizin, rückte ihr die Kissen zurecht und wachte über ihren Fieberschlaf. Die Kurfürstin von Hannover liess sich täglich aus Paris über den Zustand ihrer geliebten Nichte berichten, und Monsieur entledigte sich auch dieser Aufgabe aufs genaueste.

Die Zeit rückte indes näher, da aus der fröhlichen Pfälzer Liselotte eine misstrauische, verbitterte, traurige und einsame Frau wurde. Es waren jedoch nicht nur die Intrigen und Kabalen der Umgebung ihres Mannes, die dazu beitrugen, ihr das Leben unerträglich und unerfreulich zu machen. In ihrem Innern gab es schwere Konflikte zwischen der wahrhaft verehrenden Freundschaft, die sie dem König entgegenbrachte, und der kindlichen Anhänglichkeit an ihren geliebten Vater und an die Pfalz. Obwohl Liselotte weit entfernt war, sich jemals in Politik zu mischen, so sah sie doch mit Schmerzen, wie wenig ihre Heirat, die doch nur aus Staatsgründen geschlossen worden war, dazu beigetragen hatte, das Schicksal ihres Landes und des Kurfürsten, ihres Vaters, zu verbessern. Es geschah nichts, aber auch gar nichts, was diese Hoffnungen nur im geringsten bestätigt hätte. Am meisten betrübte es Liselotte, dass ihr Vater glaubte, es läge allein an ihr, und sie wolle sich in dieser Hinsicht keinerlei Einfluss auf den König verschaffen. Die Herzogin von Orléans war aber weder dazu geschaffen, eine politische Rolle zu spielen, noch hätte Ludwig XIV. sich von ihr beeinflussen lassen, trotz aller seiner Freundschaft. Es ist bekannt, wie rücksichtslos der französische König in politischen Dingen vorging. Und verwandtschaftliche Rücksichten und Privilegien kannte er erst recht nicht. Der Kurfürst von der Pfalz wurde, obwohl er der Schwiegervater Monsieurs war, doch nicht anders in den Räten von Saint-Germain behandelt, als ein anderer beliebiger deutscher Fürst, und der Frieden von Nimwegen im Jahre 1678/1679 hatte geradezu traurige Folgen für die deutschen Grenzländer, die Pfalz nicht ausgeschlossen. Karl Ludwig wurde das beklagenswerte Opfer der „Chambres de Réunion" (Metzer Reunionskammern) des französischen Königs. Ludwig XIV. bemächtigte sich seiner Staaten, die ehemals als „Dependenzen" des Bistums Metz figuriert hatten, ohne irgendwelche Bedenken. Französische Truppen besetzten die Pfalz, die zerstückelt und zerrissen wurde wie ein Stück Papier. Die französischen Agenten befreiten ohne Recht die Pfälzer von dem Eide, den sie ihrem Landesherrn geleistet hatten, und liessen sie einen neuen auf den fremden Gebieter schwören. Es wurden hohe Kontributionen auferlegt, die das an sich nicht reiche Volk bezahlen musste. Zwei der Kommissare Ludwigs XIV. liessen sich im Schloss Heidelberg nieder und benahmen sich dort als unerträgliche Gäste. Sie betranken sich mit dem Weine des Kurfürsten und wurden schliesslich so unverschämt, dass Karl Ludwig, den Schicksalsschläge, Alter und der Tod der Raugräfin griesgrämig und verbittert gemacht hatte, froh war, wenn er infolge seiner angegriffenen Gesundheit einen Vorwand fand, einmal allein in seinem Zimmer zu speisen. Er und seine Schwester, die Kurfürstin von Hannover, waren ausser sich, dass Liselotte in Paris beim König gar nichts vermochte, das Schicksal des Kurfürsten zu erleichtern.

Liselotte hatte indes doch ihr möglichstes getan, um ihrem Vater ein besseres Los zu verschaffen. Immerhin war es herzlich wenig, was sie beim König erreichte. Und dieses Wenige wurde meist am nächsten Tage durch eine neue freche Forderung aufgehoben. Karl Ludwig war ohnmächtig, sich zu widersetzen. Er vermochte weiter nichts zu tun, als die bittersten Klageschriften zu schreiben. Allmählich zog Reue in sein Herz ein, dass er Liselotte zum Opfer gebracht hatte, ohne dass diese Heirat ihm Nutzen und Vorteile bot. Kummer und Sorge darüber füllten sein Leben aus. Am 26. August 1680 trafen ihn drei Schlaganfälle, die ihn für kurze Zeit der Sprache beraubten. Einige Tage später starb er.

Liselottes Schmerz über diesen Verlust war gross und echt. Sie hatte ihren Vater in kindlicher Verehrung geliebt und ausser ihrer Tante Sophie niemand auf der Welt, dem sie ein so felsenfestes Vertrauen entgegenbrachte wie ihm. Dass sie vielleicht die indirekte Ursache des Todes ihres Vaters sein könnte, stimmte sie unendlich traurig. Mit feinem Taktgefühl hatte sie zu seinen Lebzeiten alles in ihren Briefen vermieden, was ihn hätte auf den Gedanken bringen können, sie fühle sich unglücklich in Frankreich. Ihr war es indes klar, dass der Kummer, den Ludwig XIV. und seine Minister ihrem Vater verursachten, viel zu seinem raschen Ende beigetragen hatte. Nun er nicht mehr lebte, benutzte sie gleich die ersten Stunden, um der Tante Sophie ihr übervolles Herz auszuschütten.

Es ist das erstemal, seitdem Liselotte in Frankreich weilte, dass eine solche Verlassenheit und Bitterkeit aus ihren Briefen spricht. Sie will und kann ihre Umgebung von der Schuld am Tode ihres Vaters nicht freisprechen. Sie fühlt sich dadurch einsam und elend. Glücklicherweise wurde ihr der Trost, von der Tante zu erfahren, dass Karl Ludwig in seinen letzten Lebensjahren keinen Groll gegen sie hegte, weil sie so wenig Einfluss hinsichtlich seiner Angelegenheiten bei Ludwig XIV. gehabt hatte.

Es waren bittere und traurige Erfahrungen, die Liselotte aus ihrer politischen Heirat zog, die ihr aber eigentlich erst nach des Vaters Ende richtig zum Bewusstsein kamen. Und doch erholte sie sich nach einiger

Zeit wieder von ihrem Kummer, wenigstens äusserlich. Ihre Fröhlichkeit kehrte wieder; sie konnte wieder lachen. Aber zwei Monate lang war sie von einer tiefen Traurigkeit befangen gewesen, dass sie alle Lebensfreude verloren hatte und sich wegwünschte von dieser Welt, die ihr nur Leid bescherte. Sie ist so froh, den König wenigstens etwas von seiner grossen Schuld entlasten zu können.

Sie erkannte indes schon damals, was heute die gerechte Geschichtsforschung bestätigt: Der Hauptschuldige an diesem furchtbaren Morden und Brennen in der Pfalz war Louvois. Liselottes Schmerz über die Zerstörung ihrer geliebten Pfalz ist unbeschreiblich. Am traurigsten für sie war der Gedanke, dass alles in ihrem Namen geschah, und dass ihre Landsleute glauben mussten, sie, die Tochter Karl Ludwigs, sei mit diesen Greueltaten einverstanden! Die Vorstellung der entsetzlichen Mordbrennereien in der Heimat verscheucht den Schlaf von ihrem Lager. Angst, Aufregung, Zorn, Trauer und Schmerz wühlen in ihrem Innern. Wenn sie einschlummern wollte, sah sie ihr geliebtes Heidelberg, die Stätte ihrer jugendlichen Freuden, in Flammen aufgehen. Und sie, die ihren Heidelbergern so gerne geholfen hätte, konnte zur Milderung ihrer Leiden nicht das geringste beitragen. Tränen und Bitten hatten weder den König noch Louvois erweichen können. In ihrer grossen Bedrängnis schickte die Heidelberger Bürgerschaft einen der Ihrigen mit einer Bittschrift an die Pfälzer Liselotte, die im Schlosse von Versailles selber in heller Verzweiflung über all das Elend die Hände rang. Sie vermochte nichts. In der Nacht vom 4. Dezember 1688 hatte sie eine lange Unterredung mit diesem Abgesandten, der sie schon als Kind gekannt hatte. Aber es nützte nichts, dass sie Johann Weingarts herzerschütternde Vorstellungen dem König unterbreitete. Es wurde weiter geraubt und gemordet in Heidelberg. Louvois entschuldigte sein grausames Vorgehen zynisch damit, dass die Soldaten und die Völker leben müssten, worauf Liselotte mit ihm in heftigen Wortwechsel geriet und ihm ohne ein Wort des Abschiedes in grenzenloser Verachtung den Rücken kehrte. Auch der Dauphin musste ohne ein Abschiedswort von ihr ins Feld ziehen.

An sich selbst denkt Liselotte nicht. Ihre Rechte an die Pfalz sind für sie in den Hintergrund getreten. Nur reine Menschlichkeit spricht aus ihren leidvollen Briefen. Am liebsten möchte sie sterben, nur um nicht länger die Schande und die Greueltaten mit zu erleben, die ihrem Vaterlande angetan werden. Und dazu verlangte man in Paris von ihr, dass sie nicht als Pfälzerin, sondern als Französin dachte und empfand, dass sie mit den Franzosen patriotisch fühlte. Der Schmerz darüber brach ihr bald das Herz. Er wurzelte in ihrer tiefen Liebe zur Heimat. Von jedem politischen Empfinden war sie frei, denn sie verstand nichts oder nur sehr wenig von Politik. Das Vorgehen des Königs gegen die arme Pfalz betrachtet sie als eine persönliche Beleidigung, weil sie Pfälzerin und die Tochter des Kurfürsten von der Pfalz ist. Ihre Tränen sind persönlicher, nicht politischer Art. „Halte es vor ein grosses Lob, wenn man sagt, dass ich ein teutsch Herz habe und mein Vaterland liebe. Dieses Lob werde ich ob Gott will suchen bis an mein Ende!“

Die Verwüstung der Heimat blieb nicht der einzige Schmerz Liselottes. Es kam anderes Leid in ihr Leben, unverschuldetes und selbstverschuldetes. Ihre Tränen sollten von nun an nie mehr ganz versiegen. Es gab Ränke und Intrigen, denen sie nicht mehr gewachsen war, denen sogar ihre Tugend zur Beute wurde. Als man nichts an ihr finden konnte, das des Klatsches und der Verleumdung wert gewesen wäre, stellte man ernstlich ihre Freundschaft zum König in ein zweifelhaftes Licht. Die meisten indes lächelten darüber, dass Madame mit der immer schiefen Perücke, dem kupferroten Gesicht und ihren mehr männlichen als weiblichen Gewohnheiten zärtliche Gefühle für ihren schönen und ritterlichen Schwager hegen könne. Und doch war Liselottes Freundschaft zu Ludwig XIV. nicht ganz frei von einem mit Liebe verwandten Gefühl, nur war sie es sich selbst nicht bewusst. Sie litt entsetzlich darunter, wenn er einmal nicht ganz so freundlich zu ihr war wie sonst. Ist er krank, so geht sie mit bekümmerter und sorgenvoller Miene umher, und das Leben erscheint ihr freudlos. Sobald er sich aber wieder wohler fühlt und vielleicht gar seine erste Besuchsstunde ihr widmet, strahlt Madames Gesicht in heller Freude. Ihre Briefe sind voll des Lobes, ehe er die Pfalz mit seinen Truppen aufsuchte, und auch noch nachher versucht sie, trotz ihres unendlichen Schmerzes, immer wieder einen Grund zu finden, ihn von den Verbrechen freizusprechen, deren er sich schuldig gemacht hat. Wenn er sie wegen ihrer oft gar zu freien Reden „ausfilzt", ist sie traurig und fühlt sich in den Schatten gestellt, besonders seit Madame de Maintenon des Königs Herz gewonnen. Ihr grenzenloser Hass gegen diese Frau, in der sie die Quelle alles ihres späteren Unglücks erblickt, die furchtbare Erbitterung, die sie gegen sie hegt, sind der beste Beweis für die Gefühle, die Liselotte dem König entgegenbrachte.

Inzwischen arbeiteten die Günstlinge des Herzogs von Orléans eifrig an Liselottes Sturz. Sie gewahrten wohl, dass die Schicksalsschläge der letzten Jahre Madames starken Charakter erschüttert hatten, dass sie nicht mehr gegen alle Niederträchtigkeit so gefeit war wie ehedem, dass auch langsam die Gunst des Königs zu verblassen schien. Diese Umstände benutzten der Chevalier de Lorraine und seine Sippe, um Nutzen daraus zu ziehen. Bisher hatten sie sich begnügen müssen, Liselottes Dienerschaft gegen sie aufzuhetzen, die Personen, denen sie am meisten vertraute, von ihr zu entfernen oder ihr dieses und jenes Vergnügen zu entziehen, das sie besonders liebte. Das alles war von Madame kaltblütig hingenommen worden, und die Günstlinge hatten nicht die Freude gehabt, zu merken, dass sie sich darüber ärgerte. Als sie jedoch sahen, dass die vernünftige Liselotte ihr kaltes Blut verloren hatte, nahmen sie von neuem die Intrigen der früheren Jahre auf. Mit einer unglaublichen Zähigkeit verbreiteten sie das Gerücht, Madame habe eine geheime Liebschaft. Und diesmal nannten sie sogar laut den Namen des Geliebten. Es hiess, die Herzogin betrüge Monsieur mit dem jungen Gardeoffizier Saint-Saëns.

Von alledem ahnte Liselotte anfangs nichts. Aber das alberne Gerücht kam zu Ohren des Königs. Er hielt es für geboten, seine Schwägerin, deren leidenschaftliches Temperament er kannte, selbst davon in Kenntnis zu setzen und ihr Ruhe und Kaltblütigkeit zu empfehlen. Er riet Liselotte, auf das Geschwätz gar nicht zu achten, damit ihre Feinde nicht noch mehr durch eine Anklage bei Monsieur gereizt würden. Liselotte hingegen wollte davon nichts wissen. Sie war im höchsten Grade aufgebracht und wünschte die Angelegenheit durch den König selbst sowohl bei ihrem Gatten als auch vor dem ganzen Hofe klargestellt. Sie, die Schuldlose und Ehrbare, fühlte sich in ihrer Frauenehre tief verletzt.

„Je mehr ich darüber nachdenke", entgegnete der König weise, „desto weniger halte ich es für nötig, davon zu sprechen. Denn mein Bruder kennt Sie gut, und jedermann sieht seit zehn Jahren niemand, der weniger kokett ist als Sie."

Das war ein kluger Rat, aber Liselotte blieb traurig und im Innern aufgewühlt, und sie verbarg ihre Empörung über eine solche Niedrigkeit nicht vor Monsieur. Eines Tages kam es schliesslich zwischen beiden zur Aussprache. Madame sagte ihm alles. Monsieur war nicht wenig erstaunt über ihre Entrüstung und meinte, wenn sie keinen anderen Grund habe, sich mit traurigen Gedanken zu quälen, so solle sie sich nur beruhigen, er wisse, dass sie einer Leichtfertigkeit unfähig sei. Er wisse auch, dass er demjenigen antworten werde, der sie bei ihm verklage. Eine vernünftigere Antwort als diese konnte eine Frau von ihrem Mann kaum erwarten, und Liselotte hätte gut getan, die ganze Geschichte als erledigt zu betrachten. Statt dessen kam sie täglich hundertmal darauf zurück, sprach mit ihrer Vertrauten, Fräulein von Théobon, einem ehemaligen Ehrenfräulein der Königin, im langen und breiten darüber und liess sich von ihr, der Gutunterrichteten, alle Einzelheiten des Klatsches berichten, der sich um ihre Person drehte. Auch Monsieur hielt nicht reinen Mund. Er erzählte seinen Günstlingen, dass Madame sich bei ihm wegen dieser Sache beklagt habe. Darüber gerieten sie in ungeheure Wut und spielten der Herzogin von Orléans die niederträchtigsten Streiche.

Inzwischen versuchte Fräulein von Théobon Madame gegen Monsieur zu verhetzen. Sie weihte sie in alle Einzelheiten der Ausschweifungen ein, die der Herzog mit seinen Freunden beging. Obwohl Liselotte schon vorher gewusst hatte, welches Leben ihr Gatte führte, so kam es ihr doch jetzt, da sie an sich durch alle möglichen Schicksalsschläge deprimiert war, doppelt abscheulich vor. Ein Bruch mit Monsieur stand bevor.

Philipp war anfangs vorsichtig gewesen und hatte alles getan, um sie zu besänftigen. Denn er wollte nicht noch einmal in den Verdacht kommen, seine Frau zum Tode getrieben oder vielleicht vergiftet zu haben. Schliesslich aber, als Liselotte nicht aufhörte, durch ihre fortwährenden Reden und Klagen einen öffentlichen Skandal herbeizuführen, riss ihm die Geduld, und nun war er es, der sich bei seinem Bruder beschwerte. Er bat Ludwig, die Herzogin durch eine ernste Strafrede zur Vernunft zu bringen. Doch siehe da, der König weigerte sich und verteidigte seine Schwägerin aufs heftigste. Als Liselotte sah, dass sie die Freundschaft des Königs noch nicht verloren hatte, triumphierte sie. Ludwig empfahl ihr nochmals Schweigen. Aber die Herzogin von Orléans hatte einen harten Kopf. Immer wieder hinterbrachte sie dem König die skandalösesten Geschichten, die ihr die Théobon von Monsieur berichtete, und hörte nicht auf, zu klagen und zu jammern. Schliesslich wurde es dem König langweilig. Es kam eine Zeit, da er kaum mehr seiner Schwägerin zuhörte, und eines Tages verabschiedete er sie mit einem hoheitsvollen Kopfnicken. Liselotte war traurig bis zur Lebensmüdigkeit, doch nie ist ihr die Einsicht gekommen, dass sie selbst auch einen Teil der Schuld trug an diesem unerfreulichen Leben. Sie wusste sich keinen anderen Rat, als den König zu bitten, ihre Tage im Kloster von Maubuisson beschliessen zu dürfen. Ein ungeheurer Entschluss für die lebensfrohe Frau. Inzwischen hatte sich aber auch Monsieur an den König gewandt, um ihn zu bitten, den Vermittler zwischen ihm und seiner Gattin zu spielen. Ludwig grollte nie wirklich seiner eigenwilligen Schwägerin; denn er wusste, sie war gut. Liselotte aber wollte ihren Willen durchsetzen. Von neuem bat sie: „Lassen Sie mich nach Maubuisson gehen, Sire."

Darauf der König: „Aber, Madame, bedenken Sie, welches Leben Sie dort erwartet. Sie sind noch jung, können noch viele Jahre leben, und ein solcher Entschluss ist hart."

Da legte die Herzogin von Orléans ihm mit grosser Beredsamkeit dar, dass sie gegen die zahlreichen Feinde, die sie umgäben, machtlos sei. Es wäre ihnen bereits gelungen, ihr den Gatten zu entziehen, und eines

Tages würden sie es wahrscheinlich auch so weit bringen, dass er, der König, sich ganz von ihr abwände.

„Nein, nein, Madame“, unterbrach sie Ludwig, „ich bin von Ihrer Unschuld und Ehrenhaftigkeit vollkommen überzeugt. Ich kenne Sie. In dieser Hinsicht kann Ihnen niemand bei mir schaden, seien Sie beruhigt. Und wie Sie sehen, glaubt mein Bruder auch nicht an das dumme Geschwätz; denn er möchte sich wieder mit Ihnen versöhnen.“

Liselotte war indes noch immer geneigt, ihr Leben im Kloster zu beschliessen. Jetzt wurde der König sehr ernst und sagte fest und bestimmt: „Madame, da ich sehe, dass es Ihr aufrichtiger Wunsch ist, sich nach Maubuisson zurückzuziehen, muss ich Sie bitten, sich diesen Gedanken vollkommen aus dem Kopf zu schlagen. Denn solange ich lebe, werde ich niemals meine Zustimmung dazu geben. Ja, ich werde mich sogar mit aller Gewalt dagegen widersetzen. Sie sind, Madame, meine Schwägerin, und es ist Ihre Pflicht, sich diese Stellung zu bewahren. Die Freundschaft, die ich Ihnen entgegenbringe, gestattet mir nicht, Sie auf immer von mir gehen zu lassen. Sie sind die Frau meines Bruders, und ich dulde nicht, dass Sie ihm einen solchen Skandal bereiten, der für ihn vor der Welt sehr schlecht ausgelegt würde.“

Von so viel Freundschaft gerührt und mit Stolz erfüllt, schien die Herzogin endlich besänftigt. „Sie sind mein König“, sagte sie einfach, „und infolgedessen auch mein Gebieter.“

Der Friede war geschlossen, wenigstens äusserlich. Noch am selben Abend führte Ludwig seinen Bruder in das Zimmer Madames. Sie mussten sich küssen, und der König empfahl beiden, die ganze Angelegenheit zu vergessen. Von diesem Augenblick an aber war Liselotte eine andere. Das Vertrauen, das sie in alle, die sie umgaben, gesetzt hatte, war verschwunden. Sie glaubte sich von lauter Feinden und Spionen umgeben, die beständig darauf bedacht seien, ihr Leben zu verbittern, ihre Freundschaft zum König zu zerstören und sie aus ihrer Stellung zu verdrängen. Mit dem Heranwachsen ihrer beiden Kinder entstanden für die Herzogin neue Sorgen und neue Kämpfe. Es ist bekannt, welchen

Ehrgeiz Ludwig XIV. darein setzte, seine illegitimen Kinder zu den gleichen Rechten zu erheben wie die auf dem Throne geborenen. Liselotte war furchtbar empört, dass sie, die einem alten angesehenen Hause entsprossen ist, ihr eigenes Geschlecht mit dem „Bastardenblut aus doppeltem Ehebruch verderben sehen muss". Das sah sie als das grausamste Opfer an, das sie ihren Feinden bringen sollte. Glücklicherweise für sie brauchte sie wenigstens nicht für ihre Tochter zu fürchten. War es ihr Widerstand oder war es Zufall, kurz, der Herzog von Maine, der Sohn der Montespan, heiratete in der Folge eine Tochter des Herzogs von Condé. Aber die nahe Verwandtschaft mit Mademoiselle de Blois blieb ihr nicht erspart. Vier Jahre später, als Philipp von Chartres, der Sohn Liselottes, das heiratsfähige Alter des Prinzen erreicht hatte, glaubten Madame de Maintenon und der König den Augenblick für gekommen, um den lange vorbereiteten Plan zur Ausführung zu bringen. Sie bestachen den Gouverneur des jungen Prinzen, den berüchtigten Abbé Dubois, in den Liselotte all ihr Vertrauen gesetzt hatte. Dubois sollte seinen ehemaligen Zögling zur Heirat mit der Tochter der Marquise de Montespan überreden, was ihm bei seinem ungeheuren Einfluss auf Philipp und bei dessen jugendlichen Alter natürlich nicht schwer fallen konnte.

Am 9. Januar 1692 eröffnete Monsieur seiner Gemahlin die Nachricht von der Vermählung seines Sohnes mit Mademoiselle de Blois. Liselotte konnte kein grösserer Schlag treffen als dieser. Sie weinte die ganze Nacht, nachdem sie beim König gewesen war und ihm ihre erzwungene Zustimmung gebracht hatte. Was blieb ihr anderes übrig als zu gehorchen, wenn der König befahl? Aber ihren Sohn jagte sie empört aus dem Zimmer, als er sie um Verzeihung bitten wollte. Auch Monsieur erhielt seinen Teil, als er bei ihr eintrat, so dass er kein Wort zu seiner Rechtfertigung hervorbringen konnte und vollkommen verwirrt wieder hinausging.

Man wagte in der folgenden Zeit nicht, mit der Herzogin über diese Heirat zu sprechen oder sie gar dazu zu beglückwünschen. An der Tafel des Königs musste Liselotte aber doch Platz nehmen. Sie tat sich auch hier keinen Zwang an, ihre Gefühle zu verbergen. Sie weinte unaufhörlich. Auch ihr Sohn sah verweint aus, und beide assen nichts von den aufgetragenen Speisen. Die ganze Tischgesellschaft kam in die peinlichste Verlegenheit. Nur der König liess sich nicht aus der Fassung bringen. Er bemühte sich sichtlich um seine beleidigte Schwägerin. Aber Liselotte beachtete ihn überhaupt nicht. Zum ersten Mal schien es, als wäre er für sie nicht da. Als die Tafel aufgehoben wurde und alle sich verabschiedeten, verbeugte sich Ludwig ausserordentlich tief vor der Herzogin. Aber wie erstaunt war er, als er den Kopf wieder hob und eben noch den breiten Rücken Liselottes gewahrte, die sich eiligst entfernte, ohne des Königs tiefe Verbeugung zu beachten.

Das war Liselotte im Zorn. Man sollte sie indes noch ganz anders kennenlernen. Am nächsten Morgen begab sich der Hof in die Messe. Wie gewöhnlich erwartete man den König in der grossen Galerie. Aber noch ehe er kam, erschien Madame. Sogleich näherte sich ihr ihr Sohn, um ihr, wie alle Tage, die Hand zum Morgengruss zu küssen. In diesem Augenblick gab sie ihm eine so schallende Ohrfeige vor dem ganzen Hof, dass man es einige Schritte weit hörte. Das Recht der Züchtigung als Mutter wollte sie sich wenigstens nicht nehmen lassen.

Und doch musste Liselotte sich in das Unvermeidliche fügen. Am 11. Januar wurde die Verlobung öffentlich verkündet, und am 18. Februar fanden die Hochzeitsfeierlichkeiten statt.

In allen diesen Antipathien war Liselotte höchst unvorsichtig. Sie konnte ihre Gedanken und Gefühle nicht verbergen. Sie will sich nicht ärgern und die ihr verhassten Personen mit Kälte und Gleichgültigkeit behandeln, dabei aber steigt ihr Zornesröte in den Kopf, und man sieht deutlich, was in ihr vorgeht. Die bitteren Worte sprudeln über, und sie geht in ihren Ausdrücken so weit, dass man vor ihrem Hasse und ihrer Derbheit erschrickt. Dem König war das Benehmen Liselottes bei der Heirat ihres Sohnes äusserst unangenehm. Er konnte es am wenigsten vertragen, wenn man die intimen Seiten seines Lebens mit Missachtung berührte. Weltklugheit ging der Herzogin von Orléans durchaus ab. Und deshalb verscherzte sie sich jetzt wieder die Gunst Ludwigs XIV.

In dem Masse, wie sich Liselottes Innere mehr und mehr am Hofe Frankreichs verbitterte, verlor auch ihre äussere Gestalt. Die Jugendfrische, die sie einst zu einem ganz hübschen, appetitlichen Mädchen gemacht hatte, war dahin. Ihre Haut wurde welk und runzlig, und die Spuren der Blattern, die sie im Jahre 1693 hatte, entstellten sie noch mehr. Liselotte war zu dieser Zeit erst vierzig Jahre alt, aber bereits so unförmig dick und grauhaarig, dass sie einer Matrone glich. Dass sie aber betrübt über dieses vor der Zeit Altwerden gewesen wäre, davon lesen wir nichts in ihren Briefen. In ihrer gewohnten Weise macht sie sich auch darüber lustig. „Ich bin immer hässlich gewesen, und bin's noch weit mehr seit der ‹petite vérole›. Ich habe eine dicke, monstruöse Taille, bin viereckig wie ein Würfel. Meine Haut ist rot mit gelben Flecken, ich werde grau, und meine Haare sind Pfeffer und Salz. Meine Stirn und meine Augen sind voller Falten, und meine Nase ist noch immer so schief und obendrein mit Blatternnarben besetzt, ebenso meine beiden hängenden Backen. Ich habe ein Doppelkinn, schlechte Zähne, und das Maul beschädigt und noch grösser und faltiger wie früher.“

Als Liselotte jung war, hatte man an dem verfeinerten Hofe Ludwigs über die derbe Urwüchsigkeit dieses Naturkindes und den vollkommenen Mangel an Gefallsucht gelacht. Man hatte ihren biederen, geraden Sinn, die Derbheit ihrer Wesensart, die Unüberlegtheit in ihren Worten originell, neu und interessant gefunden. Bei der älteren Liselotte aber, die trotz ihres langen Aufenthaltes in Frankreich nie französische Manieren hatte annehmen wollen, fand man das alles geschmacklos, grob und unerzogen. Sie wieder, die mehr und mehr die Augen öffnete vor dem Leben, das sie umgab, konnte ihre Unzufriedenheit mit den verdorbenen Sitten nicht verbergen. Bei ihren reinen moralischen Grundsätzen und dem richtigen Gefühl für alles, was Ehrlichkeit und Offenheit des Charakters betraf, konnte ihr die Denkungs- und Lebensart der Menschen nicht zusagen, die in übertriebenen Genüssen, Extravaganzen, Intrigen und Heucheleien schwammen. Und besonders ärgerte sie sich über die deutschen Landsleute, „die alles perfekt halten, was nur aus Frankreich kommt“. Sie bedauert es unendlich, dass auch „die bösen Conduiten“ an den deutschen Fürstenhöfen Anklang und Eingang fanden. Sie dachte wohl nicht daran, oder wusste es vielleicht nicht, dass Deutschland des französischen Vorbildes gar nicht bedurfte; denn es hatte bereits an dem mehr als galanten Hofe Sachsens unter August dem Starken ein genügendes Vorbild gehabt. Gräfin Cosel und Aurora von Königsmark hatten der Welt dasselbe Schauspiel geboten wie die Mätressen Ludwigs XIV. Das aber kam Liselotte gar nicht in den Sinn.

Je mehr sie sah, wie fad, öde und verdorben diese glanzvolle Welt um sie herum im Grunde genommen war, desto tiefer verschloss sie sich in sich selbst. Obwohl sie an einem geräuschvollen Hofe lebte, an dem es an Abwechslungen nicht fehlte, geschah es doch oft, dass sie stundenlang allein in ihrem Zimmer sass. Aber sie langweilte sich nicht. Wir wissen, dass sie eine eifrige Briefschreiberin war. Mit ihrem ausgedehnten Verwandtenkreise in Deutschland, England, Frankreich, Spanien unterhielt sie einen lebhaften Briefaustausch. Sie las auch gern. Jeder ihrer Briefe lässt uns einen tiefen Einblick in ihr Leben tun, und je mehr Liselotte Einblick in die Welt gewinnt, die sie umgibt, desto mehr schwindet der Humor, mit dem sie andere und sich zum besten hält.

Liselottes Leben war mit der Zeit monoton geworden. Ein Tag glich dem andern. Immer dieselben Gesichter, dieselbe Etikette, dieselben lästigen Pflichten. Am furchtbarsten empfand sie die endlosen Mahlzeiten, wo sie fast eine Stunde lang allein mit ihren Damen an der Tafel sitzen musste und, der damaligen Sitte gemäss, von einer Menge Neugieriger umringt war, die ihr beim Essen zusahen. „In den 43 Jahren, die ich hier bin“, klagt sie, „habe ich mich noch nicht an diese unseligen Mahlzeiten gewöhnen können.“ Und doch war es ein Los, das sie mit vielen teilte.

Immer bitterer werden ihre Klagen. Immer mehr spürt sie die Kälte der Verlassenheit. Sie kennt niemand am grossen Hofe des Sonnenkönigs. Sie hat keine wahren Freunde. Sie selbst ist mit jedermann freundlich, aber die Kluft zwischen ihrem Charakter und dem französischen ist zu gross. Man fühlt, dass sie anders ist und kommt ihr nicht näher. Man macht ihr tiefe, ehrfurchtsvolle Verbeugungen, richtet hier und da ein respektvolles Wort an sie, aber das ist alles. Liselotte litt viel darunter und vermochte doch keine Aenderung zu schaffen. „Meine Verdriesslichkeiten“, gesteht sie, „sind wie die Köpfe der Hydra von Lerna, wenn einer abgeschlagen, kommt ein anderer wieder.“

Und dann verlor sie auch ihre besten Freunde in der Heimat. Einer starb nach dem andern. Zuerst die gute, liebe Frau von Harling. Dann ihre Tante, die Aebtissin von Maubuisson, zu der sie bisweilen in ihrer Einsamkeit geflüchtet war, und auch ihre liebste Halbschwester Annelise, mit der sie beständig im Briefwechsel gestanden hatte.

Der grösste Schlag für Liselotte aber war der Tod der Kurfürstin Sophie von Hannover, die im Jahre 1714 aus dem Leben schied. Die Verwandten in Hannover wagten es nicht einmal, ihr die Todesnachricht direkt mitzuteilen; denn sie wussten, wie tief ergriffen sie davon sein würde. Man bat den Beichtvater, es der Herzogin von Orléans so schonend wie möglich beizubringen, dass ihre „herzliebe“ Tante nicht mehr unter den Lebenden weile. Liselotte war 62 Jahre alt, aber immer noch hing sie wie ein Kind an dieser Tante, die ihr soviel im Leben bedeutet hatte. Ihr Einfluss war trotz der langen Trennung und trotz der Entfernung ein so starker, dass Liselotte nicht nur in ihrer Denkungsweise, sondern auch in ihren Ausdrücken und Urteilen immer das wandelnde Ebenbild der hannoverschen Kurfürstin zu sein schien. Und nun war sie nicht mehr, die ihr in allem als nachahmenswertes Beispiel voranging!

Als Liselotte die Nachricht von ihrem Tod erfuhr, erbleichte sie und war einer Ohnmacht nahe. Ihr ganzer Körper begann wie von Fieberfrost geschüttelt zu werden. Eine Viertelstunde vermochte sie weder ein Wort hervorzubringen noch zu weinen, aber ihre Brust keuchte, und es war ihr, als sollte sie ersticken. Dann kamen die Tränen in Strömen. Unaufhaltsam weinte sie Tag und Nacht um dieses so sehr geliebte Wesen. Nichts hält sie mehr auf Erden zurück. Sie möchte am liebsten auch sterben. Es ist indes nicht der Gedanke eines Wiedersehens mit der Tante oder den lieben verstorbenen Freunden. An ein Leben im Jenseits glaubte Liselotte ebensowenig wie an Geistererscheinungen. Sie ist auch nicht eine von denen, die durch irdische Leiden Sehnsucht nach einem besseren Leben im Himmel bekommen. „Die Störche wissen, in welch Land sie ziehen“, meinte sie, „aber wir armen Menschen wissen nur, wo wir sein, also gar kein Wunder, dass wir nicht so gross Empressement und Eil haben, wegzuziehen, als die Störche … Es ist nicht die geringste Apparentz, um alle wieder zu sehen, so man verloren hat.“ Dennoch wäre es ihr ganz lieb, wenn auch sie von der Welt verschwinden würde. Was blieb ihr schliesslich von diesem Leben an einem Hofe, wo der Tod ebenfalls mehrmals Einkehr gehalten hatte? Der König war ernst und traurig gestimmt; man konnte sich ihm kaum noch nähern. Ueber Liselottes Sohn streute man die absurdesten Gerüchte in Verbindung mit dem plötzlichen Hinsterben der Familie des Dauphins aus, und diese furchtbaren Anklagen drückten die Mutter fast zu Boden.

Noch hatte sie freilich den König auf ihrer Seite, der diese Gerüchte zum Schweigen brachte und Liselotte so gut es ging zu trösten suchte. Aber auch Ludwigs Stunde hatte geschlagen. Im August 1715 erkrankte er ernstlich. Liselotte war vollkommen fassungslos bei dem Gedanken, dass sie nun vielleicht bald auch ihren besten und einzigen Freund am Hofe verlieren sollte. Immer hatte sie ihn geliebt, mehr als sie sich zugestehen wollte. Um so schmerzlicher berührte es sie, dass der von ihr vergötterte Mann in den letzten Jahren seines Lebens nicht mehr auf der geistigen und körperlichen Höhe wie früher stand. Sie vermochte es kaum zu ertragen, wenn jemand etwas über die abnehmende Gesundheit des Königs oder gar über seine sich vermindernden Geistesfähigkeiten sagte. Nicht selten geriet sie darüber in den hellsten Zorn und sagte, es sei eine abscheuliche Verleumdung, zu behaupten, Ludwig XIV. werde kindisch. Er habe immer noch einen guten Kopf, das wisse sie. Sie hingegen werde alt und schwach und habe gar kein Gedächtnis mehr.

Damit wollte sie sich selbst täuschen. Sie wollte nicht daran denken, dass auch er ihr genommen werden könnte. Als sie aber schliesslich einsehen musste, dass auch ein Mann wie Ludwig XIV. sterblich sei, da war sie ganz verzweifelt. Der König, der sich seinem Ende nahe fühlte, hatte sich auf den Tod vorbereitet und nach dem Abendmahl den kleinen Dauphin, den zukünftigen Ludwig XV., an sein Sterbebett gerufen. Nachdem er ihm seinen Segen gegeben, liess er die Herzogin von Berry,

Liselotte und alle seine Töchter und Enkel zu sich kommen, um Abschied zu nehmen. Besonders an Liselotte richtete er so gütige, liebe Worte, dass sie sich wunderte, vor Rührung nicht ohnmächtig geworden zu sein. Er versicherte ihr, dass er sie immer lieb gehabt, ja mehr als sie selbst geglaubt hatte, und er bedaure, dass er ihr bisweilen Kummer bereitet habe. „Madame", sagte er, „man hat alles getan, um Sie mir hassenswert zu machen, aber es ist ihnen nicht geglückt." Dabei verwandte er keinen Blick von der demütig an seinem Bett stehenden Frau von Maintenon. Das berichtet Liselotte mit besonderer Genugtuung. Und während sie noch vor ihm auf den Knien lag, sprach er zu den anderen Prinzessinnen seines Hauses und ermahnte sie, sie möchten immer in Eintracht miteinander leben. Liselotte glaubte, diese Worte seien auch an sie gerichtet. Unter Schluchzen antwortete sie, sie würde seinen Rat jederzeit beherzigen. Da lächelte Ludwig gütig und meinte: „Ich sage das nicht zu Ihnen; denn ich weiss, Sie sind vernünftig und haben einen solchen Rat nicht nötig. Ich meine die andern Prinzessinnen." Liselotte erhob sich, im Herzen voller Stolz und Dankbarkeit für so viel Güte. Es war für sie eine grosse Genugtuung, dass das der König in seiner letzten Stunde zu ihr vor allen gesagt hatte. Nun stand sie doch gerechtfertigt da.

Erst am Sonntag darauf starb Ludwig XIV. Liselotte war des besten und mächtigsten Freundes beraubt, den sie besessen hatte. Drei Generationen des königlichen Hauses hatte der Tod in kurzen Zwischenräumen hinweggerafft. Liselottes Sohn war plötzlich in den Vordergrund gerückt. Ihm war es bestimmt, das im Sinken begriffene Staatsschiff als Regent des noch minderjährigen Ludwigs XV. weiterzulenken.

Wir wissen, dass die Herzogin von Orléans sehr stolz auf ihren begabten Sohn war. Mit viel Geschick und grossem Verständnis hatte er die Staatsgeschäfte in die Hand genommen, und es erwies sich, dass er nicht nur ein tüchtiger Feldherr, sondern auch ein ausgezeichneter Politiker war. Aber als Mensch war er, wie sein Vater, ein Wüstling. Der Mutter waren seine Ausschweifungen nicht unbekannt, und sie konnte sich nicht recht des grossen Glücks erfreuen, das Philipp nach dem Tod Ludwigs XIV. auf den Thron Frankreichs erhoben hatte. Sie sah voraus, dass ihr Sohn erst recht in den Strudel der Leidenschaften mit fortgerissen werden würde, sobald er tun und lassen konnte, was er wollte und keinen Gebieter mehr über sich fühlte. Ein gewisser Trost in dieser trüben Voraussicht war ihr nur, dass sein Herz bei allen Fehlern nicht verdorben war und nicht verderben konnte. Philipp war nur durch den Zynismus einer überaus leichtlebigen und sinnlichen Umgebung verwildert. Das verderbliche Beispiel seines Vaters, das er von frühester Jugend an vor Augen gehabt hatte, überhaupt das ganze verführerische Leben an Ludwigs epikuräischem Hofe hatte viel zu den Neigungen des jungen Herzogs beigetragen. Was jedoch Liselotte, die so wenig Glück und Liebe in der eigenen Familie kennengelernt hatte, wirklich erfreute, war der Umstand, dass ihr Sohn ihr stets die grösste Achtung und Ergebenheit erwies, selbst als Regent. Wenn er auch nicht immer mit seiner Mutter übereinstimmte, so vermochten doch niemals die Intrigen des Hofes ihn ganz von ihr zu entfernen. Nur mit der Schwiegertochter, dem „Mausdreck", war die Herzogin von Orléans nie einverstanden. Sie behauptete, die junge Herzogin beherrsche ihren Sohn vollkommen und mache mit ihm, was sie wolle. Liselotte fürchtete und hasste zugleich diesen Einfluss, mehr als jeden anderen; denn sie kannte ihres Sohnes Gemahlin als getreue Verbündete ihrer grössten Feindin, der Madame de Maintenon. Es war überdies nicht eine ganz unbegründete Angst der Mutter. Beinahe wäre es den Brüdern der jungen Herzogin, besonders dem Herzog von Maine, gelungen, sich nach des Königs Tode an Philipps Stelle auf den Thron zu setzen. Und in dieser Intrige spielte die eigene Gattin Philipps keine unbedeutende Rolle. Jedenfalls waren Madame de Maintenon und ihre einstigen Zöglinge die Hauptführer der Hofverschwörung gegen den Regenten. Eine grosse Veränderung war in Versailles vor sich gegangen, seit der Sohn Liselottes die Zügel der Regierung in Händen hatte. Schon die letzten zehn Jahre der Herrschaft Ludwigs waren nicht mehr mit den glänzenden Zeiten des prachtliebenden Sonnenkönigs zu vergleichen. Die Maintenon hatte alles Prunkvolle, allen Glanz, alles Frivole, aber auch alles Zierliche und Anmutige von diesem Hofe verbannt und aus den Gemächern des Königs Betstuben gemacht, worin sie mit frommen Taubenaugen ihre Herrschaft ausübte. Aber der Sumpf und Moder war nur oberflächlich von dieser erzwungenen Tugend überdeckt. Mit der Regierung des Regenten brach sich die Sittenlosigkeit erst recht Bahn, aber roh und ungestüm in wüstes Treiben, nicht in die feine galante Form gezwängt, die Ludwig XIV. selbst seinen schlimmsten Ausschweifungen zu verleihen wusste. Liselottes Sohn war ein Gemisch von urwüchsiger Kraft, verdorbenen Sitten und verfeinerter Kultur, ohne die Tünche des Salonmenschen des 18. Jahrhunderts.

Allmählich gewöhnte Liselotte sich an ihr neues Leben. „Muss nur sehen“, meint sie resigniert, „so zu leben, dass ich ruhig sterben kann. Und es ist schwer, in diesen Weltgeschäften ein ruhiges Gewissen zu haben.“ Solche Grundsätze in Liselottes ehrlichem Herzen waren indes nicht nur durch das Alter herbeigeführte Maximen. Es waren Grundsätze, die seit langem tief in ihrem Charakter eingeprägt waren. Sie war, mitten in einer glänzenden, heuchlerischen Umgebung, wo Frauenlist und kühne Zudringlichkeit abgefeimter Günstlinge sich zu den Staatsgeschäften herandrängten, in der unverstellten Geradheit ihrer Gesinnung nie erschüttert worden. Wie sie aus Heidelberg gekommen war, so blieb sie am französischen Hof bis an ihr Ende, offen, ehrlich und natürlich. Mit diesem Fehlen aller Falschheit und Zweideutigkeit verband sie ein weiches Herz, das zum wärmsten Mitleid gegen Unglückliche gestimmt war. Sie gab, wo sie konnte. Und so wenig sie an Ludwigs prachtliebendem Hofe die grosse Kunst der Sparsamkeit üben gelernt hatte, war sie doch in allen ihren Ausgaben sehr haushälterisch. Die Sorge um die Zukunft spielte in ihrem Leben eine grössere Rolle, als es sonst bei Fürstlichkeiten der Fall ist. Sie legte zurück, um nicht später einmal in Schulden zu geraten, aber auch um immer etwas für Bedürftige übrig zu haben. Geiz war ihr fremd. Wo sie übertriebene Kargheit bei ihren Standesgenossen gewahrte, machte sie sich lustig. Repräsentieren, und zwar gut und vornehm repräsentieren, galt ihr immer als die erste Pflicht eines Souveräns. Das hatte sie von Ludwig XIV. gelernt. Deshalb ist es ihr auch leid, dass es am Hofe ihres Sohnes so einfach zugeht. „Wohl waren ihr alle Zeremonien zuwider, aber ein bürgerlicher Hof war ihr auch nicht recht.

Ein Hof musste ein Hof sein, und in ihren Augen war der Hof der Regentschaft eben keiner. Und wie sie mitten unter der prunkhaften Gesellschaft Ludwigs XIV. eine Fremde gewesen, so blieb sie es auch jetzt in der Umgebung ihres Sohnes. Einsam blieb sie am Kamine sitzen und musste sich langweilen". Die einzige Zerstreuung für sie war, mit scharfen Augen hinter die Kulissen dieses Hofes zu schauen. Und das hat sie denn auch mit kluger Beobachtungsgabe getan.

Liselotte wird alt. Sie geht den Siebzig entgegen. Aus der einst schlanken, kräftigen Herzogin von Orléans ist eine dicke, unförmige Frau geworden, die sich über ihre eigene Fülle und Schwere lustig macht. Wer aber H. Rigauds bekanntes Gemälde in der Galerie von Braunschweig gesehen hat, ist ein wenig anderer Meinung über das Aeussere der Herzogin von Orléans. Mag der Maler auch idealisiert haben, so ist doch dieses Bildnis nach Liselottes eigenem Geständnis sprechend ähnlich. Und da sehen wir eine kräftige, gesunde Matrone vor uns im Hermelinmantel und mit den äusseren Zeichen ihrer Würde geschmückt. In ihren sympathischen Zügen spiegelt sich Güte und Energie, Ehrbarkeit und Frauenwürde. Vornehmheit und Selbstbewusstsein liegen in der ganzen Haltung dieser Fürstengestalt, die uns das Einfache und Natürliche in Liselottes Wesen verbirgt. Von abschreckender Hässlichkeit oder ekelerregenden Fleischmassen ist auf dem Bilde nichts zu bemerken, das die Herzogin selbst zu dem erstaunten Ausrufe veranlasst: „Man hat sein Leben nichts Gleicheres gesehen als Rigaud mich gemalt hat!"

Je älter sie wurde, desto philosophischer dachte sie über die sogenannten überirdischen Dinge. Sie erinnert sich oft an die letzte Grenze ihres Daseins. Zwar wünscht sie sich keinen frühen Tod, aber sie äusserte mehrmals, dass sie jeden Augenblick bereit sei, dem Winke der Natur zu folgen, sobald das Ziel ihres Lebens gesteckt sei. „Ich bin fest persuadiert", schreibt sie am 23. Juni 1720 an Harling, „dass meine Stunden gezählt, und ich werde keinen Augenblick darüber gehen ... Bin weiter in keinen Sorgen, was daraus werden wird, das wäre wohl eine grosse Torheit, wenn grosse Frauen und Herren sich einbilden wollten, dass unser Herr Gott was besonders für sie machen sollte; als wenn alle

Menschen nicht vor unserem Herr Gott gleich wären! Solchen Stolz und Hochmut habe ich gottlob nicht. Ich weiss wer ich bin und lasse mich hierin nicht betriegen."

Im Jahre 1722 nahmen Liselottes Kräfte sichtbar ab, so dass man ihr nur noch kurze Zeit zum Leben gab. Zudem ward das Ende ihrer Tage durch die Ungeschicklichkeit der Aerzte, denen sie ja bekanntlich nie viel Vertrauen entgegengebracht hatte, beschleunigt. Sie sollte ihre Ansicht am eigenen Körper bestätigt finden. Man hatte nämlich beschlossen, bei eintretender Mattigkeit ihr durch einen Aderlass Erleichterung zu verschaffen. Dabei geschah es, dass der Chirurg zu tief schnitt, so dass Liselotte ungeheuer viel Blut verlor, zumal der Arm zu locker gebunden war. Infolge dieses grossen Blutverlustes nahmen ihre Kräfte noch mehr ab. Zu diesem Schwächezustand gesellten sich heftige Krämpfe und die zu jener Zeit sogenannten „Vapeurs", denen die Aerzte durch starke Abführmittel Einhalt zu gebieten suchten. Auch das schwächte den Körper der Herzogin ungemein. Ihr Appetit verlor sich, ihr Gedächtnis nahm ab. Sie hatte keinen Willen mehr. Ganz im Gegenteil zu früheren Zeiten tat sie alles, was die Aerzte von ihr verlangten. Sie lieferte sich denen, die sie einst nur verächtlich „Charlatans" nannte, mit Gleichgültigkeit aus und nahm die Arzneien, die ihr sonst so zuwider waren, dass sie „krittlich wie eine Wandlaus davon wurde", geduldig ein.

Mit dem Chirurgen aber, der sie so unglücklich behandelt hatte, erfasste sie das grösste Mitleid; denn der Aermste war vor Schreck über sein Ungeschick schwer erkrankt. Und so bemühte sich Liselotte, ihn in jeder Weise zu beruhigen und von der Verantwortung freizusprechen. Was lag ihr am Leben? Sie gab nichts darum, es zu verlängern; denn sie schied nicht ungern von der Welt, in der sie nichts mehr zu hoffen hatte. Ihr schien ein zu hohes Alter durchaus nicht angenehm. „Man muss zu viel leiden, und in Absicht des Schmerzensleiden bin ich eine grosse Poltron."

Indes scheint sie doch ihren Tod nicht so schnell erwartet zu haben, wie er wirklich eintrat, obwohl ihr Gesundheitszustand sehr zu denken gab. So hatte sie sich besonders auf die im Herbst 1722 stattfindende Krönung des jungen Ludwigs XV. in Reims gefreut, der sie auch noch beiwohnte.

Aber gleich nach ihrer Rückkehr nach Saint-Cloud ging es mit ihrer Gesundheit bedeutend schlechter. Sie fühlte das Ende nahen. Von Todesahnen durchdrungen, schrieb sie noch am 3. Dezember an die Raugräfin Luise: „Erhält mir Gott das Leben bis übermorgen, werde ich antworten, nun aber nur sagen, dass ich Euch bis an mein Ende lieb behalte."

Das Uebermorgen erlebte sie noch, aber sie war nicht mehr imstande, ausführlich auf den Brief Luises zu antworten. Am 6. Dezember fand sich Liselotte so schlecht, dass sie sich das Abendmahl reichen liess und ihr Sohn zwei Nächte hintereinander an ihrem Krankenlager wachte. Die Atemnot war so gross, dass man jeden Augenblick befürchtete, sie werde ersticken. Am 8. Dezember 1722 endlich hatte Liselotte ausgelitten und entschlummerte ruhig, wie sie es gewünscht hatte, um 4 Uhr morgens im 71. Lebensjahre. Philipp beweinte seine Mutter aufrichtig. Vielleicht war er der einzige Mensch am ganzen französischen Hofe, der die Eigenart dieser merkwürdigen Frau verstanden und schätzen gelernt hatte, obwohl Massillon an ihrem Grabe sagte: „Unser Ruhm oder unser Unglück war ihr Ruhm oder ihr Unglück. Durch Blut und Freundschaft mit dem grössten Teil der europäischen Fürsten verbunden, gehörte sie niemand mit dem Herzen an als der Nation, und inmitten der Kriege, welche sie gegen uns rüsteten, waren ihre Verbindungen mit fremden Höfen nichts als glänzende Zeugen ihrer Liebe zu Frankreich." Liselotte von der Pfalz stand indes den Franzosen ebensowenig mit dem Herzen nahe, wie die Franzosen sie geliebt hatten. Und so ging die Herzogin von Orléans unbemerkt aus der Welt, wie sie auch in ihr unbemerkt gelebt hatte. Ihr Leichnam ruht in Saint-Denis, dem Begräbnisort der französischen Könige; ihr Sarkophag ist einfach und prunklos, wie es ihrer ganzen Lebensweise und Denkungsart entsprach.

*Zweites Kapitel*
# Die Marquise von Pompadour

*Die Marquise von Pompadour; Gemälde von J. M. Nattier; Schloss Versailles*

Die Herrschaft der Marquise von Pompadour ist das goldene Zeitalter der schönen Künste in Frankreich. Wie keine zweite ihres Geschlechtes hat sie die Kunst des 18. Jahrhunderts gefördert und beschützt. Sie liebte sie in wirklich reiner Liebe, so wie der Künstler wünscht, dass man seine Werke liebt. Sie heuchelte nicht, wie so viele Fürsten und mehr noch viele Frauen in ihrer Lage, ein wenig Kunstverständnis, weil das nun einmal zum guten Ton und zu einer derartig bevorzugten Stellung gehörte, sondern sie besass einen wirklich feinen, schöpferisch wirkenden Geschmack, der mit einer überaus fruchtbaren Phantasie und einem sogar mehr als mittelmässigen Talent Hand in Hand ging. Ihre ganze Persönlichkeit trug auch äusserlich den Stempel des zierlichen Rokoko, das diesem Zeitalter den Namen gegeben hat.

Die Tätigkeit der Marquise auf künstlerischem Gebiet ist eine ungeheure. Vor allem überrascht dabei die erstaunliche Vielseitigkeit dieser Frau. Sie, die Mätresse, Schauspielerin und Staatsmann in einer Person war, vereinigte in ihrem schwachen, zarten, kränklichen Körper auch noch die Kraft künstlerischen Schaffens. Alles, was sie umgab, ihre Schlösser, die Gärten, ihre Möbel, ihre Kleider, bis hinab zum kleinsten und unscheinbarsten Gegenstand, trug den Stempel ihrer Eigenart, ihres ureigenen Empfindens und Erfindens. Ihre ganze Umgebung musste zu einem einzigen grossen Kunstwerk gestaltet werden. So führte die geniale Frau also bereits das aus, was die moderne Zeit in breiterem Masse erstrebt, nämlich die Umgebung des Menschen so zu verschönen, dass jeder Gegenstand, den er gebraucht, ein Kunstwerk an sich darstellt. Bereits im 18. Jahrhundert zeigte diese grosse Errungenschaft dieselbe Wirkung, die sie auch in unserer Zeit hervorgerufen hat: sie führte einen grossen Aufschwung in den Künsten und im Kunstgewerbe herbei. Und das war nicht zum kleinsten das Verdienst der Marquise von Pompadour.

Aber dieses Mäzenatentum, das sie so hoch erhebt über alle Frauen, die sich in gleicher Lage wie sie befanden, hatte auch seine Schattenseiten. Ihr Kunstbedürfnis war gleichbedeutend mit einem unersättlichen Luxusbedürfnis und einer ungeheuren Verschwendungssucht. Während das französische Volk Hunger litt, verfügte die Geliebte des Königs über

Millionen, um immer neue Schlösser, neue Gebäude, neue Kunstwerke erstehen zu lassen, oft auch nur, um eine kostspielige Künstlerlaune zu befriedigen. Und doch unterschied sie sich wesentlich von anderen verschwenderischen königlichen Mätressen. Sie gab das Geld nicht nur für ihre Launen aus. Die Millionen flossen nicht nur für ihre Kleider und Juwelen durch ihre Hände, wie es im allgemeinen bei Favoritinnen der Fall ist. Madame de Pompadour hatte bei alledem die Kunst und den Fortschritt im Auge. Sie baute künstlerisch wertvolle Schlösser, sie legte grosse, herrliche Parks an, sie kaufte Kunstgegenstände aller Art: Gemälde, Statuen, kostbare Vasen, Kameen, Stiche, wertvolle und seltene Bücher, alte Werke der Buchdruckerkunst, Handschriften und seltene Funde aller Kulturen. Sie war eine fleissige Sammlerin, und Frankreich verdankt dieser Neigung und diesem oft masslos erscheinenden Sammeleifer einen grossen Teil seiner Kunstschätze.

Am Ende des Waldes von Sénart, wo die Seine so breit fliesst, dass sie die Häuser des Dorfes Corbeil umspült, lag das schöne Schloss Etioles. Es war ein geschmackvoller Renaissancebau, im Innern mit dem raffinierten Luxus des 18. Jahrhunderts ausgestattet. Charles Guilleaume Lenormand war der glückliche Besitzer. Er hatte den Vorteil, der Neffe eines nicht nur reichen, sondern auch sehr kunstverständigen Mannes zu sein, der ihm diesen reizenden Familiensitz schenkte. Der alte Herr Lenormand de Turneheim war als königlicher Generalpächter der Steuern unter Ludwig XIV. eine ziemlich einflussreiche Persönlichkeit gewesen, und von diesem Ruhm ging auch ein wenig auf den Neffen über.

Aber nicht nur in dieser Hinsicht war Lenormand der Erbe und Nachfolger des alten Herrn. Dieser übertrug auch auf ihn den guten Geschmack als Kunstliebhaber und Kunstkenner. Lenormands Haus war jederzeit der Sammelpunkt vieler bedeutender Männer und Frauen, Künstler und Schöngeister. Voltaire, Montesquieu, der geistreiche Abbé de Bernis, Maupertuis, Cahusac und andere waren tägliche Gäste im Schlosse Etioles, in dem eine der reizendsten und anziehendsten Frauen Frankreichs die Honneurs machte: Jeanne Antoinette Poisson, die spätere Marquise von Pompadour, war die Schlossherrin.

Ueber ihrer Herkunft lagen dunkle Schatten. Ihre Mutter war die Geliebte des älteren Lenormand de Turneheim, der in der Wahl dieser Frau allerdings keinen guten Geschmack bewies. Frau Poisson, obwohl äusserlich eine schöne, ja sogar schönere Frau als später ihre Tochter, besass einen sehr alltäglichen Charakter. Sie war eine vulgäre Person ohne jeden sittlichen Halt, die ihrem ebenso gewöhnlichen als brutalen Mann, Jean Baptiste Poisson, in nichts nachstand. Poisson war ein Zyniker, Trunkenbold, ein halber Verbrecher. Die Legende will, dass er von Beruf Fleischer gewesen sei. In Wirklichkeit war er nur Angestellter bei den grossen Heereslieferanten, den Gebrüdern Pâris. Diese Firma wurde beim Regierungsantritt Ludwigs XV. mit vielen anderen Lebensmittelfabrikanten, die sich auf unredliche Weise ein Vermögen verdient hatten, vor Gericht gestellt. Da die Brüder Pâris jedoch sehr einflussreich waren und hohe Protektion genossen, konnten sie nicht persönlich bestraft werden. Man hielt sich daher an ihren ersten Angestellten Poisson, der, wie seine Prinzipale, vieles auf dem Gewissen hatte. Ausserdem schwebte ein Prozess wegen eines Sittlichkeitsverbrechens gegen ihn, und er wurde schliesslich zum Tode durch den Strang verurteilt. Seine hohen Helfershelfer hatten ihm jedoch rechtzeitig zur Flucht nach Deutschland verholfen, und so lebte er dort ungestört und in Frieden.

1721 gab Madame Poisson einem Mädchen das Leben, das sie Jeanne Antoinette nannte. Herr Lenormand de Turneheim bekannte sich zwar nicht öffentlich zur Vaterschaft dieses Kindes, liess ihm aber die sorgfältigste Erziehung angedeihen und es im grössten Luxus aufwachsen. Besonders frühzeitig wurde das kleine Mädchen in alle Künste der Koketterie eingeweiht. Man lehrte es alle Vorzüge zu gebrauchen und ins beste Licht zu stellen.

Einer der glühendsten Verehrer des herangewachsenen Mädchens war der Neffe des alten Herrn von Turneheim, der vierundzwanzigjährige Charles Guilleaume Lenormand. Jeanne Antoinette war eben fünfzehn Jahre alt geworden, als die Heirat zwischen ihr und dem jungen Mann von ihrer Mutter und Turneheim zustande gebracht wurde. Der Gatte hatte äusserlich nichts Verführerisches an sich. Er war klein und schlecht gewachsen, sein Gesicht eher hässlich als hübsch. Aber er war eine glänzende Partie für das junge Mädchen. Sein reicher Onkel gab ihm als Mitgift die Hälfte seines Vermögens und das Schloss Etioles zum Wohnsitz. Dass er ein herzensguter Mensch war und vor allem ein Ehrenmann, spielte für die Poissons weiter keine Rolle.

So wurde Jeanne Antoinette Poisson Madame Lenormand d'Etioles, ohne dass man sie um ihre Meinung gefragt hätte. Sie kümmerte sich auch gar nicht viel um diese Angelegenheit ihres Lebens. Von Natur aus schien sie ein kalter, egoistischer Charakter zu sein, dem Vergnügen, Luxus, Reichtum mehr galten als seelisches Glück. Sie kannte weder Leidenschaft noch Liebe. Ihr Gatte liebte sie zärtlich und vergötterte sie. Sie selbst hatte ihm weiter nichts zu geben als ihre äussere Schönheit, ihre junge Person, die seine Salons mit dem ihr eigenen Zauber erfüllte. Merkwürdigerweise war Herr von Etioles trotz so vieler Reize seiner Gattin nicht eifersüchtig. Er liess ihr alle Freiheit. Sehr oft war er abwesend, sie aber nahm ohne Verlegenheit oder Aengstlichkeit von ihrer Rolle als Schlossherrin Besitz. Stets war sie der anziehende Mittelpunkt ihrer Gesellschaft, die sich aus den bedeutendsten Geistern des alten und neuen Frankreich und aus der hohen Finanzwelt zusammensetzte. Es bildete sich ein kleiner Hof um die reizende Frau, und mancher hoffte sie für sich erobern zu können, um so mehr, da man bald merkte, dass sie sich sehr kühl mit Herrn Etioles verheiratet hatte und in keiner Weise seine Leidenschaft erwiderte. Der junge Ehemann schien jedoch nichts von dieser Kälte zu spüren. Er war glücklich in seiner Liebe zu ihr, besonders als sie ihm Kinder schenkte. Das erste war ein Knabe, der aber bereits nach sechs Monaten starb. Das zweite Kind kam 1743 zur Welt und war jene kleine Alexandrine, die später von der Marquise von Pompadour wahrhaft vergöttert wurde. Aber die Ehe war für Jeanne Antoinette Poisson weder Ziel noch Anfang oder Ende gewesen, sondern nur Mittel zum Zweck. Auf jeden Fall kam sie ihr für ihre kühnen Zukunftspläne zustatten.

Die nun neunzehnjährige Madame d'Etioles nährte nämlich fast seit ihrer Kindheit einen einzigen heissen Wunsch: einst vom König, der damals vierzig Jahre alt war und im Rufe eines Wüstlings stand, ausgezeichnet zu werden. Dieser kühne Wunsch war durch die Wahrsagerin Lenormand in ihrem jungen Herzen lebhaft geworden. Die zynische Mutter tat das ihrige, um in dem Kinde den Gedanken zum sehnlichsten Wunsche zu entwickeln. Hatte sie doch mehr als einmal im Beisein ihrer Tochter vor ihren Gästen entzückt ausgerufen: „Jeanne Antoinette ist ein Bissen für den König!“

So träumte das heranwachsende Mädchen nur von dem Glück, einmal die Geliebte des galanten Königs zu sein, in Versailles eine Rolle zu spielen. Als Madame d'Etioles erweiterten sich ihre Pläne in dieser Hinsicht. Sie nahmen bereits Gestaltung an. Sie machte sich die phantastischsten Vorstellungen von den Auszeichnungen, die ihrer am Hofe Ludwigs XV. harrten.

Der König jagte gewöhnlich mit einer grösseren Gesellschaft im Walde von Sénart, in der Nähe des Schlosses Etioles. Es hätte sich für die junge Schlossherrin keine günstigere Gelegenheit bieten können, um des Königs Weg wie von ungefähr zu kreuzen. Jedenfalls legte sie das grösste Raffinement und die gesuchteste Koketterie in diese gewollten flüchtigen Begegnungen. Sie erreichte, dass es dem König auffiel, auf der Jagd stets einer schönen jungen Frau zu begegnen, die ihre Blicke bewundernd zu ihm erhob und doch so ehrerbietig bescheiden zu grüssen verstand. Bald erschien sie in elegantem Jagdkostüm zu Pferd, bald in einem mattblauen oder zartrosa Phaeton, das sie selbst lenkte. Einmal sass sie in einem ganz aus Bergkristall gebauten Wagen, der die Form einer Muschel hatte. Zwei feurige Goldfüchse folgten ihrer kundigen Lenkerhand. Sie sah aus wie die Schaumgeborene selbst. Ein duftiges rosa Seidengazekleid umhüllte ihre zarten Glieder. Brust und Arme zeigten sich den Blicken in antiker Nacktheit. Der König und sein Gefolge sprachen noch lange von jener zarten Erscheinung im Walde von Sénart, die diesmal lieblicher und schöner denn je gewesen war. Man nannte sie seitdem kurzweg die Waldnymphe.

Aus Anlass der Hochzeit des Dauphins mit der Infantin Maria-Theresia fand am 28. Februar 1745 im Pariser Rathaus ein grosser Maskenball statt, an dem nicht nur der Hof und die Hofgesellschaft, sondern auch die hohe Finanzwelt und die vornehmen Bürger teilnahmen. Einer Maske war es gestattet, sich dem Herrscher ohne Zeremonie zu nähern und ihn wie jeden andern zu necken. Madame d'Etioles hatte ihren Plan. Sie erschien als Diana. Mit dem Köcher über der Schulter, in der Hand den silbernen Bogen, erschien sie auf der für die Damen der hohen Bürgerschaft reservierten Estrade. Alle Blicke richteten sich auf die wunderschöne Jägerin. Der König selbst wurde aufmerksam; denn Diana hatte sich keinen Geringeren als gerade ihn zum Ziele ihrer Pfeile ausgesucht. Unter der kleinen Gesichtsmaske, die nur den hübschen Mund freiliess, funkelten ihre Blicke nur für Ludwig. Ludwig war ganz ergriffen von ihrer bezaubernden Art. Schliesslich bat er sie inständig, sie möge nur einen einzigen Augenblick ihre Maske heben, damit er ihr Gesicht sehen könne. Die Göttin war kokett genug, ihrem königlichen Bewunderer diese Gunst nicht zu versagen. Wie überrascht war Ludwig, die Nymphe des Waldes von Sénart vor sich zu sehen. Noch ehe er etwas erwidern konnte, entfloh Diana mit einem schelmischen Lächeln, jedoch nicht ohne wie zufällig ihr Taschentuch fallen zu lassen. Galant hob es Ludwig auf und warf es der fliehenden Schönen nach. Es ging ein Murmeln durch die lachende, fröhliche Menge. „Das Taschentuch des Sultans ist geworfen“, hiess es.

Nicht lange darauf sollte der Hof von Versailles eine Ueberraschung erleben. In den ersten Wochen des April fand italienische Oper statt. Da sah man die junge Frau von Etioles in einer märchenhaft schönen Toilette in einer Loge sitzen, die von der vergitterten Loge des Königs aus gut zu beobachten war. Man sah, wie Ludwig kein Auge von der reizenden Frau wandte. Versailles hatte einen neuen Gegenstand für die „Chronique scandaleuse“. Am folgenden Tag speiste der König in seinem Zimmer, ohne jemand zu seiner Tafel hinzuzuziehen. Das war immer das Zeichen, dass ein neuer Stern am Himmel des Monarchen aufgegangen war. Die Eingeweihten wussten, dass Madame d'Etioles mit dem König soupierte und taten das ihrige, dass es kein Geheimnis blieb. Ludwig erschien auch nach dem Essen nicht zum gewöhnlichen Abendempfang bei Hofe, sondern begab sich sofort in die intimeren Gemächer der Beletage.

Madame d'Etioles aber verliess Versailles erst in einer sehr vorgerückten Stunde der Nacht, tief verschleiert. Ihr sehnlichster Wunsch, dem König anzugehören, war erfüllt. Mit stolzen Zukunftsträumen und -plänen kehrte sie aus dem Schlosse nach Hause zurück. Aber ihre Hoffnungen sollten noch einmal enttäuscht werden. Der König liess nach diesem ersten vertraulichen Beisammensein lange nichts von sich hören. Es war, als habe er ein leises Misstrauen gegen diese Frau, die ihn so lange und hartnäckig umworben hatte.

Ein zweites Mal empfing Ludwig die junge Frau, diesmal in Gegenwart einiger Höflinge. An jenem Abend amüsierte man sich sehr gut beim König. Richelieu sprühte von geistreicher Arroganz, und Madame d'Etioles war ihm eine schlagfertige Partnerin. Die kleine Gesellschaft war äusserst lustig, der König sehr aufgeräumt, und wie es schien, sogar ein wenig verliebt. Erst in der Morgendämmerung verliess Madame d'Etioles das Schloss in Versailles, und ein Wagen des Königs führte sie ihrer eigenen Besitzung zu.

Anfangs hielt der König sein Verhältnis zu Madame d'Etioles geheim. Er fürchtete besonders die Jesuiten, die ihm die Beziehungen zu einer anerkannten Atheistin sehr übel genommen hätten. Die Partei der Königin und vor allem die des devoten Dauphin schrie Zetermordio über die Erhebung einer Bürgerlichen zur Geliebten des Königs. Denn solange er seine Geliebten aus dem hohen Adel wählte, aus der Hofgesellschaft selbst, hatte man gegen seine ausserehelichen Passionen nichts einzuwenden. Das gehörte zur Tradition der französischen Könige. Der Herzog von Nesle, der seine vier Töchter eine nach der andern dem Harem des Königs einverleiben liess, genoss dadurch nur noch grössere Achtung und grösseren Einfluss. Dass nun aber eine Frau Etioles, eine geborene Poisson, der Herzogin von Châteauroux als Nachfolgerin gegeben wurde, war einfach unerhört. Als man gar noch erfuhr, dass er ihr versprochen hatte, sie zur offiziellen Mätresse zu erheben, wenn er aus dem Feldzug in Flandern zurückgekommen sei, war man schier ausser sich, und es bildete sich eine Liga, die alles versuchte, um diese neue

Geliebte schon jetzt zu stürzen. Aber Madame d'Etioles schien ihrer Sache gewiss. Sie verhielt sich vollkommen ruhig und indifferent.

Am 6. Mai 1745 nahm Ludwig zärtlichen Abschied von ihr. Sie war klug genug, ihm nicht, wie ihre Vorgängerin, ins Feld zu folgen. Wusste sie doch, dass die erste Trennung zu Beginn einer neuen Leidenschaft sehr schmerzlich für Ludwig sein und ihn nur noch fester mit ihr verknüpfen werde. Sie berechnete alles sehr klug. Auch in Versailles blieb sie nicht während seiner Abwesenheit, sondern sie zog sich auf ihre Besitzung zurück. Dort lebte sie beinahe in klösterlicher Abgeschiedenheit.

*

Im Schlosse Etioles, einsam, von aller Welt abgeschlossen, erwartete die neue Favoritin die Rückkehr des Königs aus dem Felde. Brief um Brief flog von Ludwig zu ihr. Er schien das Wiedersehn mit seiner neuen Geliebten kaum erwarten zu können. „Treu und verschwiegen“ hatte er ihr als Devise geschrieben, und sie wusste, dass sie bald die erste Frau an seinem Hofe sein werde. Die Ankunft des Königs stand kurz bevor. Eine fieberhafte Tätigkeit begann in Versailles. Die Gemächer der Herzogin von Châteauroux wurden zum Empfang der königlichen Mätresse instandgesetzt. Madames Ehrgeiz war befriedigt. Alle Welt wusste, dass der König sie auszeichnete. Mit Stolz konnte sie bereits im Juli, nachdem der König kaum zwei Monate von ihr fern war, allen ihren Bekannten achtzig Briefe von der Hand Ludwigs zeigen, und einer der letzten war adressiert: „An die Marquise von Pompadour.“ Er enthielt ausserdem die Urkunde, die sie zum Tragen dieses Titels berechtigte.

Zwei Tage nach der Rückkehr des Königs, am 9. September 1745, fand das offizielle Galadiner im Rathaus statt. In einem abseits gelegenen Zimmer feierte Madame de Pompadour mit andern Damen inkognito durch ein nicht weniger königliches Mahl diesen denkwürdigen Tag ihres Lebens. Denn noch war die neue Marquise nicht bei Hofe vorgestellt. Aber auch dieses Ereignis sollte nicht lange auf sich warten lassen. Sechs Tage später bot Ludwig der Welt ein Schauspiel, das alle Neidischen zum Schweigen brachte, die seine Leidenschaft nur als vorübergehende Laune hingestellt hatten. Madame de Pompadour wurde dem König, der Königin, dem Dauphin, den Prinzen und Prinzessinnen des königlichen Hauses vorgestellt. Es war ein grosses Ereignis für Paris. Wie üblich hatte man für Maria Leszczinska im voraus ein paar nichtssagende Worte vorbereitet. Aber die Königin wollte individuell sein. Die umstehenden Höflinge konnten sich vor Staunen nicht fassen, als sie Maria Leszczinska auf die Marquise zugehen sahen und sehr liebenswürdig fragen hörten: „Wie geht es Madame de Saissac? Es war mir angenehm, sie bisweilen in Paris gesehen zu haben.“ Also Ihre Majestät und die neue Marquise hatten eine gemeinsame Bekannte! Das hatte man nicht vermutet. Man wusste ja nicht, dass Madame de Pompadour längst in der Umgebung der gütigen Königin ihre Netze ausgeworfen und die Stimmung zu ihren Gunsten vorbereitet hatte. Dennoch war sie über so viel Güte und Liebenswürdigkeit sehr verlegen und verwirrt. Das hatte sie doch nicht erwartet, dass Maria Leszczinska die Mätresse ihres Gatten mit so viel Takt und Natürlichkeit empfangen würde. Nur stammelnd brachte sie die Worte heraus: „Madame, es ist mein leidenschaftlicher Wunsch, Ihnen zu gefallen.“ Aber ihr Hofknix war dann doch tadellos und graziös. Man konnte ihr weder Unbeholfenheit noch Verlegenheit vorwerfen.

Die Freunde des Königs und der Marquise waren natürlich über die Wahl Ludwigs entzückt. Sie feierten beide in den Stufenleitern der Schmeichelei und Bewunderung. Bernis und Voltaire besangen die neue Mätresse wie eine Göttin der Tugend und Keuschheit. Gentil- Bernard, Duclos, Marmontel, Fontenelle konnten sich nicht genug tun in lobenden Gesängen auf sie und den König. Aber abgesehen von diesen Weihrauchverbreitern und Rosenstreuern sah man die Erhebung der Madame d'Etioles am Hofe mit sehr kritischen Blicken an. Besonders konnten sich die hohen Damen nicht beruhigen, dass eine Bürgerliche den „Posten“ einer königlichen Mätresse innehaben sollte. Aus den Augen der Frauen begegneten Madame de Pompadour überall feindselige, gehässige, neidische Blicke. Man beobachtete alles an ihr: ihre Bewegungen, ihren Gang, ihre Manieren, ihre Sprache, ihr Lächeln, ihre Unterhaltung. Spöttisch und unverhohlen betrachtete man diese frischgebackene Marquise, die sich bemühte, sich den Anschein von wirklicher Grösse und Vornehmheit zu geben.

Im Oktober bezog Madame de Pompadour die Gemächer, welche die Herzogin von Châteauroux vor ihr innegehabt hatte. Trotz dieses Vorzugs erschien sie jedoch fast nie öffentlich bei Hofe, sondern empfing den König in ihrer intimen Gesellschaft. Die neue Marquise hatte jedoch nicht nur die sanfte stille Königin für sich zu gewinnen. Es gab noch viele Menschen am Hofe, bei denen sie ihre ganze Klugheit aufbieten musste, um sie sich, wenn nicht zu Freunden, so doch wenigstens nicht zu Feinden zu machen. Da war vor allem der Dauphin. Mehr wie allen anderen Mätressen seines Vaters zeigte er der Marquise von Pompadour die tiefste Verachtung. Unter dem Einflusse seines geistreichen Vertrauten, des Herzogs von Ayen, scheute er sich sogar nicht, die grössten Skandalgeschichten über sie zu verbreiten. Er und die Dauphine nannten sie nie anders als „Madame putain“. Fast ebenso erging es ihr mit dem Herzog von Richelieu, der sonst leicht von schönen und koketten Frauen zu gewinnen war. Aber er konnte es Madame de Pompadour am wenigsten verzeihen, dass sie als Bürgerliche den Platz in den intimen Gemächern des Königs erobert hatte. Seit dem ersten Souper, das sie in Gesellschaft Ludwigs eingenommen hatte, war sein Hass ein unversöhnlicher. Unter allen, die sich über die bürgerlichen Gewohnheiten derjenigen lustig machten, die es gewagt hatte, sich einem Throne zu nähern, war Richelieu der ärgste und bissigste Spötter. Ihm gegenüber war sie machtlos.

So war es jedoch nicht bei allen ihren Feinden. An Richelieu, dem Dauphin und den Töchtern des Königs konnte sie sich nicht rächen. Aber alle anderen liess sie es hart fühlen, wenn sie sich nicht vor ihr beugten, gleichviel, ob es Prinzen von Geblüt oder hohe Würdenträger waren. Anfangs konnte sie nur durch ihr persönliches hochmütiges Wesen die Personen strafen, die es ihr gegenüber an Respekt fehlen liessen. Später, als sie die allmächtige Herrscherin über Staat und Volk wurde, drohte jedem die Bastille oder Verbannung, der sich nur das geringste gegen die Mätresse des Königs zuschulden kommen liess. Wie gross ihr Einfluss schon in den ersten Monaten war, beweist, mit welcher Arroganz sie oft die nächsten Verwandten des Königs behandelte, von denen sie wusste, dass sie nicht zu ihren Freunden gehörten. Dagegen erweist sie sich äusserst verschwenderisch und freigebig gegen ihre Schmeichler. Dem Herzog von Chartres verschaffte sie eine Rente von 900 000 Franken auf sein Gouvernement der Dauphiné. Die Marschallin von Mirepoix erhielt durch ihre Vermittlung nach dem Tode ihres Gatten eine Pension von 20 000 Franken und viele andere Vergünstigungen für ihre Familie. Bald sahen die Höflinge ein, dass sie weiter kamen, wenn sie der verhassten Kurtisane schmeichelten, und so bildete sich mit der Zeit auch um Madame de Pompadour ein Kreis von Schmeichlern und Schöntuern.

Es ist selbstverständlich, dass das Vorzimmer der Marquise stets mit Bittstellern und allen möglichen Leuten angefüllt war, die eine Gunst, eine Stellung oder auch nur eine Verbesserung ihrer Lage erhofften. Eine Stunde vor ihrem Lever bereits war die Treppe, die zu ihren Gemächern führte, mit Menschen besetzt, die auf diesen Augenblick warteten wie auf die Audienz eines Königs. Ihr Vorzimmer war mit Stühlen und Sesseln angefüllt, und doch fanden lange nicht alle Platz, die erschienen, um der schönen, mächtigen Favoritin die Hand oder auch nur den Saum ihres Morgenkleides zu küssen. Denn es gab auch solche Fanatische. Da waren alle Berufe vertreten: Militärs, Beamte, Finanzmänner, Diplomaten, Gelehrte, Dichter, Schriftsteller und Künstler, Damen und Herren, junge und alte. Denn Madame de Pompadour kümmerte sich um alles und wusste in allem Bescheid. Auf ihren Wunsch wurden Generale ernannt und abgesetzt, Staatsmänner gestürzt und zu den höchsten Aemtern erhoben; sogar die Polizei und das Gefängniswesen entging nicht ihrem mächtigen Einfluss. Einem ihrer Vettern, einem gewissen Bayle, verschaffte sie den Posten des Gouverneurs der Bastille, wodurch sie in der Lage war, über alle Geheimnisse dieses Staatsgefängnisses unterrichtet zu sein. Es lag daher auch meist in ihrer Macht, Schuldige und Unschuldige in die Bastille zu bringen oder daraus zu befreien. Und sie machte jederzeit von ihrer Gewalt ausgiebigen Gebrauch.

Es ging das Gerücht, dass Madame de Pompadour sich alle diese Vergünstigungen teuer bezahlen liess. Sie häufte dadurch ein ungeheures Vermögen an, das indes bald wieder in ihren verschwenderischen Händen zerfloss.

Trotz aller Anstrengung, ihre Stellung beim König zu einer dauernden zu gestalten und Ludwig vollkommen an sich zu fesseln, gelang es Madame de Pompadour doch anfangs nicht, das Interesse ihres Geliebten für ihre körperlichen Vorzüge lange wachzuhalten. Zu ihrer grössten Enttäuschung musste sie sehr bald die Entdeckung machen, dass der König bereits nach einem Jahre gleichgültig wurde und sich nicht mehr viel aus ihr machte. Schon verbreitete sich am Hofe das Gerücht, die Marquise werde demnächst weggeschickt werden; der König langweile sich auch mit ihr. Madame de Pompadour zitterte bei dem Gedanken, dass sie alles, was sie so mühsam errungen, nun wieder hergeben solle. Und sie war ja erst im Anfangsstadium ihrer Karriere. Alle Schuld schrieb sie einzig und allein ihrem kalten Temperament zu. Sie beklagte es bitter, dass ihr Blut nicht heisser wallte, ihre Sinne nicht mächtiger sprachen, um des Königs zügellose Leidenschaft ganz zu befriedigen. Die Angst, dass er ihrer ganz überdrüssig werden könne, trieb sie zu einer merkwürdigen Lebensweise, durch die sie meinte, ihr Blut erhitzen zu können. So liess sie sich zum ersten Frühstück stark gewürzte Speisen servieren, trank einige Tassen stark ambrierte Vanilleschokolade. Schliesslich nahm sie in ihrer Verzweiflung ein „Elixier", das ihr irgendein Quacksalber verschrieben hatte. Natürlich wirkte es nur schädlich auf ihre Gesundheit, die an und für sich nicht kräftig war.

Sie magerte zusehends ab. Die Schönheit von einst ging bei ihr rascher dahin als bei anderen königlichen Mätressen, die in Ruhe ihr Glück geniessen konnten. Sie war keine Ninon de Lenclos, die noch mit sechsundsiebzig Jahren einen jungen, glühenden Verehrer fand. Physisch war das Interesse Ludwigs für seine Geliebte längst erloschen. Liebe war nie vorhanden gewesen. Madame de Pompadour liebte nicht Ludwig XV. als Menschen, sondern nur den König. Sie schloss daher nicht nur die Augen vor den zahllosen Untreuen, die der König mit jenen namenlosen

Opfern seiner Sinne beging, sondern begünstigte sie sogar. Und jenes unglaubliche Entgegenkommen in dieser Beziehung war es gerade, was den König bewog, sie nie zu verabschieden. Keine Mätresse vor ihr hatte es je getan. Alle waren darauf bedacht gewesen, den König ganz allein für sich zu behalten. Anders Madame de Pompadour. Im Grunde genommen war sie der Typus der ausgehaltenen Frau, die sich ohne Liebe, ohne Neigung, nur aus Berechnung irgendeinem Manne hingibt. Die Liebe, die wirklich diesen Namen verdient, die Liebe mit ihrer Aufopferung, ihren zahllosen kleinen Zärtlichkeiten, mit ihrer Begeisterung war Madame de Pompadour unbekannt. Und auch der König hatte sie nie erfahren. Keine seiner Mätressen liebte ihn wahrhaft.

Um sich die Gunst des Königs zu erhalten, verfiel Madame de Pompadour auf ein Mittel, das ihrer Stellung als offizielle Favoritin ungefährlich war. Wie manche grosse Kurtisane vor und nach ihr an den verschiedenen Höfen, so verschaffte auch sie dem König gewisse Zerstreuung. Sie selbst suchte für ihn die jungen Mädchen aus. Der „Hirschpark" kam in Mode.

Die Geschichte des Harems, von dem so viel gesprochen wurde, ist recht banal. Im Jahre 1755 kaufte der König als Privateigentum ein hübsches, kleines, aber einfaches Haus. Es stand im Hirschpark, einem hübschgelegenen Viertel in Versailles. Für einen Mann, der sein Inkognito bewahren wollte, war es wie geschaffen. In diesem Hause konnten aber nicht mehr als zwei für den König bestimmte junge Mädchen untergebracht werden. Meist war es sogar nur von einer einzigen Bewohnerin besetzt. Die Frau eines ergebenen Hofbeamten hatte die Aufsicht über die betreffenden „Pensionärinnen" zu führen. Die jeweiligen jungen Mädchen wurden für ihre Nichten ausgegeben und kamen entweder durch die Vermittlung der Marquise von Pompadour oder durch den Kammerdiener Lebel in das betreffende Haus. Lebel konnte sich übrigens vor Angeboten dieser Art kaum retten. Jeden Tag erschienen Bittsteller oder Bittstellerinnen bei ihm, die ihm für den König die jüngsten und schönsten Mädchen vorschlugen. Sogar Mütter scheuten sich nicht, ihre Töchter anzubieten.

*

Die reizendste, hübscheste und koketteste Frau Frankreichs musste also sehr früh die Vergänglichkeit aller Schönheit erfahren. Bereits mit fünfunddreissig Jahren war der einst so blendende Teint fahl und verblichen. Die entzückende Gestalt, die feine Rundung der Büste und Schultern waren verfallen und eckig geworden.

Und dennoch besass diese Frau, der nur eine Art Treibhausschönheit in den kurzen Jahren ihrer Jugend beschieden war, das Geheimnis, aus den verfallenden Ueberbleibseln ihres Körpers durch alle möglichen Künste noch ein Wesen zu machen, das imponierte. Wenn sie im Salon des Königs oder bei öffentlichen Gelegenheiten am Hofe erschien, zog sie doch aller Blicke auf sich. Jeder bemerkte unter ihren verzweifelten Anstrengungen, schön zu sein, den Verfall ihrer Reize, aber ihre Gesamterscheinung und ihr Auftreten schienen einem jeden zu gebieten: Hier bin ich! Sieh mich an! Es war das Selbstbewusstsein ihrer Persönlichkeit, ihrer Machtstellung, die ihr eine derartige Sicherheit verliehen.

Seit dem Jahre 1757, erst sechsunddreissig Jahre alt, verfiel sie sichtlich. Ihre Kammerfrau berichtet von dieser Zeit an oft von heftigen Ohnmachtsanfällen, Schwächezuständen, Aderlässen und besonders von starkem Herzklopfen. Ungefähr um diese Zeit verfasste die Marquise in Choisy ihr Testament; denn sie wusste, wie krank sie war. Aber sie, die den König nicht vom Tode sprechen hören konnte, schien sich jetzt nicht viel Sorgen um ihr eigenes Ende zu machen; denn am Abend darauf übergab sie das Testament mit lächelnder Miene dem Prinzen von Soubise. Wenige Augenblicke vorher hatte sie mit dem König und einigen Höflingen eine jener Abendgesellschaften gefeiert, bei denen ihr Geist, ihre übermütige, sprudelnde Laune und ihr Witz besonders glänzten. Sieben Jahre lang musste sie indes noch die Bürde ihres ruhelosen, aufreibenden Lebens tragen. In demselben Choisy, das der Lieblingsaufenthalt des Königs war, verschlimmerte sich ihr Gesundheitszustand dermassen, dass sie im März 1764 bettlägerig wurde. Die Krankheit war diesmal stärker als ihr Wille. Am 7. März 1764 schrieb

Madame du Deffand an Voltaire: „Die letzten Nachrichten über Madame de Pompadour sind gut, aber sie ist noch lange nicht ausser Gefahr." Wenige Wochen später fühlte sie sich so schwach, dass sie den Pfarrer der Madeleinekirche zu sich rief. Sie hatte den König gefragt, ob sie den Trost der heiligen Kirche in ihrer letzten Stunde in Anspruch nehmen solle oder nicht. Und Ludwig hatte darauf geantwortet, dass er es gern sähe, wenn sie mit den heiligen Sterbesakramenten versehen stürbe. Diese noch so junge Frau sprach so ruhig und kalt von ihrem Tode, als handle es sich um irgendeine kleine Reise, die sie anzutreten im Begriff war. Sie liess sich ihr Testament bringen, las es aufmerksam durch und diktierte ihrem Intendanten Collin noch einen Nachtrag. Dann trat der Geistliche ein, und er war sehr erstaunt, mit welch philosophischer Ruhe diese Frau ihrem Ende entgegensah. Ja, bis zuletzt hielt sie die Macht als Favoritin in Händen. Sie erteilte Audienzen, gab dem König Ratschläge in allen schwebenden Angelegenheiten und arbeitete noch wenige Stunden vor ihrem Tode mit dem Postdirektor Janelle. Als der Geistliche, der ihr das Abendmahl gereicht hatte, sich von ihr verabschiedete und gehen wollte, rief sie ihm mit einem Lächeln zu: „Warten Sie doch noch einen Augenblick, Herr Pfarrer, wir gehen dann zusammen!" Dann legte sie noch ein wenig Rot auf und schlief ein. Wenige Stunden später war sie nicht mehr.

Als die Mönche den Sarg aus den kleinen Gemächern des Königs, wo die Marquise verschieden war, hinaustrugen, regnete es in Strömen. Der König stand am Fenster und sah beinahe gleichgültig dem Zuge nach. Er hatte die Uhr in der Hand und berechnete, wie lange wohl die Mönche Zeit brauchen würden, bis sie zum Friedhof gelangten. Plötzlich wandte er sich um und sagte gleichmütig zu dem ihm am nächsten Stehenden: „Sie hat kein gutes Wetter, die Marquise." Das war das letzte und einzige Wort des Bedauerns, das dieser Mann um den Tod einer Frau fand, die zwanzig Jahre ihres Lebens mit ihm geteilt hatte. Wenige Tage später erklärte er allen offen, er habe sie nie geliebt und sie nur nicht verabschiedet, weil er fürchtete, ihr den Todesstoss damit zu versetzen.

Mehr Dankbarkeit und tieferes Gefühl als der König bewies ihr Voltaire, der sich auch eine Zeitlang auf die Seite ihrer Gegner gestellt hatte. Bei ihrem Tode schrieb er dennoch sichtlich erschüttert: „Ich bin ihr Dank schuldig und beweine sie aus Dankbarkeit ... Schliesslich war sie doch eine der Unseren!"

Niemand aber betrauerte die Marquise von Pompadour am Hofe wirklich. Die einzige, die ein mitfühlendes Herz hatte, war die Königin Marie-Leszczinska. Sie schrieb wenige Tage nach dem Tode der Favoritin an den Präsidenten Hénault: „Uebrigens ist hier nicht mehr die Rede von dem, ‹was nicht mehr ist›, als wenn ‹Sie› niemals existiert habe. So ist die Welt; es ist nicht der Mühe wert, sie zu lieben." Marie Leszczinska verachtete den König, weil er die Frau, von der er sich zwanzig Jahre lang hatte beherrschen lassen, binnen weniger Stunden vergessen hatte.

## *Drittes Kapitel*
# Katharina II.

*Katharina II.; Gemälde von Schebanoff, Stich von James Walker*

Sie ist das grösste weibliche Genie, das je auf einem Throne sass. Der mächtigen Zarin Elisabeth von Russland, die sich ganz dem Genussleben hingab, hatte Katharina es zu verdanken, dass sie nach Petersburg kam, als sie fast noch ein Kind war. Eine kleine deutsche Prinzessin von Anhalt-Zerbst war sie, die bis zu ihrer Berufung als russische Grossfürstin in grösster Bescheidenheit gelebt hatte. Elisabeth, die Tochter Peters des Grossen, die sich 1741 durch einen Staatsstreich selbst zur Zarin erhoben hatte, wurde von den Russen vergöttert. Aber sie hatte keinen rechtmässigen Thronerben. Und so bestimmte sie zu ihrem Nachfolger ihren Neffen, Peter von Holstein-Gottorp. Für ihn hatte sie dann die kaum 14jährige Prinzessin von Anhalt-Zerbst befohlen. Ja, befohlen! Denn auf den Befehl der Zarin reiste die hochbeglückte Mutter Katharinas – sie hiess damals noch Sophie – mit ihr nach Russland zur Brautschau. Ein Leben voll Glanz und Reichtum erwartete die junge Prinzessin, die nicht nur über die Pracht und die Verschwendung am Zarenhofe erstaunte, sondern auch weit die Augen öffnete vor den lockeren Sitten der vom Volke angebeteten mächtigen Zarin. Aber dieses kleine, kluge Mädchen verstand bereits ihren Vorteil aus den Verhältnissen zu ziehen, sich beliebt zu machen und sich Freunde zu schaffen. So jung sie war, begriff Katharina doch sofort, dass die Aussicht auf die Zarenkrone kein geringes Geschenk des Schicksals für sie sei. Als wäre sie von Kindheit auf an einem so glänzenden Hofe wie dem russischen aufgewachsen, fand sie sich bei aller Bescheidenheit ihres Wesens rasch in ihre zukünftige bevorzugte Stellung. Trotz ihrer grossen Jugend fühlte sie sich vom ersten Tage ihres Erscheinens in Petersburg ihrer schwierigen Lage in jeder Weise gewachsen. „Elle se plaît aux grandeurs qui l'environnent“, schrieb ihre Mutter an Friedrich den Grossen, und Katharina selbst bemerkte später in ihren Memoiren, als sie von ihrem Bräutigam sprach: „Er war mir ziemlich gleichgültig, aber die Krone von Russland war es nicht.“

Die Kaiserin schien indes sehr zufrieden mit der Wahl der Braut für ihren Neffen und Thronfolger zu sein. Prinzessin Sophie gefiel ihr; sie fand ihre Eigenart entzückend und überhäufte sie mit Gnadenbezeugungen.

Bald war auch der ganze Hof von der jungen, frischen, zukünftigen Grossfürstin begeistert.

Trotz ihrer grossen Jugend sah Sophie gleich anfangs, dass dieser junge, krankhafte und infolge einer ganz falschen Erziehung bereits lasterhafte Mensch nicht der Mann war, von dem sie sich in ihrer Ehe Glück versprechen durfte. Er bildete in jeder Hinsicht einen jammervollen Gegensatz zu ihrem Charakter und zu ihrem klaren Verstand. Grossfürst Peter war heftig, brutal, und gleichzeitig furchtsam und feige, prahlerisch, lügenhaft, kindisch. Die intelligente Katharina staunte mehr als einmal über seine grenzenlose Unwissenheit und über die Dreistigkeit, mit der er dennoch auftrat und sich der Heldentaten, die er nicht vollbracht, und seiner Liebesabenteuer rühmte. Denn der Sechzehnjährige hatte deren schon viele und scheute sich nicht, sie seiner zukünftigen Braut zu erzählen. Was ihm am meisten an der Prinzessin gefiel, sagte er, sei, dass sie seine Kusine wäre. Infolgedessen könne er ihr alle seine Geheimnisse anvertrauen. Er brachte ihr kein anderes Interesse entgegen, als das der Verwandtschaft, und doch hatte Katharina alles für sich, was sie in den Augen eines jungen Mannes hätte begehrens- und liebenswert machen können. Sie war für ihr Alter bereits sehr entwickelt, gross und wohlgebaut. Dunkle, weiche Locken, die immer reizend geordnet waren, umrahmten ein angenehmes, frisches Gesicht mit einem lachenden Kindermund und schönen ausdrucksvollen Augen. Dieses kluge, frühzeitig entwickelte junge Mädchen versprach einst eine sehr begehrenswerte Frau zu werden. Es ist erstaunlich, wie gut sie schon damals die Menschen zu beurteilen verstand. Es war ihr sofort klar, dass sie sich vor allem die Zuneigung der Kaiserin Elisabeth sichern musste und es nicht besser konnte, als wenn sie ganz nach ihren Wünschen handelte. Sie staunte über Peters Unvorsichtigkeit und den Mangel an Urteil über viele Verhältnisse, zog jedoch den Nutzen daraus, dass sie um so besser „die Verhältnisse zu beurteilen“ verstand.

Um in Russland festen Boden zu gewinnen und eine Rolle zu spielen, musste Katharina vor allen Dingen Russin werden. Das wusste sie. Peter hingegen wollte weder von der russischen Sprache, noch von den Sitten und Gebräuchen des Landes, noch von der griechischen Religion etwas wissen. Man liebte ihn deswegen nicht, sondern sah in ihm nur den Fremdling. Die junge deutsche Prinzessin hingegen interessierte gerade die russische Sprache am meisten. Während sich ihr zukünftiger Bräutigam mit allen möglichen Kindereien im Kreise seiner Dienerschaft abgab, suchte die kleine Ehrgeizige soviel wie möglich zu lernen. Um recht schnelle Fortschritte zu machen, stand sie sogar nachts auf, wenn alles um sie herum schlief, und studierte barfüssig und im dünnen Nachthemd eifrig die russische Grammatik, die ihr Lehrer Adaduroff ihr gegeben. Es war mitten im Winter. Die Folge davon war, dass sie sich erkältete und eine gefährliche Brustfellentzündung zuzog. Vier Wochen lang schwebte sie zwischen Leben und Tod. Das Gerücht von ihrer Erkrankung verbreitete sich bald nicht nur am ganzen Hofe, sondern im ganzen Lande und verschaffte ihr noch grössere Sympathien. Man war im Innersten gerührt von diesem jungen Mädchen, das im eiskalten Winter nachts aufstand, um so schnell wie möglich die Sprache des Volkes zu lernen, über das es einst an der Seite des künftigen Zaren regieren sollte.

Beinahe hätte Katharinas Geschick jedoch eine andere Wendung genommen; die Krone von Russland hätte auf einem andern als auf Katharinas Haupt gestrahlt! Und schuld daran wäre allein die Mutter gewesen. Es gab stürmische Auftritte zwischen der Kaiserin Elisabeth und der Fürstin Johanna, die sich unklugerweise in die Intrigen gegen die Minister und Günstlinge Elisabeths eingelassen hatte. Sie hatte sich durch einen Briefwechsel mit dem französischen Gesandten Chetardies stark kompromittiert. Es wäre dieser unklugen Frau teuer zu stehen gekommen, hätte ihre Tochter damals nicht das ganze Vertrauen der Kaiserin besessen. Elisabeth begnügte sich, die Fürstin mit Verachtung zu strafen und sie, sobald die Hochzeitsfeierlichkeiten vorüber waren, von ihrem Hofe und aus Russland zu entfernen. Während einer solchen aufregenden Szene zwischen der Kaiserin und der Fürstin Johanna, die in Tränen vor der leidenschaftlich erregten Zarin lag, befanden sich der Grossfürst und die Prinzessin in einem nicht weit davon gelegenen Zimmer. Wie echte Kinder sassen sie auf dem Fensterbrett und lachten gerade recht lustig miteinander, als plötzlich der Günstling Lestocq hereintrat und ziemlich barsch zu beiden sagte, diese Heiterkeit werde bald ein Ende haben. Die Prinzessin solle nur anfangen, ihre Koffer zu packen; denn sie werde bald nach Deutschland zurückreisen müssen. „Es war mir klar", schrieb Katharina 40 Jahre später über diese Szene, „dass der Grossfürst mich ohne Bedauern hätte gehen lassen ... Mein Herz prophezeite mir nichts Gutes. Nur der Ehrgeiz hielt mich aufrecht."

Ehrgeiz, Willenskraft und Eitelkeit waren bereits in diesem Kind stark entwickelt. Mit einer Ausdauer sondergleichen hatte es sich dem Studium der russischen Sprache ergeben, mit dem gleichen Ehrgeiz nahm die damals noch gläubige Lutheranerin den griechisch- katholischen Glauben an. Die kleine Prinzessin war nun nicht mehr die kleine Sophie, die mit zagendem Schritt die Schwelle des Tempels mit den goldstrotzenden Heiligenbildern überschritten hatte: als Grossfürstin Katharina Alexeiewna verliess sie die Kirche.

Dieselbe Katharina, die damals in der Kirche des Galavinski Dvarets so andächtig gekniet und die Worte in heiliger Scheu gesprochen hatte: „Ich glaube und bekenne, dass der Glaube nicht allein zu meiner Rechtfertigung genügt ...", spottete später als echte Schülerin Voltaires über die Bekehrungen im allgemeinen.

Die junge Katharina hatte keine Veranlassung, sich die Zukunft an der Seite eines solchen Gatten wie Peter schön und glücklich auszumalen. Sie fühlte sich bitter in ihrem Stolze gekränkt, beklagte sich aber gegen niemand. Ihr grenzenloser Ehrgeiz gewann immer die Oberhand. Sie weinte oft in ihrem Zimmer heisse Tränen, sobald sie aber von einer ihrer Hofdamen dabei überrascht wurde, verschwieg sie den wahren Grund. Der Gedanke, Mitleid zu erregen, war dieser Frau schon damals unerträglich. Dann hatte sie auch gleich anfangs begriffen, dass mehr als in jedem anderen Lande Geschenke Freunde machen. Sogar ihr Bräutigam kostete sie in dieser Hinsicht eine Menge Geld; denn er war sehr begierig auf Geschenke.

Es war keine rosige Brautzeit, die Katharina erlebte. Während der Grossfürst sich fast gar nicht um sie kümmerte und nur Interesse für kindische Spielereien hatte, liess sich Katharina die Werke Plutarchs, Ciceros und Montesquieus empfehlen und verschaffte sie sich so rasch wie möglich. Mit fünfzehn Jahren war sie fleissig wie ein reifer Mensch.

Ihr Aufenthalt in Moskau ging indes seinem Ende zu. Man bereitete sich langsam auf die Hochzeitsfeierlichkeiten vor, die in Petersburg stattfinden sollten. Im November trat die junge Prinzessin mit ihrem Verlobten die Reise nach der Hauptstadt an. Aber in Hatiloff musste Peter anhalten, weil er an den Pocken erkrankte. Aengstlich entfernte Elisabeth die junge Braut, die mit ihrer Mutter den Weg fortsetzte, während die Kaiserin selbst nicht von dem Krankenbett ihres Neffen wich. Katharina hatte jetzt zum ersten Male Gelegenheit, ihrem Bräutigam Briefe zu schreiben, und zwar in russischer Sprache. Es waren richtige Liebesbriefe mit jenen zärtlichen Koseworten, an denen die slawischen Sprachen so reich sind. Aber nicht Katharina war die Verfasserin jener zarten Beweise ihrer bräutlichen Liebe, sondern ihr Lehrer Adaduroff.

Erst Ende Januar 1745 konnte Peter seiner Braut nach Petersburg folgen. Er war schon früher nicht schön gewesen, jetzt aber hatten ihn die Pocken so entstellt, dass man ihn kaum wiedererkannte. Sein schwächlicher Körper war noch länger und dünner geworden. Das ganze Gesicht war geschwollen und gerötet und mit tiefen, ganz frischen Narben bedeckt. Dazu trug er eine ungeheure Perücke, weil man ihm während seiner Krankheit die Haare abgeschnitten hatte. Katharina erschrak furchtbar über seinen Anblick; sie musste all ihren Mut zusammennehmen, um ihn zärtlich zu umarmen und zu küssen. Aber sie tat es.

Sie selbst war seit ihrer Krankheit zu einem reizenden Mädchen erblüht. Die Kaiserin Elisabeth war von der bezaubernden Anmut der zukünftigen Grossfürstin ganz entzückt und sagte ihr viele Schmeicheleien. Besonders hob sie Katharinas geschmackvolle Kleidung hervor. Sie war stolz auf die Prinzessin, die sie zur künftigen Zarin ausersehen hatte.

Noch nie hatte Petersburg eine so glänzende Hochzeitsfeier gesehen, wie die, welche die Zarin Elisabeth ihrem Neffen und seiner Braut bereitete. Aber als die Feste vorüber waren, langweilte Katharina sich in ihrer Ehe; denn sie hatte niemand, mit dem sie sich hätte unterhalten können. Mit der Zeit waren alle Personen von ihr entfernt worden, deren Gesellschaft ihr angenehm gewesen war. Die Zarin fing an misstrauisch zu werden. Kurze Zeit nach der Hochzeit musste auch Katharinas Mutter abreisen. Nun war sie, die Fremde, allein an jenem grossen Hofe, wo sie nur mit Vorbehalt den Freundlichkeiten und dem Entgegenkommen begegnen konnte. Die junge Grossfürstin weinte und fühlte eine grenzenlose Leere, eine grosse Einsamkeit in sich. Ihr Mann vermochte ihr nicht einmal diese Mutter zu ersetzen, die einen so geringen Platz in ihrem Herzen eingenommen hatte. Er empfand nicht die geringste Zuneigung für seine Frau. Vierzehn Tage nach der Hochzeit machte er sie bereits wieder zur Vertrauten in seinen Liebesangelegenheiten. Er konnte für sie keinerlei Halt und Stütze sein. Aber sie war erst 15 Jahre alt und hätte es nötig gehabt, geleitet und behütet zu werden. Statt dessen sah sie eine morbide Gesellschaft um sich herum.

In Peters Gesellschaft lebte eine Menge junger, hübscher, lebenslustiger Offiziere, die nicht alle nur Sinn für die Kindereien, die läppische Soldatenspielerei und die Gelage ihres Gebieters hatten. Manche unter ihnen besassen sogar Geist, Witz und poetischen Sinn und waren einem Flirt selbst mit der anmutigen Grossfürstin nicht abgeneigt. Schon ehe Katharina verheiratet war, hatte sich zwischen ihr, den Brüdern Tschernitscheff und einem ihrer Vettern ein sehr vertrauter Verkehr entwickelt. Die Gleichgültigkeit oder Blödigkeit Peters verhinderten ihn, in der Vertraulichkeit seiner Braut mit seinem Kammerherrn etwas anderes als Neckerei zu sehen. Im Gegenteil, er ermutigte Tschernitscheff noch, sich gewisse Zärtlichkeiten und Kosenamen gegen die Prinzessin zu gestatten. Als Katharina verheiratet war, spann sich der Flirt weiter. Da sie beide jung waren, konnten sie auch das gegenseitige Interesse schlecht verbergen. Die Umgebung und Dienerschaft der Grossfürstin hatte bald das Geheimnis erraten. Die Folge davon war, dass die Zarin es erfuhr, und dass die drei Tschernitscheffs vom Hofe entfernt und zu ihren Regimentern in der Nähe von Orenburg in Sibirien geschickt wurden. Das war eine halbe Verbannung. Der Flirt Andreas' kam sie teuer zu stehen. Der Schuldige verbrachte sogar eine Zeitlang im Gefängnis.

In der Einförmigkeit des Lebens in Oranienbaum erwachte in Katharina von neuem das Interesse für die Bücher, und es ist wirklich erstaunlich, wie diese junge Frau sich an einem Hofe, wo neben dem raffiniertesten Luxus die rohesten Sitten und das wüsteste Leben herrschten, ihre geistigen und literarischen Neigungen in ihr intimes Leben hat hinüberretten können. Weder ihr Gatte noch die Zarin gaben ihr ein Beispiel in dieser Beziehung. Blutjung war Katharina in diese Verhältnisse gekommen. Ihre Erziehung war nur sehr unvollständig gewesen; sie hatte niemand, der ihr einen Rat erteilen konnte; sie blieb vollständig auf sich selbst angewiesen. Gewiss war sie nicht die Frau, die an einem solch leichtfertigen Hofe ein zurückgezogenes Leben zu führen gedachte. Schon ihre natürliche Veranlagung sprach dagegen. Aber sie ging nicht unter in ihren Sinnen. Ihr grenzenloser Ehrgeiz und der Instinkt für die Rolle, die sie einst an der Seite eines Mannes wie Peter zu spielen hatte, hielten sie aufrecht. Sie wurde sich klar, dass das Schicksal sie mit diesem Schwächling nur äusserlich zusammengeführt hatte, und ihr persönliches ehrgeiziges Interesse, ihr tiefgehendes Streben nach allem Geistigen trieben sie vorwärts und schrieben ihr die Bahn vor, die sie einzuschlagen hatte. So arbeitete sie mit bewunderungswürdiger Energie an der Erziehung und Vollendung ihres eigenen Menschen, um so mehr, da sie täglich beobachten konnte, dass die russische Gesellschaft noch nicht einmal den Firnis abendländischer Geistesbildung besass.

Da sie jedoch sehr jung war und niemand hatte, der ihr Führer in ihrem geistigen Leben hätte sein können, so las sie im ersten Jahre ihrer freudlosen Ehe ausschliesslich Romane, und nicht immer die besten. Das erste Buch von wirklichem Wert für ihr Leben waren die Briefe der Madame Sévigné. Katharina verschlang sie förmlich und wurde später eine gewandte Jüngerin dieser geistreichen Briefschreiberin. Die Briefe der Kaiserin an Voltaire, an Grimm, an Diderot zeigen am deutlichsten, zu welcher Persönlichkeit sie sich entwickelte und wie sehr sie es liebte, Briefe zu schreiben. Ihre Briefe füllen ganze Bände.

Nach der Lektüre der Sévigné verfiel sie auf Voltaires Werke, dessen gelehrigste und begeistertste Schülerin sie wurde. Trotz Montesquieu, trotz Tacitus, Plato und vielen anderen Grossen blieb Voltaire stets ihr Meister, ihr Abgott, ihr Orakel. Sie hegte eine unbegrenzte Verehrung für den Philosophen von Ferney; mit unnachahmlichem Eifer studierte sie alles, was von ihm kam. Sie, die nicht besonders empfindsam war, strömte über in Bewunderung des Ausdrucks, wenn sie später von dem Manne sprach, dem sie ihr geistiges Leben verdankte, ohne ihn je persönlich gekannt zu haben. „Hören Sie“, schrieb sie später einmal an Grimm, der ihren Briefstil gelobt hatte, „wenn wirklich Kraft, Tiefe und Anmut in meinen Briefen und meiner Ausdrucksweise sind, so danke ich alles Voltaire. Denn lange lasen, studierten und lasen wir von neuem alles, was aus seiner Feder kam. Ich kann wohl sagen, ich habe ein so feines Gefühl erlangt, dass ich mich nie über das getäuscht habe, was von ihm war oder nicht. Die Klaue des Löwen hat eine Weise, alles anzupacken, die noch kein Mensch bis jetzt nachahmen konnte.“ Und nach diesem bedeutenden Vorbilde entwickelte sich Katharina langsam zu der grössten und freiesten Idealistin, die je auf einem Throne gesessen. Immer eifriger widmete sie sich dem Studium philosophischer, historischer und staatswissenschaftlicher Werke, gleichsam, als wolle sie sich für ihre künftige Regierungstätigkeit vorbereiten. Zu jener Zeit ihrer Entwicklung legte sie auch tagebuchartige Notizen an, in denen sich bereits jene optimistische Weltanschauung kundtut, der sie bis ans Ende treu blieb. In diesen Tagebuchblättern finden wir auch die ersten Anfänge ihrer Rechtspflege, ihrer Gesetzgebung und aller ihrer Regierungsprinzipien.

Währenddessen ging das Leben ihrer Ehe in vollkommener Banalität hin. Immer unerträglicher wurde ihr die Gesellschaft Peters. Die Jugend und ihr lebhaftes Temperament liessen sie jedoch auch während der Jahre ihrer geistigen Verinnerlichung nicht nur über Büchern hocken.

Es fehlte ihr nicht an Jugendfrische und der Lust zu allerlei Scherz und Streichen. Sie war eine gesunde Natur voll Leichtigkeit; der Gram über ihre traurige Ehe verzehrte sie nicht. Sie war gern in lustiger Gesellschaft und amüsierte sich, wo sie konnte. Scherz und Ernst, Arbeit und Genuss konnte sie gleichzeitig in ihrem reichen Charakter vereinigen, ohne dem einen oder dem andern zu schaden. Was die Gunst des Augenblicks ihr bot, wusste sie zu erfassen. Sie tanzte für ihr Leben gern und verfehlte nie die Gelegenheit dazu. Am meisten Vergnügen aber fand sie am Reitsport. Gleich nach ihrer Ankunft in Russland lernte sie reiten und betrieb es nachher mit wahrer Leidenschaft. Am liebsten ritt sie im Herrensattel. Da das jedoch die Kaiserin Elisabeth, die selbst eine vorzügliche Reiterin war, nicht gern sah, weil sie glaubte, es sei der Grund, warum Katharina keine Kinder bekomme, so hatte die junge Grossfürstin einen besonderen Trick erfunden. Sie hatte sich einen Sattel machen lassen, den man auf beide Arten benützen konnte. Sie schien gehorsam und unterwürfig gegen die Personen, die ihr zu gebieten hatten, aber im Innern war sie frei, unabhängig, eine Herrennatur und dem ganzen Hofe in allem überlegen. Vor ihr lag eine reiche Zukunft, Ruhm und Glanz, die volle Befriedigung ihrer wahren Herrschernatur. Trotz ihres Genusslebens dachte die Kaiserin Elisabeth bisweilen auch an die Zukunft des russischen Reiches, dessen Regierung nach ihrem Tode in den Händen ihres unvernünftigen Neffen Peter ruhen sollte. Längst hatte sie seine Fehler erkannt, aber längst auch war es ihr klar, dass die Grossfürstin Katharina keine gewöhnliche Frau sei, sondern sich einst eigenwillig ihre Stellung begründen würde, wie sie es selbst getan hatte. Sie liebte aber weder Peter noch Katharina.

Der Tod überraschte die alte Zarin am 5. Januar 1762. Er änderte vieles in der politischen Lage Europas, aber in Russland ging er ohne bemerkenswerte Zeichen vorüber. Peter III. bestieg ruhig, ohne irgendwelchen Widerstand von seiten des Volkes zu finden, den Zarenthron. Als Elisabeth ihren letzten Atemzug tat, befanden sich Peter und Katharina in ihrem Sterbezimmer. Der Senator Fürst Trubetzkoi proklamierte, aus dem Schlafzimmer der verstorbenen Kaiserin heraustretend, die Thronbesteigung des neuen Zaren.

Es schien, als wenn die ersten Schritte Peters III. als Herrscher von einer sehr vernünftigen Einsicht geleitet seien. Dieser günstige Eindruck wurde jedoch sehr bald durch Peters Bizarrerien aller Art verwischt. Er beging vor allem den grossen Fehler, das russische Volk in seinem Innersten zu verletzen, indem er alles Russische verbannte und es germanisieren wollte. Ausserdem schuf er sich in seiner klugen Frau seine grösste und gefährlichste Feindin. Friedrich der Grosse soll ihn gewarnt und ihm geraten haben, sich Katharinas Freundschaft zu erwerben. Peter achtete dieses wohlgemeinten Rates nicht. Er hätte es am liebsten gesehen, wenn Katharina überhaupt nicht Kaiserin geworden wäre. Absichtlich wurde sie bei allen offiziellen Angelegenheiten übergangen. In dem Manifest, das am Tage der Thronbesteigung Peters bekanntgemacht wurde, ist weder ihr Name, noch der des kleinen Grossfürsten Paul, ihres Sohnes, genannt. Angeblich, weil Peter ihn nicht für seinen Sohn hielt. Sobald Peter die Macht in Händen hatte, rächte er sich für die Ueberlegenheit, die Katharina ihm bisweilen gezeigt, als er noch nichts zu sagen hatte. Er behandelte sie mit der grössten Verachtung. Sie hatte nicht den geringsten Einfluss auf Geschäfte und öffentliche Fragen und musste täglich die gröbsten Beleidigungen von ihrem Gatten über sich ergehen lassen. Die Kaiserin musste es sich auch gefallen lassen, dass Peters Geliebte die besten und schönsten Gemächer im Schlosse bewohnte, während sie selbst einen entlegenen Flügel angewiesen bekam. Elisabeth Woronzoff wurde überall mit Ehren überhäuft, während Katharina nur einen kleinen Hof Getreuer um sich versammelte. Sie befand sich in einer äusserst kritischen und gefahrvollen Lage, um so mehr, da sie in jener Zeit dem Grafen Bobrinski, dem Kinde Orloffs, das Leben schenkte.

Alle Zeitgenossen bemerkten damals ihr niedergedrücktes Wesen, aber auch ihre würdevolle Haltung ihrem Gemahl gegenüber. Es kam nie eine Klage über ihre Lippen; sie hatte nur Tränen zu ihrer Verteidigung. Man kannte in ihr kaum die kühne Grossfürstin wieder. Sie lebte ganz für sich und abgeschieden und schien sich gegen alles mit Philosophie zu wappnen. Bei Katharinas leicht erregbarem Charakter musste ein solches Benehmen Verdacht erwecken. Die ihr Näherstehenden glaubten daher auch nicht an diese ergebene Selbstverleugnung. Man wusste ja, dass sie ihren Mann nicht nur wegen seiner Unbedeutendheit verachtete, sondern im Grunde ihres Herzens leidenschaftlich hasste. Nun galt sie nichts und war noch obendrein den tiefsten Demütigungen von diesem Manne ausgesetzt, dem sie doch geistig so sehr überlegen war. Wohl erschien sie äusserlich ruhig gegen alle Erniedrigungen, aber in ihrem Innern gewannen immer mehr die Pläne zu ihrer Befreiung Gestalt.

Bereits fünf Jahre früher hatte sie an den englischen Gesandten geschrieben: „Ich würde nicht, wie Iwan der Schreckliche, bei Ihrem Könige eine Zuflucht suchen; denn ich bin entschlossen, entweder zu regieren oder unterzugehen.“ Und es kam so, wie sie gesagt hatte. Sie regierte! Sie gewann schliesslich die Oberhand. Peter schloss sich immer enger an die Gräfin Woronzoff an, und seine Anhänger, die Feinde Katharinas, waren bestrebt, in ihm den Gedanken an eine Heirat mit seiner Geliebten zu befestigen. Aber Katharina hatte neue Freunde, von denen sie alles verlangen konnte. Sie stützten und trösteten sie. Diese Freunde waren die junge und kühne Fürstin Katharina Daschkoff, Graf Nikita Panin, die fünf Brüder Orloff, Leo Narischkin und seine Schwägerin, Madame Siniawin, der Hauptmann Passek, Fürst Repnin, Teplow, ein Piemontese namens Odard, später Sekretär Katharinas, und mehrere andere Personen des Hofes. Die Fürstin Daschkoff und Graf Panin waren nicht nur miteinander verwandt, sondern auch sehr eng befreundet. Sie hatten beide die gleichen Ansichten, und die Fürstin, ein energischer, fast männlicher Geist, besass ungeheuren Einfluss auf den zukünftigen ersten Minister Russlands. Er, sie und die Brüder Orloff waren gewiss die Hauptbeteiligten an der Verschwörung gegen den Zaren Peter. Sie sahen das ganze Unheil voraus, das Katharina drohte; denn sie wussten, dass Peter III. die Absicht hatte, seine Gemahlin zu verstossen und ihren Sohn für illegitim zu erklären. Dass dies geschähe, musste durch einen Handstreich verhindert werden. Die allgemeine öffentliche Meinung gegen Peter hatte mit diesen persönlichen Verhältnissen jedoch nichts zu tun.

Auf jeden Fall war die Revolution, die Peter den Thron und etwas später das Leben kostete, durchaus nicht in allen Punkten vorbereitet und reiflich überlegt. Sie geschah ganz plötzlich durch die Gewalt der Umstände. Es wurde das Gerücht laut, dass Peter bereits ein Manifest zur Verhaftung der Kaiserin und des Grossfürsten erlassen habe; sie sollte in der Nacht vom 10. Juli (29. Juni) stattfinden. Gleichzeitig beabsichtigte er in derselben Nacht seine Trauung mit Elisabeth Woronzoff vollziehen zu lassen. Einige Tage vorher hatte er die Gräfin mit dem Katharinenorden geschmückt. Am Morgen des 8. Juli (27. Juni) verbreitete sich bereits in Petersburg die Kunde, Katharina sei nach Schlüsselburg gebracht worden. Bei einem der Verschworenen, Hauptmann Passek, erschien ein Soldat der Garde, um ihn zu benachrichtigen, dass schleunige Hilfe nottäte, um die Kaiserin zu retten. Ein nicht eingeweihter Offizier hörte diese Mitteilung und liess sofort Passek verhaften, worauf er den Zaren, der sich zu jener Zeit in Oranienbaum befand, von dem Vorgefallenen unterrichtete. Für Katharina und ihre Helfershelfer war die Stunde des Handelns gekommen.

Noch in derselben Nacht vom 8. zum 9. Juli (27./28. Juni) 1762, um 5 Uhr morgens, trat Alexis Orloff unangemeldet in das Schlafzimmer der Kaiserin in Peterhof und weckte sie. Es ist Zeit, sagte er nur. Katharina lag in tiefem Schlaf. Sie musste sich erst besinnen, um was es sich handelte. Als sie nähere Erklärungen wissen wollte, sagte Orloff, der Hauptmann Passek von der Garde sei verhaftet worden, und man müsse schleunigst nach Petersburg aufbrechen, um sie zur Selbstherrscherin ausrufen zu lassen. Katharina kleidete sich in grösster Eile an und bestieg einen Wagen, den Orloff mitgebracht hatte. Nur eine ihrer Kammerfrauen, die treue Schargorodskaja, nahm an ihrer Seite Platz. Orloff setzte sich zu dem Kutscher Schkurin auf den Bock, und fort ging's im rasenden Galopp nach Petersburg. Unterwegs begegnete man dem Friseur der Kaiserin, der jeden Morgen nach Peterhof kam, um Katharina zu frisieren. Auch er wurde mitgenommen.

Man hatte indes nicht daran gedacht, Pferde zum Auswechseln aufzustellen. Es waren 30 Kilometer von Peterhof nach der Hauptstadt zurückzulegen! Zuletzt kam man nur noch langsam von der Stelle, so sehr man auch die armen Tiere antrieb. Glücklicherweise hatten Gregor Orloff und der Fürst Bariatinski, die bereits um das Schicksal der Kaiserin besorgt waren, den guten Gedanken gehabt, ihr entgegenzufahren. Fünf Werst vor Petersburg begegneten sie ihr. Schnell bestieg Katharina ihren Wagen und gelangte nun in kurzer Zeit bis vor die Kaserne des Ismailofskischen Regiments.

Auch hier war nichts auf ein solches Ereignis vorbereitet. Nur wenige Soldaten waren da. Man trommelte jedoch den kleinen Haufen zusammen, gab ihnen viel Wodka zu trinken, und die Soldaten schrien alles, was man von ihnen verlangte. Zwei von ihnen mussten einen Priester holen. Der Pope war sogleich zur Stelle und tat ebenfalls alles, was gewünscht wurde, erhob das Kreuz und murmelte die Formeln eines Eides; die Soldaten knieten nieder und huldigten der Kaiserin als Autokratin.

Von hier aus fuhr die Kaiserin mit ihren Begleitern zur Kaserne des Preobrashenskischen Regiments. Dort stiess man anfangs auf gewissen Widerstand, weil Ssemen Romanowitsch Woronzoff, ein Bruder der Mätresse Peters, eine Kompagnie befehligte und die Sache des Kaisers und seiner Schwester zu wahren suchte. Bald aber überwog die für Katharina stimmende Partei, und das ganze Regiment brach in Hochrufe aus und leistete den Eid. Vom Grossfürsten war bei alledem nicht die Rede. Woronzoff und der Major Woijekoff zerbrachen vor Scham um diesen Treubruch gegen den Zaren ihre Degen. Sie gerieten in Gefahr, von der Menge gelyncht zu werden. Woijekoff rettete sich durch die Flucht; Woronzoff wurde verhaftet, weil man befürchtete, er werde nach Oranienbaum reiten und den Zaren von den Vorgängen in der Hauptstadt in Kenntnis setzen. Katharina vergab später beiden Offizieren, aber sie vergass nicht. General Villebois von der Garde zu Pferd, einer ihrer glühendsten Verehrer, stellte ihr vor, welchen Schwierigkeiten sie begegnen werde bei einem solchen Unternehmen. Katharina sah ihn mit grossen Augen kalt und stolz an und sagte: „Ich habe Sie nicht rufen lassen, um Ihre Meinung zu hören. Was gedenken Sie zu tun?“ Da sank auch er vor ihr auf die Knie und huldigte ihr.

An der Spitze der so gewonnenen Truppen zog die Kaiserin zur Muttergotteskirche von Kasan, um dort den Treueid ihrer neuen Untertanen zu empfangen. Nikita Panin erschien hier mit dem achtjährigen Grossfürsten Paul, der auf diese Weise an seiner Entthronung teilnahm; denn nicht seiner Mutter, sondern ihm wäre die Krone zugekommen, die man Peter III. entriss. So hatte es wohl auch Panin beabsichtigt. Er wollte Katharina nur als Regentin ihres Sohnes proklamiert wissen, kam aber zu spät.

Um die Kirche herum standen 10 000 Soldaten, zum grossen Teil nur halb bekleidet, aber alle stark bewaffnet. Der Erzbischof von Nowgorod, die Grafen Rasumowski, ehemalige Günstlinge der Kaiserin Elisabeth, Graf Bruce, Graf Stroganoff, Fürst Wolkonski und andere Würdenträger waren erschienen. Im Triumphe wurde Katharina in den Winterpalast geleitet. Hier waren der Senat und die Heilige Synode versammelt. Eine Menge ordengeschmückter Menschen drängte sich um die noch junge Herrscherin, ihr die Hand zu küssen. Nur der Kanzler Woronzoff wollte das alles nicht begreifen. Er fragte die Kaiserin sehr naiverweise, warum sie Peterhof verlassen habe. Statt aller Antwort gab sie nur ein Zeichen, ihn hinwegzuführen. Man sagte ihm, er solle in der Kirche den Eid leisten, und er ging und tat es einige Tage später. Seine Nichte, die Fürstin Katharina Romanowna Daschkoff, langte etwas spät im Winterpalast an. Ihr Wagen hatte sich durch die ungeheure Menschenmenge, die das Schloss und die umliegenden Strassen umlagerte, keinen Weg bahnen können. Als sie jedoch endlich vor dem Palaste anlangte, wurde sie von den Soldaten der Garde im Triumphe bis zur Kaiserin getragen, die sie herzlich umarmte und ihr den Katharinenorden, den sie selbst trug, umhängte.

Inzwischen war von Teplow für die Kaiserin ein Manifest entworfen worden, worin Katharina besonders hervorhob, welche Gefahr dem Reiche und vor allem der Kirche durch die Regierung Peters gedroht habe, und wie übereilt sein Friedensschluss mit dem „Erzfeinde“ (Friedrich dem

Grossen) gewesen sei. Dann wurden die verschiedenen Massregeln getroffen, sich aller Truppen in der Umgebung der Hauptstadt zu versichern. In allen Strassen wurden Wachen aufgestellt und besonders die Strasse von Oranienbaum nach Petersburg stark militärisch besetzt. Bis dahin hatte ein grosser Teil der Soldaten an die Mär geglaubt, Peter III. sei durch einen Sturz vom Pferde plötzlich gestorben, aber bald wurde man gewahr, dass es sich hier nicht um eine regelrechte Thronfolge handelte, sondern um einen Gewaltakt. Die Anhänger Katharinas fürchteten, es könne sich doch ein Kampf entspinnen; denn Peter III. war in Oranienbaum von seinen holsteinischen Truppen umgeben. Man musste sich seiner Person versichern.

Während dessen hatte sich Peter von Oranienbaum nach Peterhof begeben, in der Absicht, sich selbst von der Wahrheit der Gerüchte zu überzeugen, die schliesslich noch unbestimmt bis zu ihm gedrungen waren. Er wollte seinen Ohren nicht trauen und durchsuchte fassungslos alle Gemächer im Schlosse nach seiner Frau. Aber das Nest war leer. Bald trafen auch zuverlässige Nachrichten bei ihm ein, die ihn überzeugten, dass Katharina das Aeusserste gewagt habe. Seine Umgebung und besonders der alte Feldmarschall Münnich rieten ihm, sich nach Kronstadt zu begeben und sich der Truppen und der Flotte zu versichern. Peter verwarf jedoch anfangs diesen Vorschlag und wollte sich in Peterhof mit seinen 1500 Holsteinern regelrecht verteidigen und den Ereignissen wie ein Soldat ins Auge sehen. Endlich gab er doch dem Drängen Münnichs nach und schiffte sich mit seinem ganzen Hofstaat, besonders mit einer Menge schöner Damen, auf einer Jacht und einem Ruderboot nach Kronstadt ein. Er zitterte an allen Gliedern und verbarg sich im tiefsten Innern des Schiffes mit Elisabeth Woronzoff, seiner Geliebten.

Um 1 Uhr morgens kam die Hafenfestung in Sicht. Eine Schildwache rief die kaiserliche Jacht an. Man antwortete: „Der Zar.“ – „Es gibt keinen Zaren mehr“, schallte es zurück. „Fahren Sie weiter!“ Dennoch wollten Peters Ratgeber ihn zum Landen bewegen; denn sie waren fest überzeugt, dass man es nicht wagen würde, auf den Zaren zu schiessen. Aber Peter war feige. Er kehrte um, schlotternd vor Angst. Er hatte nur den einen

Wunsch, mit Elisabeth in Oranienbaum in Sicherheit zu sein und dort die Ereignisse abzuwarten. Dort angelangt, überraschte ihn eine neue, unerwartete Nachricht. Katharina marschierte an der Spitze ihrer Truppen ihm und seinen holsteinischen Soldaten entgegen!

Es war ein wirklicher Triumphmarsch der Kaiserin. Sie sah wundervoll aus in der knappanliegenden Uniform der Siemionofskischen Garden, die sie sich von einem jungen Offizier geliehen hatte. Sie sass prächtig zu Pferde. Ihr langes schwarzes Haar wallte offen über ihre Schultern. Ihren schönen, klassischen Kopf schmückte ein Barett aus Zobelpelz, um das ein Eichenlaubkranz gewunden war. Der Anblick dieser herrlichen Erscheinung war bezaubernd. An ihrer Seite ritt die junge Fürstin Daschkoff, fast noch ein Kind, in der gleichen Uniform. Sie sah aus wie ein ganz junger Leutnant. Aber auf beiden Gesichtern, sowohl auf dem achtzehnjährigen wie auf dem reiferen Frauenantlitz der Kaiserin, standen Ehrgeiz, Stolz und kühne Unternehmungslust, der Sieg einer grossen geistigen und politischen Ueberlegenheit über einen tief unter ihnen stehenden Menschen und Herrscher geschrieben. Die Soldaten jubelten, einer solchen Frau wie Katharina das Geleite geben zu können. Die neuen Uniformen, die Peter ihnen vorgeschrieben, hatten sie zerrissen oder verkauft und sich so gut sie konnten mit den alten Uniformstücken ausgerüstet. Zwar hatte sie Peter der Grosse einst auch aus Deutschland importiert, daran aber dachte man nicht mehr.

Peter III. verteidigte sich nicht. Beim Anmarsch der Kaiserin überfiel ihn eine fürchterliche Angst. Er liess sie nicht einmal bis Oranienbaum kommen, sondern schickte ihr den Fürsten Alexander Michailowitsch Galitzin entgegen mit dem Vorschlag, die Herrschaft mit ihr teilen zu wollen. Katharina dachte nicht an Teilung. Als einzige Antwort sandte sie Peter die Abdankungsakte zum Unterzeichnen und setzte inzwischen den Marsch fort. Es dauerte nicht lange, so kam ein anderer Abgeordneter des Zaren, der General Ismailoff, mit der Erklärung zurück, Peter sei bereit, abzudanken. Wie ein eingeschüchterter Junge unterzeichnete er ohne Widerstand das Schriftstück und besiegelte damit sein Schicksal.

In Peterhof machte Katharina Halt. Sie verlangte, dass der Zar mit Elisabeth Woronzoff zu ihr gebracht würde. Er kam und benahm sich ganz würdelos. Er rutschte fast vor seiner Frau auf den Knien, weinte und schluchzte und wollte ihr die Hand in untertäniger Ehrfurcht küssen. Flehentlich bat er, man möge ihn nicht von seiner Geliebten trennen. Katharina konnte und musste ihn nur verachten samt der Gräfin, die vor ihr auf den Knien lag und weinte, weil sie ihre ehrgeizigen Hoffnungen versinken sah.

Ausser um seine Mätresse bat Peter noch um seinen Hund, seinen Neger Narziss und seine Geige. Diese drei Wünsche gewährte man ihm, aber die Gräfin wurde entfernt und nach Moskau geschickt, wo sie sich bald mit dem Fürsten Pallianski verheiratete. Dem Exzaren wurde ein Landhaus in Ropscha, 30 Kilometer von Petersburg entfernt, zum einstweiligen Aufenthalt angeboten. Später sollte er in der russischen Bastille, der Festung Schlüsselburg, interniert werden. Seine Umgebung bestand aus dem Fürsten Bariatinski, Alexis Orloff und einigen anderen Offizieren der Garde, den stärksten Stützen der Partei der Kaiserin. Gleichzeitig waren sie die verwegensten Männer, die vor keiner Tat, keinem Hindernis im gegebenen Fall zurückschreckten. In ihren kühnen, rücksichtslosen Händen lag von nun an das Schicksal Peters.

Katharina hatte gesiegt! Am 14. Juli (3. Juli) war sie feierlich in Petersburg als Alleinherrscherin eingezogen, und es galt nun, sich diese Stellung zu befestigen. Die geringste ihrer Handlungen wurde scharf beobachtet, nicht nur von den Russen, sondern von der ganzen Welt. Aber von Anfang an verstand sie es, allen Schwierigkeiten, allen Gefahren Trotz zu bieten. Ganz Europa war des Lobes von dieser kühnen Kaiserin voll, die ihre Herrschaft vor allen Dingen mit einem so wundervollen Apparat von Glanz und Aufwand in Szene zu setzen verstanden hatte. Sie entfaltete sich sofort als prachtliebende, freigebige Herrscherin des Orients. Reiche Schätze flossen verschwenderisch durch ihre Hände. In den ersten Monaten ihrer Regierung verteilte sie ungezählte Summen an die Freunde, die ihr zum Throne verholfen, und an solche, von denen sie wünschte, sie möchten ihr geneigt sein. Von der ersten Stunde ihres

Aufenthalts in Russland an, damals, als sie noch ein Kind war, hatte sie begriffen, dass man dort mehr als anderswo Ergebenheit, Aufopferung und Zuneigung mit schimmerndem Golde erkauft, dass man mit Liebenswürdigkeit und Schmeichelei nirgends soviel erreicht als in Russland. Kein Mensch in Katharinas Umgebung konnte sich beklagen, je ein hartes Wort aus ihrem Munde zu hören. Stets wusste sie eine Liebenswürdigkeit, ein schalkhaftes Wort, eine aufmunternde Anrede an diesen oder jenen zu richten, wenn sie durch die Reihen ihrer sie bewundernden Höflinge schritt. Selbst in den ersten Tagen ihrer Regierung, als sich die Geschäfte und auch manche Unannehmlichkeiten häuften, dass sie oft nicht wusste, wo ihr der Kopf stand, zeigte sie stets ihre freundliche, liebenswürdige Miene. Ihre Persönlichkeit übte eine geradezu faszinierende Wirkung auf alle aus, die sich ihr näherten. Man merkte gleich in den ersten Tagen ihrer Regierung den gewaltigen Unterschied zwischen ihr und der indolenten, allen Einflüsterungen geneigten Kaiserin Elisabeth und der unvernünftigen, launischen, despotischen Art und Weise Peters III. Die grosse Geschicklichkeit, mit der sie die schwierigsten Situationen umging oder beherrschte, ihre geniale Virtuosität im Regieren erregte die grösste Bewunderung.

In den ersten Tagen ihrer Herrschaft hatte sie keine Minute für sich, kaum Zeit zum Schlafen und Essen. Ministerrat, Senatssitzungen, Audienzen, öffentliche Festlichkeiten folgten unaufhörlich aufeinander. Es mussten Manifeste, Ukasse, Verordnungen, neue Verfassungen erlassen, Hunderte von Bittschriften am Tage unterzeichnet werden, aber keine Müdigkeit, keinerlei physische Schwäche war im Aeussern dieser ehrgeizigen grossen Frau zu bemerken. Sie bezwang alles. Dabei verlangten die Truppen jeden Augenblick, auch des Nachts, dass sie sich auf dem Balkon des Schlosses zeige; denn man fürchtete einen zweiten Staatsstreich, der die Zarin, „das Mütterchen", entführe.

Katharina hatte jedoch die Staatszügel bereits sehr fest in ihrer Hand. Und es war ein anderer politischer Anschlag, der vier Tage nach dem feierlichen Einzuge der Kaiserin Petersburg in Aufregung hätte versetzen können, wenn die Einwohner von dem wahren Sachverhalt in Kenntnis gesetzt worden wären.

Am 18. Juli (7. Juli), als Katharina eben den Senat verlassen hatte und sich in ihrem Zimmer zur abendlichen Hofkur ankleidete, stürzte plötzlich Alexis Orloff in grosser Aufregung herein und meldete ihr, Peter sei tot. Katharina erbleichte. Das Lächeln auf ihrem Gesicht verschwand. Zwischen den Augen erschien jene energische Falte, die sich stets bei ihr zeigte, wenn sie zornig oder wenn ihr etwas unangenehm war. Sie ahnte, dass es kein natürlicher Tod sein konnte, der ihren Gatten so schnell dahingerafft hatte. Alexis Orloff versicherte ihr zwar ernstlich, Peter sei an „komplizierter Hämorrhoidalkolik" gestorben, die sich auf das Gehirn geschlagen hätte. Dass weder Katharina, noch Orloff, noch ihre weitere Umgebung an dieses Märchen glaubten, beweist der Umstand, dass die Kaiserin in einem in aller Eile zusammenberufenen geheimen Rate beschloss, das Ereignis noch 24 Stunden lang vor dem Publikum geheimzuhalten.

Auch hier zeigte sie sich als vollendete Schauspielerin und Beherrscherin der Situation. Kurze Zeit nachdem Alexis Orloff ihr die fürchterliche Nachricht überbracht hatte, erschien sie wie gewöhnlich vor versammeltem Hofe mit lächelnder, liebenswürdiger Miene, zum Scherzen aufgelegt, in bester geistiger Verfassung und ohne die geringste Erregung zu verraten. Erst als am nächsten Tag ein Manifest den Tod Peters bekanntmachte, weinte Katharina heisse öffentliche Tränen und erschien nicht bei Hofe. Sie spielte die vom Schmerz gebeugte Frau. So verlangte es der Anstand, die Hofsitte. Und Katharina hielt jederzeit streng auf äussere Etikette an ihrem Hofe. Das hinderte sie jedoch nicht, dem toten Peter nicht die Ehren zu erweisen, die ihm als Zaren bei seiner Bestattung zukamen. Ohne Prunk wurde der Leichnam in der holsteinischen Paradeuniform drei Tage ausgestellt. Seine Hände waren mit weissen Handschuhen bekleidet, an denen Augenzeugen Blutspuren gesehen haben wollen. Der Kopf war ganz verbunden und die Züge waren vollkommen unkenntlich. Darnach wurde der Leichnam nicht wie die der übrigen russischen Herrscher in der Festung beigesetzt, sondern in das

Alexander-Newskikloster überführt, wo sein Grab vollständig in Vergessenheit geriet. Erst der Sohn, der furchtbarste Hasser seiner eigenen Mutter, zog nach 35 Jahren, bei Katharinas Tode, wie eine schreckliche Anklage gegen sie selbst die Gebeine seines Vaters ans Tageslicht. Er liess den toten Kaiser krönen und ihm die gleichen Ehren erweisen, wie der eben verstorbenen Kaiserin. Und, gleichsam wie zum Hohne, liess er beide Seite an Seite in der Gruft ruhen, als habe sie niemals etwas im Leben getrennt.

Katharina war gross. Aber auf ihrem Ruhme hätten die Zweifel an ihrer Unschuld am Tode des Gatten nicht wie brennende Flecken der Schande leuchten dürfen. Noch heute sind diese Zweifel nicht ganz behoben. Sie selbst tat nichts, sie aus der Welt zu schaffen; denn keiner der Beteiligten wurde von ihr verfolgt oder bestraft. Im Gegenteil, alle, die die letzten Stunden Peters geteilt hatten, kamen zu Ehren und Würden. Damit erklärte sie sich, wenn nicht mit der Absicht selbst, so doch mit der Tatsache einverstanden.

Es ist hier nicht der Ort, auf historische Untersuchungen über die Mitschuld Katharinas an diesem bedauerlichen Ereignis einzugehen oder zu ermitteln, auf welche Weise Peter den Tod fand. Man kann nur annehmen, dass die wahren Urheber des Verbrechens die Orloffs waren. Alexis Orloff, Teplow und die anderen Offiziere, die mit der Ueberwachung des gefangenen Zaren betraut waren, sollten ihn bei der Abendmahlzeit betrunken gemacht und vergiftet haben. Andere wieder nehmen auf Grund eines vorgefundenen Briefes Alexis Orloffs an die Kaiserin an, Alexis habe den Zaren mit eigener Hand während eines Gelages, bei dem alle, und Peter am meisten, betrunken waren, erdrosselt. Sicher ist, dass die Orloffs das grösste Interesse hatten, ihn ganz von der Bildfläche verschwinden zu lassen. Dann war Katharina auch von der ehelichen Kette frei und konnte sich wieder verheiraten mit einem Manne, der mit ihr die Macht teilte. Gregor Orloff hatte genug Einbildungskraft, sich bereits an der Seite Katharinas auf dem Throne zu sehen. Es wäre indes von schwerwiegenden Folgen für ihn gewesen, hätte er sich selbst zum Hauptschuldigen an dem Morde Peters gemacht. Daher übernahm diese Rolle sein Bruder Alexis. So sehr Katharina vielleicht auch eine Zeitlang gewünscht hatte, Orloff durch feste Bande der Ehe an sich zu fesseln, so sehr unterlag sie doch ihren Leidenschaften, die sich aber meist auf ihr Schlafzimmer beschränkten. Ihre Liebe ging zwar oft mit der Politik Hand in Hand, niemals aber gewann sie die Oberhand über die Staatsgeschäfte. Katharina war jetzt Selbstherrscherin; einen Gatten brauchte sie nicht auf dem Thron. Hingegen führte sie das Günstlingswesen in einer Weise ein, wie man es nie an einem weiblichen Hofe gesehen hatte. Sie errichtete zu diesem Zwecke ein Hofamt, mit dem ein hohes Gehalt, Ehren und Auszeichnungen, Würden und Titel verbunden waren. Mehr als zwölf offizielle Günstlinge folgten aufeinander während ihrer Regierung. Einige dieser Männer, wie Orloff, Patiomkin, Lanskoi, Zubow, besassen Ehrgeiz, Kühnheit, Kenntnisse, bisweilen Geist und Gefühl. Mancher behielt bis zu seinem Tod die Freundschaft der Kaiserin, nachdem er längst aufgehört hatte, ihr als Mann zu gefallen. Er wurde der treue Kamerad, der Freud und Leid mit ihr teilte. Fast jedem, der eine Zeitlang ihr Leben geteilt hatte, blieb Katharina in dankbarer Freundschaft gewogen. Er konnte sicher sein, die höchsten Aemter und Würden zu erlangen und von ihr mit Reichtümern und Wohltaten überhäuft zu werden. Nie hat sie einen verabschiedeten „persönlichen Adjutanten“ bestraft oder mit ihrem Hass verfolgt. Auch diejenigen, die aus eigenem Willen von ihr gingen, wie Mammoff, brauchten nichts von ihr zu fürchten. Nie hatten sie unter Katharinas Rache zu leiden. Einen einzigen ihrer Freunde nur demütigte sie, nachdem sie ihn auf die höchste Stufe des Glanzes und der Macht, auf einen Thron erhoben hatte. Poniatowski, der zärtliche Geliebte ihrer Jugend, an dessen ritterliche, leidenschaftliche, bewundernde Liebe sich für Katharina die schönsten Erinnerungen knüpften, er allein fühlte die Schmach, von der mächtigen Geliebten erniedrigt zu werden. Sie hatte ihn als König schwach und feige gesehen. Katharina aber verachtete die Schwächlinge und Feiglinge sowohl im Leben als auch in der Politik. Sie war nachsichtig und versöhnlich in der Liebe, aber unerbittlich und streng in allen politischen Angelegenheiten. Sie liess den einstigen Geliebten nach Petersburg kommen. Er musste seine entthronte Grösse vor aller

Welt zur Schau tragen. Stolz, Ruhmessucht, Ehrgeiz und Eitelkeit waren ihre stärksten Leidenschaften. Die Liebe kam erst an zweiter Stelle, obwohl ihr Leben anscheinend das Gegenteil beweist. Sie liess sich nie vom Gefühl beherrschen. Ihr Genie, ihr Geist, ihre staatsmännischen Fähigkeiten standen über den Leidenschaften ihrer Veranlagung und ihres intimen Lebens.

Trotzdem sie sich mehr wie jede andere Frau dem Genusse hingab, regierte sie ihr ungeheures Reich mit bewundernswerter Geschicklichkeit. Vieles in ihrem Leben war nur Schein, aber sie wusste diesen Schein als Echtheit wirken zu lassen. Sie verstand es, in allem zu imponieren. Man wusste nicht, was man mehr bewundern sollte, ihre Eigenschaften als Staatsmann oder als Frau. Man war in beständiger Begeisterung über ihre grenzenlose Güte, ihre gewinnende Liebenswürdigkeit und ihre physische Schönheit. Könige, Staatsmänner, Gelehrte, Philosophen und Dichter, alle sahen in Katharina ihresgleichen. Voltaire wusste nicht, was er mehr hervorheben sollte, ihre grossen politischen Handlungen oder ihre literarischen Arbeiten. In lyrische Ekstase und Bewunderung gerät Diderot. „Grosse Fürstin“, schreibt er, „ich werfe mich Ihnen zu Füssen; ich breite meine Arme aus, ich möchte sprechen, aber mein Herz krampft sich zusammen, mein Kopf schwindelt, meine Gedanken verwirren sich, ich bin gerührt wie ein Kind. Wie von selbst gleiten meine Finger über eine alte Leier, und ich muss singen: Vous qui de la divinité, nous montrez, sur le trône, une image fidèle ...“ Selbst Friedrich der Grosse, der im allgemeinen nicht viel von weiblichen Herrschern hielt, erkannte die Fähigkeiten der grossen Katharina. Ihr Genie prägte sich auch in ihrem Aeussern aus. Obgleich klein von Gestalt, erschien sie allen gross, imponierend, majestätisch, wenn sie an ihrem Hofe erschien. Die Malerin Vigée-Lebrun konnte sich über dieses Phänomen nicht genug wundern. Graf Ségur fand zwar, als er Katharina bei einer Audienz zum erstenmal in der Nähe sah, manches an ihr theatralisch, vieles in Szene gesetzt, aber auch er wurde bald gepackt von der Erscheinung dieser merkwürdigen Frau. Ganz selten begegnen wir in der Geschichte Katharinas tadelnden Urteilen ihrer Zeitgenossen. Man warf ihr höchstens einen zu grossen, zu hochmütigen Optimismus vor. Sie war indes überzeugt, dass ihr alles gelingen müsse, dass sie alle Hindernisse beseitigen werde.

Sie dachte nicht daran, in ihrem Reiche so radikale Reformen einzuführen wie Peter der Grosse. Mit ihrem gesunden Menschenverstand begriff sie sofort, dass es zu grosser und weitgreifender Veränderungen bedürfe, um etwas ganz Neues aus diesem unermesslichen Staate zu machen. Deshalb war ihre Regierung eine der klügsten, die Russland je gehabt; sie ging vollkommen mit den Ideen der Zeit und ihres Landes Hand in Hand. Zwar besass Katharina nicht die Gabe, sich bedeutende Staatsmänner und Helfer auszusuchen – ihr erster Minister Panin war ein sehr durchschnittlicher Mann –, aber sie verstand es wundervoll, ihre Leute auszunützen und den grössten Vorteil aus ihren Diensten zu ziehen. Und das gelang ihr allein durch ihr gewinnendes Wesen, ihre grosse Liebenswürdigkeit, mit der sie Schmeicheleien zu sagen verstand, und die wahrhaft königliche Art, die geleisteten Dienste mit Reichtümern und Auszeichnungen zu belohnen. Dadurch schuf sie sich die ergebensten Freunde und stärksten Stützen ihrer Macht und Volkstümlichkeit. Ihre Generale, von denen einige genial und unternehmend waren, gingen für sie durchs Feuer und mit Begeisterung in den Tod. Ihre Siege belohnte Katharina glänzend. Niemals tadelte sie eine Niederlage oder eine unkluge diplomatische Handlung. Sie munterte im Gegenteil die vom Pech verfolgten Truppenführer zu neuen Taten auf und versicherte sie einer baldigen Rehabilitierung. Dadurch fühlten sich die Betreffenden doppelt verpflichtet, alles daran zu setzen, um ihren Fehler wieder gutzumachen. Schliesslich erfasste Katharinas unverwüstlicher Optimismus in allen Dingen auch ihre Feldherren und Staatsmänner. Erleidet sie irgendeine Niederlage, ob militärisch oder diplomatisch, es ist in ihren Augen stets nur ein „unbedeutender Zufall“, ein Nichts, das nicht in Betracht kommt. Aber selbst der geringste Erfolg ihrer Waffen wird zum grössten, herrlichsten Siege, und nie verfehlt sie, ihn lauttönend der Welt zu verkünden und das Lob ihrer unvergleichlichen Feldherren und Soldaten zu singen.

Katharina behauptete von sich selbst, sie betriebe ihre Politik stückweise, ohne Zusammenhang. Ist auch in den äusseren politischen Angelegenheiten nicht immer alles von ihr gut ausgedacht, so fehlt doch nie eine gewisse gesunde Beurteilung der Dinge und Situationen. Sie schickt ihre Truppen nur gegen Staaten, die sich im Verfall befinden, und trägt infolgedessen stets den Sieg davon. Ihr Ruhm, ihr Reich, ihre Schätze wachsen zu ungeheurer Grösse an; die nordische Semiramis steht auf dem Gipfel ihrer Macht. Sie besucht ihre ausgedehnten Staaten wie eine wahre Herrscherin aus einem Feenreich. Ueberall sehen ihre Augen nur Glanz, Pracht, Fortschritt, Wohlstand. Nicht alles ist echt, was sie sieht. Vieles ist Schein. Patiomkin, der grosse Arrangeur, bereitet die Reise seiner Gebieterin vor. Das Schiff, das Katharina den Dnjepr hinabträgt, hat die höchsten Persönlichkeiten, die Grössen der Wissenschaft und Staatskunst an Bord, damit sich die Herrscherin überzeugen kann, welche Intelligenz, welche weisen Männer Russland hervorbringt. An den Ufern des Flusses sind wie auf Zauberworte neue Städte, Dörfer und Flecken entstanden. Eine Unmasse von Einwohnern drängt sich an den Ufern, um jubelnd das Schiff zu begrüssen, das Katharina, das „Mütterchen von Russland“, vorüberträgt. Die Felder sind alle wohlbestellt, es ist eine Freude, sie anzuschauen. Auf den Wiesen weiden ungeheure Herden – alles Schein, alles Szenerie! Patiomkin, der phantastische Taurier, hat das alles für ein paar Tage hergezaubert. Aus den bevölkerten Bezirken Kleinrusslands, aus den Orten, wo die Kaiserin auf ihrer Reise nicht hinkommt, hatte man mit Gewalt die Einwohner an die einsamen Ufer des Dnjepr gebracht. Tausende von Dörfern wurden auf diese Weise in Kleinrussland auf eine gewisse Zeit entvölkert und die Bauern mit ihren Herden in die verschiedenen Gegenden geschleppt, an denen Katharina vorüberreiste. Es wurden Scheindörfer und Scheinstädte von leichtgebauten Holzhäusern errichtet, denen man ein gefälliges Aeusseres verlieh. Als die Reise der Kaiserin zu Ende war, trieb man die unglückliche Bevölkerung wieder in ihre Heimat zurück. Viele von ihnen gingen durch diesen Wechsel zugrunde. Katharina aber hatte die Genugtuung gehabt, sich selbst zu überzeugen, dass ihr Land und Volk glücklich und reich seien!

Wiederum war es eine sehr kluge Politik von Katharina, dass sie ihre Regierung, ihren Thron mit so ungeheurem Glanze umgab. Er verbarg den noch ziemlich wilden Hintergrund des Landes und seiner Bewohner. Mit ausserordentlichem Geschick verstand sie es, den Fremden an ihrem Hofe in die Illusion zu versetzen, dass er sich in der zivilisiertesten Stadt, an dem schöngeistigsten Hofe, in einem vollkommen gebildeten Staate befinde. Ohnedem wäre schwerlich die Orientierung Russlands gegen Europa zustande gekommen, und niemand kann der genialen Frau den Beinamen die „Grosse" versagen.

Die grössten Leidenschaften Katharinas waren ihre Liebe zum Manne und ihre Ruhmessucht, verbunden mit einer Eitelkeit, die einer so genialen Natur schlecht zu Gesicht stand. Diese Eitelkeit liess sie viele Handlungen begehen, die besser unterblieben wären. Viele unnütze Kriege hätten vermieden und viel vergossenes Blut erspart werden können. Aber sie hatte die Genugtuung und das Glück, den Erfolg sich an ihre Fersen heften zu sehen. Ihre Fehler und Schwächen haben dennoch nicht vermocht, ihre Grösse zu verdunkeln. Unter allen Menschen, die die Bewunderung der Welt durch Genie, Macht, Fähigkeiten und Erfolge auf sich gezogen haben, wird Katharina von Russland immer eine der ersten Stellen einnehmen. Als Frau steht sie in der modernen Geschichte sogar einzig da; denn schwerlich wird man eine zweite finden, die so Grosses vollbracht, oder besser, unternommen hat, wie sie. Sie wollte stets herrschen, nicht nur in ihrem Lande, sondern auch ausserhalb, in der Meinung der Menschen, in der Meinung und im Ansehen ganz Europas. Und sie sorgte dafür, dass man sich mit ihrer Person beschäftigte, dass man sie pries und lobte. Leider war ihr oft selbst die niedrigste, in die Augen springendste Schmeichelei nicht zu schlecht zu diesem Zweck. Das wussten ihre Freunde und Vertrauten ganz genau. Wollte einer sich bei der Kaiserin besonders beliebt machen, so rieten ihm die Eingeweihten: „Schmeicheln Sie der Kaiserin, schmeicheln Sie, soviel Sie können, und Sie werden alles erreichen." Diese Eitelkeit war es, die Katharina auch mit den berühmtesten Geistern der damaligen Zeit in persönliche Berührung brachte. Es galt für rühmlich, ein aufgeklärter Herrscher zu sein, sich mit den Führern der Geisteswelt zu umgeben. Katharina verfehlte deshalb nicht, gleich im Anfang ihrer Regierung diesen Punkt ins Auge zu fassen. Sie hätte um alles in der Welt in dieser Beziehung nichts ihrem genialen Rivalen Friedrich dem Grossen nachgeben wollen. Aber sie war freigebiger, verschwenderischer; sie belohnte die geleisteten Dienste königlicher und hatte daher auch einen grösseren Hof von Schmeichlern um sich. Ausserdem verstand sie es, ein gewisses Zartgefühl in ihre Freigebigkeit zu legen. Dem bedrängten Diderot kaufte sie seine Bibliothek ab und setzte ihn selbst zum Bibliothekar mit einem Jahresgehalt von 1000 Francs ein. Die Gastfreundschaft, die sie Grimm angedeihen liess, das Anerbieten, das sie d'Alembert machte, die in Frankreich bedrohte Enzyklopädie in Russland weiter zu veröffentlichen, sind schöne, vornehme Züge eines weitschauenden Geistes und grosszügigen Charakters. Aber auch ihnen fehlte nicht der Grundgedanke der Eitelkeit. Alle diese Menschen hatten in der öffentlichen Meinung eine Stimme. Sie verfehlten nicht, Katharina als die grosse Herrscherin des Ostens, die Vorkämpferin der Zivilisation in dem weiten russischen Reiche zu preisen. Sie aber liebte es ungemein, sich mit solchem Weihrauch zu umgeben. Sie besass das grösste Selbstbewusstsein ihres Ruhmes und wusste, wie man es machen musste, um ihn der Nachwelt zu überliefern. An Grimm, ihren eifrigsten Korrespondenten, schrieb sie einst: „Der Ruhm ist oft nur das Ergebnis eines Wortes, das gesät, einer Zeile, die hinzugefügt worden ist; die werden die Gelehrten suchen mit der Laterne in der Hand und werden mit der Nase darauf stossen und nichts davon begreifen, wenn es ihnen am Genie dazu fehlt. Ach, lieber Herr, ein Scheffel solchen Nachruhmes wiegt alle Rühmchen auf, von denen sie mir soviel vorreden.“ – Sie konnte sich nicht beklagen. Die grossen Männer, deren Bibliotheken oder Uhren sie kaufte, oder die sie mit Wohltaten überschüttete, bemühten sich redlich, den Ruhm der Semiramis des Nordens durch ein „gesätes“ Wort, eine „hinzugefügte Zeile“, in Scheffeln auf die Nachwelt übergehen zu lassen. Immer enger und fester schnürte sie auf diese Weise das Band, das sie mit den Freidenkern des Okzidents verknüpfte.

Katharina nannte sich die Schülerin Voltaires, seine grösste Bewunderin. Sie war es auch in gewisser Beziehung. Man darf jedoch nicht vergessen, dass Voltaire nie in ihrer Nähe gelebt hat! Er konnte sich nie entschliessen, nach Petersburg zu kommen, obgleich ihn die Kaiserin wiederholt dazu aufforderte. Und es war gut so.

Als Katharina zu dem Patriarchen von Fernay in geistige Beziehung trat, war sie 35 Jahre alt und erst seit anderthalb Jahren Kaiserin. Das gute Einvernehmen zwischen beiden erhielt sich bis zu Voltaires Tode, vierzehn Jahre lang, in ungetrübter Gleichmässigkeit. Katharina war eine unermüdliche Briefschreiberin. Die Fülle von Geist, Witz und scharfem Verstand, die Art, wie sie merkwürdige Erlebnisse zu schildern weiss, machen ihre Briefe zu den interessantesten und lesenswertesten Dokumenten, die je geschrieben wurden. Sie besitzt einen köstlichen Freimut, allen ihren Gedanken Ausdruck zu geben. Sie nimmt nie ein Blatt vor den Mund, nicht einmal gegen den hochverehrten Voltaire, den sie wie eine Art Macht behandelt, die Macht des geistigen Europas. Sie war sehr stolz, mit dieser Macht in Briefwechsel zu stehen.

Voltaire geizte nie mit Schmeicheleien für sie. Das war Weihrauch für Katharina, die gross genug war und seiner nicht bedurft hätte. Aber sie brauchte ihn. Es war ihr Bedürfnis, sich in die so betäubenden Wolken der Schmeichelei einzuhüllen. Sie wusste nicht, dass derselbe Voltaire, der ihr diesen Weihrauch streute, an seinen intimen Freund d'Alembert schrieb: „Ich bin ganz Ihrer Meinung, dass die Philosophie sich nicht oft solcher Schüler (wie Katharina) rühmen kann. Aber was wollen Sie, man muss seine Freunde mit ihren Fehlern lieben."

Katharina lernte viel von den Philosophen, mit denen sie in Berührung kam oder deren Schriften sie las. Aber sie bediente sich ihrer Ideen und Grundsätze auf ihre Weise. Sie nahm von der Philosophie gerade das, was ihr zu ihrem eigenen Nutzen dienlich sein konnte. So konnte sie getrost im Jahre 1789 sagen: „Ich schätze die Philosophie, weil mein Herz stets aufrichtig republikanisch war." Sobald sie jedoch den Thron bestieg, hörte sie auf, Republikanerin zu sein, obgleich sie während ihrer Regierung viele Reformen einführte und sich sogar liberal zeigte. Sie hatte wohl das

Gefühl für Freiheit und Menschenrechte, aber es war nur eben ein Gefühl. Sie war trotz allem Autokratin. Zweifellos befreite sie die Bauern in den geistlichen Kolonien, die sie zum Schaden der Klöster sekularisierte, auf Veranlassung einer Voltaireschen Denkschrift, die er ihr im Jahre 1767 sandte, und die als Motto trug: „Si populus dives rex."

Die Beweglichkeit ihres Geistes war so, dass sie alles kritisch betrachtete, auch die Philosophie. Die Zeiten waren vorüber, da sie Werke Voltaires lesen konnte. Die Herrscherin, die ihre Gesetzbücher selbst entwarf, die ihr eigener Minister, der Verwalter ihrer Gouvernements war, fand nicht mehr die Zeit, sich in die Werke ihres liebsten Philosophen zu vertiefen. Der Autor war zu fruchtbar in seinem Schaffen. Katharina beauftragte daher einen ihrer Sekretäre, jedes neue Werk Voltaires so mit Anmerkungen zu versehen, dass sie die vernünftigen und unvernünftigen Stellen sofort finden könne, wenn sie ihrer bedurfte. Das so zubereitete Buch lag auf dem Arbeitstisch der Kaiserin, aber nur selten kam sie dazu, darin zu blättern. Was sie von den Philosophen und besonders von Voltaire lernte, geschah nur durch ihren Briefwechsel, der ihr den höchsten Genuss bereitete. Sie sagte, es wäre ihr nicht möglich, einen Tag zu leben, ohne etwas geschrieben zu haben. Und sie gestattete sich, wie nie ein anderer Herrscher, den Luxus langatmiger Plauderei.

Einer, der nicht Katharinas Lobredner wurde, war d'Alembert, obgleich er einer der ersten Männer der Feder war, den die Kaiserin auszuzeichnen wünschte. Bereits im August 1762, wenige Wochen nach ihrer Thronbesteigung, liess sie an den berühmten Enzyklopädisten schreiben, er möge nach Petersburg kommen. Ein Jahresgehalt von 10 000 Rubel erwarte ihn mit der Erlaubnis, die Enzyklopädie, die in Frankreich verboten worden war, in Petersburg weiterzuführen. Als Gegendienst verlangte Katharina von d'Alembert nur, dass er den Grossfürsten Paul in der Mathematik unterrichte.

Aber weder Katharinas beginnende Grösse, noch die Pension, die sie verdoppelte, als sie seinen Widerstand sah, vermochten den Pariser Gelehrten zu locken. Er liebte seine Unabhängigkeit mehr als allen Glanz an einem grossen Hof. D'Alembert blieb in Paris. In Petersburg, sagte er zu seinen Freunden, stürben die Leute zu leicht an Kolik! Auch der Rang eines Gesandten, den Katharina ihm anbot, und ein prächtiges Haus, schienen ihm nicht der Mühe wert zu sein, seine Freiheit aufzugeben. Was aber schadete dieser eine! Katharina hatte ja einen ganzen Tross von Lobrednern hinter sich. Der eifrigsten einer war Diderot. Ihre gegenseitigen literarischen Beziehungen begannen ebenfalls gleich nach dem Regierungsantritt der Kaiserin. Sie wusste, dass sich der Gelehrte, der übrigens ein grosser Verschwender war, in Not befand und überdies durch das Druckverbot der Enzyklopädie von einem empfindlichen Schlage getroffen worden war. Katharina gedachte sogleich, die Gelegenheit zu benutzen und diesen bedeutenden Mann, der bereits 6 Bände des gewaltigen Werkes vollendet hatte und 50 Jahre alt war, an ihren Hof zu ziehen. Er war also kein armer Anfänger, wie es die Legende will. Die Unterhandlungen führten jedoch damals zu nichts. Diderot wollte sich und sein Werk nicht dem Unbekannten ausliefern. Russland war damals noch ein halb barbarisches Land, und der Thron, auf dem die neue Kaiserin sass, stand noch auf schwankenden Füssen.

Da Diderot schliesslich gezwungen war, seine Bibliothek zu verkaufen, um leben und arbeiten zu können, bot sich für Katharina bald eine gute Gelegenheit, sich edel und wohltätig zu zeigen. Und sie tat es auf wirklich feinsinnige Weise. Sie kaufte Diderot seine Bibliothek im Jahre 1765 für 15 000 Franken ab. Er durfte sie bis an sein Lebensende behalten. Katharina setzte ihn zu seinem eigenen Bibliothekar mit einer Pension von 1000 Franken im Jahr ein. Durch einen Zufall wurde es jedoch vergessen, dieses Gehalt ihm zwei Jahre lang auszuzahlen. Als er dann die Kaiserin auf Umwegen daran erinnerte, machte sie ihre Vergesslichkeit dadurch wieder gut, dass sie ihm die Pension auf 50 Jahre vorausbezahlte. Er erhielt also 50 000 Franken und hätte hundert Jahre alt werden müssen, um für dieses Geld zu arbeiten.

Diderot zahlte mit singendem Lob zurück. Nie hatte Katharina einen grösseren Bewunderer und Schmeichler als ihn. Damals schrieb er jenen begeisterten Brief, in welchem er sie mit einer Göttin vergleicht. Von diesem Augenblick an war er ihr eifrigster Diener. Und Katharina wusste ihn zu verwenden. Seine Kenntnisse in den Künsten waren ihr besonders von grossem Nutzen. Viele bedeutende und grosse Künstler und Gelehrte des alten Frankreichs sind auf Diderots Veranlassung hin nach Russland gegangen, um am Hofe Katharinas ihr Wissen und ihre Talente zu entfalten und der grossen Kaiserin zu dienen. Grimm, der bevorzugteste und vertrauteste von allen, verdankte seinen Aufenthalt in Petersburg eigentlich seinem Freunde Diderot, dem Kommissionär der russischen Kaiserin. Er war zu allem zu gebrauchen. Er kaufte wertvolle Bilder und Skulpturen für ihre Galerien, Münzen für ihre Sammlungen, wählte Schauspieler und Musiker für ihre Theater aus, kurz, sie gab ihm niemals vergebens einen Auftrag; er war stets bereit, ihr nützlich zu sein. Dafür geizte Katharina dann auch nicht mit Anerkennung und Geschenken.

Es war kein Wunder, dass die Philosophen diese Weltbeglückerin wie ein höheres Wesen verehrten. Ihre persönliche Liebenswürdigkeit, die vollständige Natürlichkeit im Verkehr mit den meisten ihrer Briefschreiber, ihr glänzender Geist und Witz, ihr köstlicher Spott über die Grossen der Welt, zu denen sie selbst gehörte, besonders aber ihre ungeheuren Aufmerksamkeiten gegen die führenden Geister, eroberten ihr im Sturme die Herzen aller grossen Denker. Diesen Männern erschien Katharina sogar in ihrer äusseren Politik als eine Iphigenie, die die Zivilisation nach Tauris brachte, als eine Vorkämpferin der Aufklärung.

An diesen deutschesten der Franzosen hatte sich, schon ehe Diderot den Glanz des russischen Hofes kennenlernte, der französischste Deutsche, Baron Grimm, angeschlossen. Gewissermassen infolge dieser Freundschaft war er der Vertrauteste unter den Vertrauten des geistigen Lebens Katharinas geworden. Mit keinem anderen wie mit Grimm gab sie sich so ungezwungen, so ganz menschlich. Ihr Briefwechsel mit ihm füllt zwei starke Bände und erstreckt sich auf einen Zeitraum von 20 Jahren. Wie viele Blätter und Briefe dieser interessanten Korrespondenz mögen jedoch in den geheimen Archiven von Petersburg begraben worden sein! Wieviel mag verlorengegangen sein, denn der Gedankenaustausch mit Grimm ward ihr zur unentbehrlichen Gewohnheit. Sie schrieb ihm, so oft sie konnte, in tagebuchartigen Blättern. Von Politik ist in diesen Briefen wenig die Rede. Erst später, vom Jahre 1787 an, werden politische Ereignisse des öftern erwähnt. Namentlich spielt dann die französische Revolution in diesen Meisterstücken der Briefschreibekunst Katharinas eine grosse Rolle.

Grimms Bekanntschaft machte Katharina durch seine literarischen Berichte, die „Correspondance littéraire“, die er an die meisten deutschen und an einige auswärtigen Höfe schickte. Die russische Kaiserin war seit dem Jahre 1764 eine seiner ersten Abonnentinnen, und zwar eine sehr freigebige, denn sie bezahlte dafür 1500 Rubel im Jahr, während Friedrich der Grosse gar nichts und der König Stanislaus von Polen nur 400 Franken bezahlte. Im Laufe der Zeit entpuppte sich der in allen literarischen und künstlerischen Fragen wohlunterrichtete Grimm als ein sehr brauchbares Faktotum Katharinas, wie er sich später selbst zu nennen pflegte. Die enge Freundschaft, die ihn mit ihr wirklich jahrelang verband, datiert jedoch erst vom Jahre 1773.

Um diese Zeit erschien Grimm im Gefolge der Grossen Landgräfin, deren Tochter den Grossfürsten Paul heiratete, am Hofe in Petersburg. Er machte Eindruck auf Katharina, aber sie hielt ihn damals noch nicht an ihrem Hofe zurück. Er selbst spürte nicht die Lust und das Verlangen, sich in Petersburg niederzulassen, denn er liebte Paris über alles. Aber er gedachte sich von dort aus ganz dem Dienste der russischen Kaiserin zu widmen, um so mehr, da sie ihm gestattet hatte, direkt an sie zu schreiben, eine Gunst, deren sich nur wenige Auserlesene erfreuten.

Für Katharina war Grimm sehr nützlich; sie legte den grössten Wert auf seine Freundschaft. Er war ihr Agent in Westeuropa. Er verwaltete für sie bedeutende Summen, kaufte Bilder und Kunstgegenstände, Karten, Bücher, Reisewerke für sie ein, zahlte manchem armen Künstler, Schriftsteller oder Royalisten die bestimmte Pension aus, und war der Zarin stets mit seinem Rate zur Hand. Ferner liebte Katharina ausserordentlich, brieflich zu plaudern. Mit niemand konnte sie das besser als mit Grimm. Für dieses verständnisvolle Eingehen auf ihre langen Briefe ist sie ihm unendlich dankbar und behauptet, niemand wäre imstande, so auf ihre Ideen einzugehen als Grimm. Weil sie ihn fast mit

Briefen bombardiert, gibt sie ihm den Namen „Souffre-douleur", wie jeder, der mit ihr in Berührung kommt, einen Spitznamen haben muss. Sie selbst nennt sich „schwatzsüchtig". „Wir sind Schwätzer", schreibt sie, oder: „Es ist nun einmal mein Beruf, zu kritzeln ... ich glaube, wir beide sind geschaffen, fortwährend die Feder in der Hand zu haben, um uns endlose Briefe zu schreiben." „Sie brauchen ja meine Briefe nicht zu lesen", empfiehlt sie ihm ein andermal. „Ich sage Ihnen, werfen Sie sie ins Feuer." Ueberhaupt liebt sie es, über ihren Briefwechsel zu scherzen. „Wenn Sie sich verheiraten", spottet sie, „so können Sie lange Zeit die Frau Liebste gratis mit Haarwickeln versehen, denn Sie brauchen nur diese schönen Briefe dazu zu verwenden." Und so durchzieht ein köstlicher Humor diesen ganzen Briefwechsel. Sie war glücklich, sich gegen Grimm ganz natürlich geben zu können, während sie sich mit Voltaire immer etwas zusammennehmen musste, weil sie in ihm den Beherrscher der Geisteswelt erblickte. In weit stärkerem Masse wie mit ihm witzelte sie mit Grimm über die Grossen der Welt. „Wissen Sie, warum ich den Besuch der Könige fürchte?" fragt sie ihn und gibt sofort die Antwort: „Weil sie gewöhnlich langweilige, fade Personen sind, und man sich mit ihnen steif und gerade halten muss. Auch berühmte Leute halten meine Natürlichkeit in Respekt. Ich will witzig sein, ‹comme quatre›. Und oft brauche ich diesen Witz ‹comme quatre›, sie anzuhören; und da ich zu schwätzen liebe, langweilt es mich, zu schweigen." Und Grimm selbst musste sich oft den grössten Spott gefallen lassen. Sie nennt ihn bisweilen „Du" oder gibt ihm die drolligsten Beinamen „Monsieur le hérétique", „George Dandin", „Monsieur le Freiherr", „Heraklit", „Monsieur le philosophe" und andere. Kurz, in diesen Briefen ist sprudelnder Humor und unverwüstliche Heiterkeit.

Als Grimm im Jahre 1776 zur Heirat Pauls nach Petersburg kam, war er persona grata. Katharina konnte stundenlang mit ihm schwatzen, und diese langen „Audienzen" erregten natürlich den Neid und die Aufmerksamkeit der fremden Diplomaten. Grimm war eine Persönlichkeit. Aber er missbrauchte seine bevorzugte Stellung nicht. Er nahm keinen der hohen Posten an, die ihm Katharina in Russland anbot.

Als er, nach einem Jahre Aufenthalt, im August 1777 aus Petersburg schied, setzte ihm die Kaiserin ein Jahresgehalt von 2000 Rubel aus. Später, als er in der Revolution einen grossen Teil seines Vermögens und Einkommens verlor, machte sie ihm verschiedene Geldgeschenke. Sie beliefen sich im ganzen auf 60 000 Rubel.

Nach dem zweiten Aufenthalt Grimms in Petersburg wurde seine Freundschaft zur Kaiserin noch vertrauter, ihr Briefwechsel noch lebhafter als zuvor. Sie hatten beide den grössten Gefallen aneinander gefunden. Vielleicht hätte Katharina aus ihrem Freunde einen Minister gemacht, aber Grimm wollte nur ihr „Faktotum" sein, ihr „Souffredouleur".

Es war kein Wunder, dass Grimm während der siebenundzwanzigjährigen Freundschaft mit einer solchen Frau ganz in ihr aufging. Katharinas Individualität war viel stärker als die seine. Sie absorbierte ihn schliesslich vollkommen. „Dieser Briefwechsel", schrieb er, als er ein alter Mann und dem Tode nahe war, „ist die einzige Wohltat, der einzige Schmuck meines Lebens geworden, die Hauptstütze meines Glücks und dermassen wesentlich zu meinem Leben, dass mir das Atmen weniger zu seiner Erhaltung scheinen würde ... Ich war dazu gelangt, mir fern von ihr (Katharina) eine Art Religion zu schaffen, die nur sie und den Kultus zum Gegenstand hatte, mit dem ich sie umgab. Der Gedanke an sie war mir so zur Gewohnheit geworden, dass er mich weder am Tage noch des Nachts verliess und alle meine Ideen sich darauf konzentrierten ... Ob ich spazieren ging, ob ich reiste, mich irgendwo aufhielt, ob ich sass, lag oder stand – mein Dasein war vollkommen mit dem ihrigen verschmolzen." Und schliesslich kam er so weit, dass er überhaupt nur noch für sie lebte und dachte. Kurz vor ihrem Tode ernannte ihn Katharina noch zum russischen Ministerresidenten in Hamburg, und Paul I. bestätigte den Freund der Mutter in diesem Amte.

Grimm verdiente das Wort „Freund" im wahren Sinne. Nie hatte Katharina einen treueren, ergebeneren und ehrlicheren Ratgeber und Diener. Sie brauchte nie eine Indiskretion und Ungeschicklichkeit bei ihm zu befürchten; er war beinahe der einzige unter ihren Bewunderern und

Freunden, der die hohe Gunst, mit der sie ihn auszeichnete, nicht missbrauchte. Ihr Tod riss eine grosse Lücke in sein Leben. Obwohl er sechs Jahre älter war als Katharina, überlebte er sie noch elf Jahre und starb als 84jähriger Greis in Gotha.

*

Das Privatleben Katharinas ist im allgemeinen in den krassesten Farben geschildert worden. Man stellt sich die Kaiserin vor, als habe sie täglich Orgien mitten unter leichtfertigen, zynischen Frauen und Männern gefeiert. Die Schlösser von Petersburg, Zarskoje-Selo, Oranienbaum und besonders die Eremitage werden als Brutstätten der Roheit und sittlichen Verderbnis hingestellt, und Katharina geht allen mit dem schändlichsten Beispiel voraus.

Betrachtet man jedoch das Leben dieser in allen Dingen und in jeder Hinsicht aussergewöhnlichen Frau etwas genauer, so erscheint es uns in einem nicht so unmoralischen Lichte, wie es Legende, Verleumdung, Klatsch und Prahlsucht uns überliefert haben. Das harmonische Gleichgewicht in ihren Charaktereigenschaften und Lebensgewohnheiten, die genaue Regelung ihrer ungeheuren Arbeitstätigkeit, ihrer Zerstreuungen und Vergnügen stehen allerdings im Widerspruch mit ihrem intimen Leben, aber sie werfen auch gleichzeitig einen Schleier der Nachsicht über das Genie, das glaubte, sich mehr gestatten zu können als eine andere ihres Geschlechts. Katharina war wohl ausschweifend, oft schlüpfrig, unersättlich in der Liebe wie im Ehrgeiz. Aber sowohl ihre sinnlichen Genüsse wie ihre ehrgeizigen Pläne wusste sie in gewisse Regeln zu lenken, die sie fast nie überschritt. Sie verlor sich weder in dem einen noch im andern. Ihre Günstlinge haben in ihrem Leben und in ihren Schlössern einen ungeheuren Platz eingenommen, sie hatten auf das wirtschaftliche, politische und moralische Leben des Staates einen verderblichen Einfluss, aber Katharina wusste sich stets und in allen Lagen ihre Stellung sowohl als Herrscherin als auch als Frau zu bewahren. Sie war die Seele ihres Hauses, ihrer Familie, ihres Hofes, ihres geselligen Kreises. So prunkvoll und luxuriös alles nach aussen hin war, so einfach waren ihre Gewohnheiten im Privatleben. Es war ihr sehr lästig, viel Dienerschaft um sich zu haben. Zwei, drei, auf die sie wirklich zählen konnte, genügten ihr. Am liebsten tat sie alles selbst, weil sie, die rastlos Tätige, damit weniger Zeit verlor, als wenn sie erst um alles bitten musste. Alle ihre Untergebenen behandelte sie mit der grössten Höflichkeit. Nie befahl sie, immer bat sie selbst den geringsten ihrer Lakaien, wenn er etwas für sie tun sollte. Stets stand das Wort „bitte“ vor ihren Wünschen und Anordnungen. Da sie ein sehr heftiger Charakter war, geschah es mitunter, dass sie unwillig wurde, wenn man sie beim Schreiben oder bei einer anderen Arbeit störte. Es entfuhr ihr dann vielleicht ein hartes Wort. Im nächsten Moment tat es ihr schon leid, und sie suchte ihr Unrecht, das oft keines war, durch das Bekenntnis ihrer Heftigkeit wieder gutzumachen. “Werde ich es wohl dahin bringen, dass man mich nicht fürchtet?“ sagte sie in Hinsicht auf ihre Dienstboten. Oft ging ihre Nachsicht zu weit, und ein Undankbarer missbrauchte ihre Güte, aber im allgemeinen liebte und verehrte man sie unter ihrer Dienerschaft und ging für sie durchs Feuer.

Katharinas Tagewerk begann in früher Stunde. Gewöhnlich stand sie um sechs Uhr morgens auf. In früheren Zeiten trieb sie die Rücksicht auf ihre Umgebung so weit, dass sie sich selbst das Feuer im Kamin anzündete, Kerzen ansteckte, um die müden Diener zu so früher Stunde nicht zu wecken. In späteren Jahren änderte sich das, nicht aber, weil Ihre Majestät diese kleinen häuslichen Arbeiten als ihrer unwürdig befunden hätte, nein, weil ihre Zeit zu kostbar war. Aus diesem Grunde hatte sie auch nur ein kleines Lever eingeführt, das erst gegen 1 Uhr mittags stattfand. An ihm nahmen nur wenige Freunde und einige hohe Würdenträger teil. Inzwischen arbeitete sie von sechs Uhr an teils allein, teils mit ihren Sekretären, empfing Minister, Generale und Diplomaten, Gelehrte und Künstler und fand auch noch Zeit, dem jeweiligen Günstling eine Stunde zu widmen.

Ehe sich Katharina zur Arbeit setzte, trank sie einige Tassen sehr starken Kaffee, den niemand anders vertragen konnte als sie. Ihr Koch verwendete dazu ein Pfund Kaffee auf fünf Tassen, und selten liess sie eine davon stehen. Jeder andere hätte von diesem konzentrierten Gift

Herzbeschwerden bekommen; Katharina aber brauchte es zu ihrer Gesundheit.

Bis neun Uhr blieb die Kaiserin allein in ihrem Kabinett, ganz in ihre Korrespondenz vertieft oder mit Lektüre und anderen Arbeiten beschäftigt. Wir wissen, sie war eine grosse Briefschreiberin. Wenn sie auch die meisten Briefe von ihren Sekretären, deren sie immer drei bis vier beschäftigte, schreiben liess, so blieben ihr doch noch genug, die sie eigenhändig verfasste. Während der Arbeit schnupfte Katharina beständig, auch in jungen Jahren. Es galt damals durchaus nicht für unweiblich oder ungraziös, wenn eine junge hübsche Frau eine Prise nahm.

Sobald es neun schlug, stand die Kaiserin von ihrem Arbeitstische auf und begab sich wieder in ihr Schlafzimmer. Hier empfing sie die hohen Staatsbeamten, die ihre Rapporte abstatten, Generale und Minister, die irgendeine Audienz erbeten haben, sowie ihren Geheimsekretär, dem sie ihre Aufträge erteilte. Er war der erste, der von ihr gerufen wurde. Katharina reichte ihm freundlich die Hand, die er ehrerbietig küsste. Auf ihre Aufforderung „Setzen Sie sich“, nahm er an einem Tische Platz, um ihre Befehle zu erwarten. Er wurde oft in seiner Arbeit unterbrochen, und die Kaiserin musste dann in ihren Anordnungen innehalten, denn jeden Augenblick wurden Minister, hohe Beamte und Offiziere gemeldet, die sie alle mit grosser Liebenswürdigkeit und Würde empfing.

Sobald Katharina mit ihrer Toilette fertig war, begab sie sich ins offizielle Ankleidezimmer, um ihre „Lever“ abzuhalten, währenddem ihre vier Kammerfrauen vor einem prachtvollen Spiegeltisch aus massivem Gold noch kleine Handreichungen leisteten. Das Becken, in dem sie sich die Finger netzte, die Schale, in welcher eine Kammerfrau die Nadeln fürs Haar reichte, waren ebenfalls aus purem Golde. Inzwischen hatte sich das nicht sehr grosse Zimmer mit den Höflingen angefüllt, die die Ehre hatten, an dem Lever der grossen Herrscherin teilzunehmen. Sie ist ganz natürlich, lebhaft, liebenswürdig, geistreich, witzig. Sie sieht frisch aus, und ihre klugen grauen Augen wandern von einem Besucher zum andern.

Um ein Uhr, später um zwei Uhr, hielt Katharina Tafel. Nur wenige Personen hatten die Ehre, mit der Kaiserin zu speisen. Der Günstling sass stets an ihrer rechten Seite. In früheren Jahren wurden die vertraute Freundin der Kaiserin, die Fürstin Katharina Romanowna Daschkoff, die Gräfin Bruce, ihre Ehrendame, die Nichte Patiomkins, Gräfin Branicka, die beiden Brüder Narischkin, der Feldmarschall Fürst Galitzin, Fürst Patiomkin, Graf Tschernitscheff, Graf Stroganoff, Fürst Bariatinski, die Orloffs, Graf Rasumowski zu Katharinas Tafel hinzugezogen. Später schieden einige dieser Personen aus und wurden durch andere ersetzt. Das Ehrenfräulein Protassof, Vizeadmiral Ribas, der Erzieher des jungen Bobrinski, Katharinas und Orloffs Sohn, und andere kamen hinzu.

Nach der Tafel plauderte man noch ein wenig. Darauf verabschiedete die Kaiserin ihre kleine Gesellschaft und zog sich mit einer Handarbeit in ihr Boudoir zurück. Wie eine kleine Bürgersfrau liebte sie es sehr, ein wenig zu sticken, zu nähen oder zu knüpfen. In diesen Stunden der Ruhe, die jedoch ebenfalls durch alle möglichen Geschäfte unterbrochen wurden, denn einer oder der andere ihrer Sekretäre war immer um sie beschäftigt, liess sie oft einige Kinder, später waren es ihre Enkelkinder, zu sich kommen, mit denen sie in den Zwischenpausen der Geschäfte oder jeweiligen Unterhaltungen spielte. Sie, die für ihren eigenen Sohn Paul nichts übrig hatte, war ausserordentlich kinderliebend. Einige ihrer kleinen Lieblinge, wie den jungen Markoff und den Sohn des Admirals Ribeaupierre, erzog sie vollständig an ihrem Hofe. Die Kinder des Fürsten Galitzin, vier kleine Neffen Patiomkins, der Sohn des Grafen Nikolai Saltikoff, der kleine Graf Valentin Esterhazy, ein Kind des Grafen Schuwaloff, alle durften sie in den Gemächern Katharinas spielen, und sie selbst war das grösste Kind unter ihnen. Als sie noch jünger war, waren es wilde, tolle Spiele, die sich meist am Fussboden abspielten, und Kinder wie Kaiserin, Gregor Orloff und Zachar Tschernitscheff in die vergnügteste Laune versetzten. Später, als es Katharinas Körperfülle nicht mehr erlaubte, sich mit den Kleinen auf den Teppichen zu wälzen, schnitt sie ihnen Puppen aus, verfertigte allerhand drolliges Spielzeug aus Karton und Papier, zeichnete ihnen Karrikaturen, erzählte ihnen die herrlichsten

Märchen oder die lustigsten Geschichten, und das fröhliche Kinderlachen um sie herum nahm kein Ende. Es tat ihr wohl. Sie liebte die Heiterkeit, die Jugend, alles Natürliche.

Neben den Kindern waren es die Tiere, die sich Katharinas besonderer Sorgfalt erfreuten. Sie hatte stets eine zahlreiche Hundefamilie um sich, und die berühmte „Familie Anderson" spielt in ihren Briefen an Grimm und andere eine nicht geringe Rolle.

Bis vier Uhr blieb Katharina gewöhnlich in ihrem Salon, teils mit einer Arbeit, teils mit den Kindern beschäftigt. Dann begab sie sich bis sechs Uhr mit dem Günstling in die Eremitage, ihrem Lieblingsaufenthalt. Dort hatte sie alles nach ihrem Geschmack eingerichtet. Sie hatte die Etikette ganz aus diesen wohnlichen, künstlerischen Räumen verbannt. Hier durfte man Mensch sein. Katharina selbst fühlte ein grosses Bedürfnis nach diesem freien Menschentum, nach dieser ganzen Natürlichkeit und Ungezwungenheit, die bei ihr oft in Derbheit überging.

Die „Eremitage" nahm einen ganzen Flügel des Petersburger Schlosses ein. Den grössten Teil bildete die sehr wertvolle und reiche Bildergalerie und die unschätzbaren Sammlungen von Kunstgegenständen und Büchern, die Katharina mit grossem Geschmack hier vereinigt hatte. Ferner waren zwei grosse Spielsäle und ein Speisesaal vorhanden, wo man an zwei nicht zu grossen Tischen in engster Vertrautheit speiste. Neben diesen Räumen lag ein herrlicher Wintergarten mit den seltensten Pflanzen und Blumen. Man wandelte unter tropischen Bäumen und exotischen Gewächsen wie in einem Feenreich. Buntgefiederte, reizende Vögel sangen ihre süssen Liebeslieder, und abends wurden diese bezaubernden Räume in ein magisches Licht gehüllt.

Am angenehmsten war aber die unumschränkte Freiheit, die in diesen intimen Gemächern Katharinas herrschte. Ein mächtiges Schild am Eingange des Tuskulums schrieb dem Eintretenden den Ton vor, der hier gebräuchlich war. „Es ist verboten", heisst es da, „sich zu erheben, wenn die Kaiserin erscheint, selbst wenn man sitzt und sie auf sich zukommen sieht, oder wenn sie wünscht, die Unterhaltung stehend weiterzuführen.

Ferner ist es verboten, schlechte Laune mitzubringen, beleidigende Worte zu wechseln, von jemandem Schlechtes zu sprechen, sich irgendwelcher Streitigkeiten oder Gehässigkeiten zu erinnern, die man mit einem Anwesenden ausserhalb der Eremitage eventuell haben könnte; man soll sie mit seinem Hut und seinem Stock vor der Tür lassen. Es darf auch weder gelogen noch gefaselt werden.“ Jeder, der diesen Vorschriften zuwiderhandelte, musste 10 Kopeken Strafe in die aufgestellte Büchse werfen. Der Ertrag – und er war nicht gering – war für die Armen bestimmt. Bezborodko war der Kassierer. Der Abend endigte meist mit einer Partie Whist oder Robber. Und da geschah es nicht selten, dass der eine oder der andere Beteiligte seine Karten wütend auf den Tisch warf, weil er meinte, die Kaiserin spiele zu seinem Nachteil. Das geschah sogar auch bisweilen während der offiziellen Spielabende vor versammeltem Hofe. Der Kammerherr Tscherthoff geriet jedesmal in hellen Zorn, wenn die Kaiserin mit ihm spielte. Eines Abends stand er brüsk vom Spieltisch auf, warf der Kaiserin die Karten vor die Füsse und behauptete, sie spiele falsch. Katharina war durchaus nicht beleidigt, sondern verteidigte sich und nahm die Mitspielenden als Zeugen.

Ganz anders verbrachte sie die Stunden, wenn sie nachmittags mit dem Günstling dort verweilte. In seiner Gesellschaft, besonders zur Zeit Lanskois und Patiomkins, gab es entweder neue Kunstsammlungen zu besehen oder ihre Anordnungen zu bestimmen, oder auch eine Partie Billard mit dem Bevorzugten zu spielen. Das waren für Katharina die liebsten Stunden des Tages. Aber punkt sechs Uhr wurde sie aus diesem beinahe bürgerlichen Leben herausgerissen. Es begann die Zeit des Diners und des öffentlichen Empfanges.

Von neuem begab sich die Kaiserin in ihre inneren Gemächer, um ein wenig ihre Kleider zu ordnen, denn sie zog sich abends nie um, nur bei besonderen Gelegenheiten. Dann legte sie die Hoftoilette an, gewöhnlich ein dunkelrotes Plüschkleid nach russischer Mode. Ihr üppiges Haar schmückte eine Diamantenkrone. Und nie stand eine Krone einem Haupte besser, als Katharinas klugem, majestätischem Kopfe. Aber es war auch, als wenn sie mit den offiziellen Kleidern ein ganz anderer Mensch würde. Sobald sie die Handschuhe angezogen hatte und in den Empfangssälen erschien, war sie nicht mehr die heitere Frau, die soviele menschliche Schwächen hatte, sondern nur noch die Herrscherin, majestätisch und würdig, huldvoll und gütig. Sie ging langsam, mit kleinen gemessenen Schritten durch die Reihen der sich vor ihr bis zur Erde neigenden Höflinge, grüsste nach allen Seiten mit einer leichten, anmutigen Verbeugung des Kopfes, richtete an diesen oder jenen ein paar verbindliche Worte, oder reichte einem Fremden, der ihr auf dem Wege zu ihren Spieltischen vorgestellt wurde, die Hand zum Kusse. Beim Spiel war sie wieder ganz menschlich, scherzte oft und lachte über ein geistreiches oder auch nur schlagfertiges Wort der Gesellschaft. Punkt zehn Uhr aber zog sie sich zurück. Der Günstling verbeugte sich vor ihr, reichte ihr den Arm und begleitete sie allein in ihr Zimmer. Er erschien nicht wieder. Der ganze Hof, ihr Sohn, ihre Enkelkinder waren auf diese Weise Zeuge ihres intimen Lebens. In diesem Augenblick war sie für sie nicht mehr die Kaiserin, die Mutter, die Grossmutter, sondern nur Frau. Von ihren Enkeln wurde sie heiss geliebt. Mit der ängstlichsten Sorgfalt wachte sie über ihr moralisches Leben, so frei und frivol sie in ihrem eigenen Leben sein konnte. Vom ersten Tage an beobachtete sie die körperliche und geistige Entwicklung der Kinder, und entzückt berichtete sie in ihren Briefen an die Freunde alles Neue von den kindlichen Einfällen, den besonderen Charakterzügen und Anlagen, der Kraft und Gesundheit der kleinen Grossfürsten.

Katharina hielt in ihrer engeren Familie streng auf Moral. Sie selbst dachte ja auch nicht, dass sie durch ihren Lebenswandel ihren Kindern und Kindeskindern ein schlechtes Beispiel gab. Es erschien ihr alles, was sie tat, natürlich, und deshalb machte sie auch kein Hehl daraus. Katharinas Unsitten waren weniger die ihres Herzens, als die ihrer Zeit und der ausserordentlichen Umstände, infolge deren diese ehrgeizige, ruhmsüchtige, eitle, aber schwache Frau auf den mächtigsten Thron gelangte.

Die letzten zehn Jahre der Regierung Katharinas setzten ihrem Ruhm und ihrer Macht die Krone auf. Nachdem ihr grosser Partner Friedrich der

Grosse gestorben war, regierte ihr Genie allein über Europa. Sie zog den politischen Faden, der sich in ihrer Hand befand, nach Willkür an. Die gekrönten Häupter, die miteinander im Streite lagen, wählten die russische Kaiserin zur Schiedsrichterin und liessen von ihr die Interessen ihrer Staaten regeln. Ihr unermessliches Reich, die unerschöpflichen Hilfsquellen, über die sie verfügte, der glänzende Hof, der sie umgab, der barbarische Prachtaufwand ihrer Höflinge, das fabelhafte Glück, das sich an alle ihre Unternehmungen heftete, und die Riesenpläne, die ihr unersättlicher Ehrgeiz entwickelte, erfüllten die ganze Welt mit Bewunderung und Erstaunen.

Und doch war nicht alles so glänzend im Innern des Reiches, wie es in den Augen der Aussenwelt erschien. Russland war in seinem Innersten verfault und verdorben. Unter dem Schutze des Günstlings der Kaiserin teilten sich ein paar Dutzend Grandseigneure in das Reich, plünderten die Staatskassen und -einkünfte, und bedrückten auf alle Weise das arme russische Volk. Katharina war nicht mehr die junge, kräftige Herrscherin, sondern eine alternde Frau, die sich ganz von der Leidenschaft zu einem jungen, von ihr vergötterten Manne leiten liess. In seine Hände hatte sie das Wohl ihres Staates gelegt. Und dieser junge, willkürliche Herrscher hiess Plato Zubow.

Mit sechzig Jahren sprachen noch einmal Katharinas ewig junges Herz und ihre unersättlichen Sinne. Und der in der Liebe so leichtgläubigen Frau fiel es sogar nicht schwer, sich einen neuen Liebesfrühling vorzuzaubern. Der 22jährige Zubow wusste nämlich noch besser Komödie zu spielen wie seine Vorgänger. Er nahm die Sentimentalität zu Hilfe, um den Weg zum Herzen Katharinas zu finden.

Aber dieser liebenswürdige junge Mann entpuppte sich bald als ein ehrgeiziger, tyrannischer, unersättlicher Gebieter für den ganzen Staat. Er riss allen Einfluss, alle Aemter und Würden an sich, und stopfte sich und seiner Familie mit Katharinas Gold die Taschen voll. Seine Liebenswürdigkeit erstreckte sich nur auf die Person der Kaiserin, der er zu schmeicheln wusste. Alle anderen Menschen behandelte er wie Geschöpfe einer niederen Gattung. Dabei war er selbst der grösste

Ignorant in allen Staatsgeschäften und gab sich nicht die geringste Mühe, etwas zu lernen. Seine Politik, seine Führung der Geschäfte und nicht zum wenigsten sein sybaritischer Luxus wirkten geradezu verheerend auf den russischen Staat und liessen nichts als leere Kassen zurück. Zubows verderblicher Einfluss machte sich noch viel bemerkbarer, als der immerhin gefürchtete Rivale Patiomkin gestorben war. In „sieben" Herrscherjahren gelangte Zubow zu allen Ehren und Auszeichnungen, wozu Patiomkin zwanzig Jahre wirklichen Verdienstes gebraucht hatte. Zubow wurde Fürst, „Generalgouverneur des neuen Russland", Grossmeister der Artillerie und erhielt alle russischen und ausländischen Orden, die sein Vorgänger gehabt, sogar den schwarzen und roten Adlerorden. Im Jahre 1795 schrieb Graf Rastopschin an Simon Woronzoff: „Der Graf Zubow ist hier alles. Es gibt keinen anderen Willen als den seinigen. Seine Macht ist grösser als die des Fürsten Patiomkin von einst. Er ist ebenso nachlässig und unfähig wie ehedem, obgleich die Kaiserin allen und jedem wiederholt, er sei das grösste Genie, das Russland je hervorgebracht habe."

Katharina sah nicht oder wollte es nicht sehen, dass durch Zubows Hände Millionen flossen und das Innere ihres Staates zerrüttet wurde. Die Liebe und Leidenschaft machte sie vollkommen blind gegen diesen jungen Menschen. Der ganze Hof kannte die grosse Schwäche Katharinas für Zubow. Um ihr angenehm zu sein, schmeichelte man dem Günstling in der übertriebensten Weise. Alte Generale und Minister, die im Dienst Ihrer Majestät ergraut waren, füllten die Vorzimmer des jungen Mannes und warfen sich vor diesem Idol, das der weitsehende Blick der Herrin als Genie aufgefunden hatte, wie vor einem Götzen im Staube nieder. Im Innersten ihres Herzens aber verwünschten, hassten und verachteten sie ihn. Er war zu arrogant. Einst gefiel es ihm, mit seinem Gefolge auf der Strasse, die von Petersburg nach Zarskoje-Selo führt, einen Hasen zu jagen. Um dieses Ziel zu erreichen, hielt Zubow eine Stunde lang mit seinen Wagen, Begleitern und Hunden die Strasse gesperrt, ohne sich im geringsten darum zu kümmern, dass dadurch die Höflinge der Kaiserin, die sich in ihren Equipagen an den Hof begaben, die Post, die Kuriere, die

Bauern, die zur Stadt wollten, aufgehalten wurden und ihre Geschäfte versäumten. Niemand wagte, seinen Weg fortzusetzen, um die Jagd des mächtigen Zubow nicht zu stören. Katharina sah das alles nicht. Sie liebte ihn und wähnte sich von ihm geliebt. Sie war glücklich.

Ueberblickt man das Leben der Kaiserin, so muss man feststellen, dass Katharina als Frau und als Herrscherin auf eine aussergewöhnliche Reihe von Erfolgen zurückblicken konnte. Und doch hatte sie manche Enttäuschungen erlebt, wenn sie es auch nicht zugeben wollte. Wie hätte eine so kluge Frau, ein so grosses Genie nicht bemerken sollen, dass es ihr besonders in den letzten Jahren an fähigen Feldherren, getreuen und gewissenhaften Verwaltern fehlte, dass sich infolge des zunehmenden Luxus und der ungeheuren Verschwendung Zubows und seiner Kreaturen, aber auch infolge ihrer eigenen grenzenlosen Verschwendungssucht ein grosser Geldmangel bemerkbar machte, dass die Zerrüttung der Verwaltung und Finanzen, sowie die Armut des Volkes nicht im richtigen Verhältnis zu ihrem glänzenden Hofe stand? Es gab für Katharina Momente der Abspannung. Das Gelingen ihrer Unternehmungen war ihr unentbehrlich; jeder Misserfolg traf sie um so schwerer. Dann klagte sie gegen die ihr Nahestehenden, aber nie kam ein Wort des Vorwurfs oder der Sorge gegen Zubow über ihre Lippen. Ihm verschwieg sie ihren Kummer. Für ihn musste sie fröhlich und heiter sein, um ihm zu gefallen.

Ein Zeichen ihres Alters war es auch, dass sie, die sonst Klarsehende, sich einem Quacksalber, einem Abenteurer, dem berüchtigten Lambro Cazzioni, in die Hände gab. Er hatte ihr eingeredet, er könne ihre offenen Aderbeine heilen, wenn sie täglich eiskalte Seewasserfussbäder nehme. Um seiner Heilmethode mehr Gewicht zu verleihen, holte er das Wasser dazu selbst aus dem Meere herbei. Anfangs bekam ihr die Kur nicht schlecht, und sie spottete mit Lambro über die Aerzte und ihre Heilmethoden. Bald jedoch stellten sich Blutstauungen und Koliken bei ihr ein, und sie musste mit den Bädern aufhören. Von Tag zu Tag wechselte ihr Befinden; einmal war es gut, einmal schlecht. Manche Tage konnte sie sich nur mit grösster Mühe von der Stelle bewegen; sie hing am

Arme Zubows und wurde von einem Diener oder einer Kammerfrau noch gestützt. Dann kamen wieder Tage des völligen Wohlbefindens. Am 5. November 1796 hatte sie einen besonders guten Tag. Es war kleine Eremitage, und Katharina lachte fröhlicher denn je. Leo Narischkin hatte sich als Trödler verkleidet und feilschte mit der Kaiserin um allerhand Kram und Spielsachen, die er aus seinen unerschöpflichen Taschen hervorbrachte. Solche Scherze liebte Katharina ausserordentlich. Sie war äusserst gut aufgelegt an jenem Abend, denn sie hatte die gute Nachricht erhalten, dass der General Moreau gezwungen worden war, über den Rhein zurückzugehen. Sie setzte auch gleich ein scherzhaftes Schreiben an den österreichischen Gesandten Cobenzl auf, worin es hiess: „Je m'empresse d'annoncer à l'excellente Excellence que les excellentes troupes de l'excellente cour ont complètement battu les Français." Plötzlich jedoch zog sie sich etwas früher als gewöhnlich mit Zubow zurück, und zwar mit der bezeichnenden Bemerkung, sie habe Leibschmerzen, weil sie zu viel gelacht habe.

Am nächsten Morgen erhob sich Katharina zur gewohnten Stunde um 6 Uhr. Sie liess Zubow zu sich rufen, arbeitete mit ihren Sekretären und erledigte verschiedene Geschäfte. Dann drückte sie den Wunsch aus, einen Augenblick allein zu bleiben, bis sie ihren Geheimsekretär rufen werde. Dieser wartete einstweilen im Vorzimmer. Es verging jedoch eine geraume Zeit, ohne dass die Kaiserin wieder etwas von sich hören liess. Man wurde unruhig, lauschte an den Türen; nichts regte sich in den Gemächern Katharinas. Aber weder der Sekretär noch die andern Personen ihrer Umgebung wagten, ihrem Befehl zuwiderzuhandeln und in ihre Zimmer einzudringen, wenn sie allein bleiben wollte. Als sie jedoch noch eine gewisse Zeit gewartet hatten, wagte es endlich der Kammerdiener Zotoff, ihr Schlafzimmer zu öffnen. Die Kaiserin war nicht darin, auch nicht in ihrem Ankleidezimmer. Zotoff ging weiter – plötzlich stiess er einen gellenden Schrei aus – die Kaiserin lag in einem Gang, der nach ihrer Toilette führte, bewusstlos am Boden, mit Schaum vor dem Munde.

Man brachte die bewusstlose Kaiserin sofort in ihr Schlafzimmer. Da sie jedoch sehr schwer war, vermochte man sie nicht aufs Bett zu heben, sondern legte sie auf eine in der Eile herbeigeschaffte Matratze zu ebener Erde. Alles war in heftigster Bestürzung. Die Aerzte erklärten, es sei keine Hoffnung mehr, ein Schlaganfall habe Katharina überrascht. Der Todeskampf währte indes noch 37 Stunden, ohne dass sie die Sprache wiedererlangte. Man meinte, für Paul sei das ein Glück gewesen, denn sie würde ihm den Thron entzogen haben.

Eine reichangelegte Natur, vom Schicksal wie keine andere begünstigt, ein mit allen Vorzügen und Fehlern begabtes Genie schied mit Katharina II. aus der Welt und liess ihre engere Umgebung in der grössten Fassungslosigkeit zurück. Am meisten litt Zubow unter dem Ereignis. Der Tod Katharinas stürzte ihn in ein Nichts zurück, denn von Pauls Regierung hatte er nichts zu hoffen. Zubow hatte nicht allein den Grossfürsten mit der grössten Verachtung und Arroganz behandelt, sondern Paul liebte überhaupt seine Mutter und ihre Umgebung nicht. Es genügte, mit seiner Mutter auf gutem Fusse gelebt zu haben, um ihn sich zum ewigen Feind zu machen. Zubow sah alles vor sich in Trümmer fallen. Er weinte heisse Tränen, nicht um den Verlust der Geliebten, sondern um den der Wohltäterin, der mächtigen Beschützerin, der Spenderin all seines Glücks und Reichtums. Zehn Tage lang schloss er sich bei seiner Schwester, der Gräfin Jerebzoff, ein, empfing niemand, ging nicht aus, wollte mit keinem Menschen sprechen. Mit Bangen sah er seinem Schicksal entgegen, das in des neuen Kaisers Händen lag. Nie hatte er Paul geliebt und geehrt. Jetzt fürchtete er dessen Rache. Alle seine Schmeichler hatten den einst so mächtigen Günstling verlassen. Man hasste ihn, man brauchte ihn nicht mehr; er war eine abgetane Grösse. Die Kaiserin lag noch auf dem Paradebett des Todes, und schon richteten sich alle Blicke auf den neuen Zaren, und alle bemühten sich, ihm angenehm zu sein.

# Viertes Kapitel
# Lady Hamilton

*Lady Hamilton; Gemälde von George Romney*

Wenn man die Sitten des englischen Hochadels im 18. Jahrhundert kennt, kommt einem der fast märchenhafte Aufstieg eines armen Mädchens aus den niedersten Schichten des Volkes, wie ihn Emma Lyon, spätere Lady Hamilton, erlebte, nicht mehr ganz so unglaublich vor, als es ohne Kenntnis der Zeit den Anschein haben könnte. Ausserdem gibt es Frauen, die Virtuosinnen des Lebens sind. Sie schenken und nehmen Genüsse und Glück durch den Reichtum ihres Wesens, ihrer Gaben und Talente oder ihrer Schönheit. Sie tauchen unter im Strudel des Lebens, ohne in ihrem Innern vom Schmutz berührt zu werden. Sie verkaufen vielleicht ihren Körper, nicht aber ihre Seele. Mit liebenswürdigem Leichtsinn überspringen sie alle Gesetze der bürgerlichen Moral; ihr Leben ist aufgelöst in Skandalaffären; sie sinken und steigen mit dem Mann und seiner Umgebung. Ihr Geschick, ihr Instinkt, ihre Anpassungsfähigkeit an alle Lebenslagen und Verhältnisse, und die Macht ihrer ausserordentlichen Schönheit öffnen ihnen alle Tore. Die Gesellschaft duldet und übersieht im Leben solcher Frauen Dinge, die sie bei anderen scharf kritisiert und verachtet. Unter vielen derartigen Frauen hat Lady Hamilton Aufsehen erregt. Und obwohl ihr Emporkommen durch die freieren Sitten einer toleranten Gesellschaft sehr erleichtert wurde, war sie eine der ausserordentlichsten Erscheinungen ihres Jahrhunderts. Ihr Leben bestand aus einer Kette von Abenteuern. Es werden ihr Glück, Ehren und Reichtum, eine angesehene Stellung in der Welt zuteil, und schliesslich endet ihr reiches Leben in Armut. Ein Schicksal, wie es im 18. Jahrhundert nicht selten war.

Als Tochter armer Eltern lernte sie früh Not und Elend kennen. Sie wurde in der Welt herumgeworfen. Anfangs Kindermädchen, dann Kellnerin in Matrosenkneipen, schliesslich „Gesellschaftsdame“ in berüchtigten Vergnügungslokalen und Modell. Manche Künstler, die sie gemalt haben, wie Romney, sind durch ihre Schönheit berühmt geworden. Sie stellte ihnen für ihre Bilder nicht nur ihr schönes Gesicht und ihren herrlichen Körper zur Verfügung, sondern auch ihre hervorragende mimische Kunst. Alles, was der Maler von ihr verlangte, vermochte sie darzustellen: eine Bacchantin, eine Kalypso, eine Circe, eine Spinnerin, eine Kassandra, eine Magdalena, eine Heilige Cecilie, eine Pythia. Kein Gefühl war dem Ausdruck ihrer Züge fremd. Romneys Biograph sagt: „Die Natur beschenkte die schöne Emma mit den bezauberndsten Talenten für die beiden befreundeten Künste: die Musik und die Malerei. In der Musik erwarb sie sich grosse Fertigkeit und Gewandtheit. Für die Malerei bewies sie einen so ausgesuchten Geschmack und eine solche Kraft des Ausdrucks, dass sie für einen Maler ein ideales Modell sowohl für zarte und sanfte als auch für grosse Charaktere darstellte. Gleich Shakespeares Sprache vermochten ihre Züge alle Gefühle, alle Abstufungen der Leidenschaften mit hinreissender Wahrheit wiederzugeben. Romney war entzückt, wenn er die wunderbare Gewalt sah, mit welcher sie ihre ausdrucksvollen Gesichtszüge zu beherrschen wusste."

Die Natur hatte Emma Lyon wirklich verschwenderisch mit Schönheit und Liebreiz ausgestattet, aber auch hilf- und haltlos ins Leben hinausgestossen. Es konnte nicht fehlen, dass sie als unerfahrenes, unbehütetes junges Mädchen in einer Stadt wie London Männern in die Hände fiel, die sich ihre Jugend und ihre reizvolle Schönheit zunutze machten. Sie besass eine wundervolle Gestalt und etwas unbeschreiblich Liebliches und Anziehendes im Ausdruck ihres Gesichts. Leicht und heiter schritt sie trotz Armut und Abhängigkeit durchs Leben. Ihre Strümpfe waren zerrissen, ihr Kleid ärmlich und abgenützt. Darum kümmerte sich Emma Lyon oder „Amy", wie sie in ihrem Heimatort genannt wurde, nicht. Der Gebrauch von Näh- und Stopfnadel war ihr fremd. Sie lebte in den Tag hinein. Um das Morgen machte sie sich keine Gedanken. Da ihre Mutter eine arme Näherin war, musste Amy sich frühzeitig ihren Lebensunterhalt selbst verdienen. Als sie dreizehn Jahre alt war, kam sie zu einer Doktorsfrau in Hawarden in Stellung. Mrs. Thomas gab sich die grösste Mühe, Amy zu Ordnung und Häuslichkeit zu erziehen, und da das Mädchen gut, willig und leicht zu leiten war, nahm sich die Dame seiner mit wirklich mütterlicher Liebe an. Lady Hamilton, auf dem Zenith ihres Glücks, hat darum auch Mrs. Thomas, deren Kinder sie gewartet und ausgefahren hatte, niemals vergessen und sich nicht geschämt, sie des öfteren zu besuchen.

Noch ein zweites Mal diente Amy als Kindermädchen in der Familie eines anderen Arztes. Dann aber lockte die Großstadt, lockte London. Amys Mutter hatte erfahren, dass in der Familie des Komponisten Linley ein Platz frei sei. Sie forderte ihre Tochter auf, nach London zu kommen und die Stelle anzunehmen. Mrs. Linley war Teilhaberin am Drury-Lane-Theater und hatte dort ihre Privatloge. Amy oder Emely, wie sie jetzt genannt wurde, musste sie zu den Vorstellungen begleiten und des öfteren von der nicht immer gutgelaunten Theaterdirektorin Aufträge für die Schauspieler und Schauspielerinnen hinter die Kulissen bringen. Das Kulissenleben machte Eindruck auf das junge Ding, das selbst in sich bereits ein mimisches Talent spürte. In dieser Schauspielerfamilie versuchte Emely zum erstenmal – vielleicht anfangs noch ganz heimlich in ihrer Kammer – die „Attitüden" oder, wie wir heute sagen, die lebenden Bilder zu stellen, die sie später so berühmt machten. Ihre Gestalt begann sich immer vorteilhafter zu entwickeln. In ihrer Haltung und ihrem Benehmen zeigte sich bereits jene Sicherheit, jenes kühne Selbstbewusstsein, die ihre vorwaltenden Charakterzüge blieben. Manche Familie der Aristokratie wäre froh gewesen, ein so reizendes Mädchen als Tochter zu haben. Ihre äussere Erscheinung war trotz der ärmlichen Kleidung vornehm. Ihre Gesichtszüge waren so fein und ihre Gliedmassen so edel und zierlich, dass man Amy den wunderbaren Schönheiten des englischen High-Life zur Seite stellen konnte. Als Kindermädchen bereits erregte sie im Hydepark Aufsehen. Die Spaziergänger blieben stehen und sahen ihr nach, bis sie ausser Sehweite war. Und mancher mochte denken, dass dieses schöne Mädchen eher zur Herzogin als zur Magd geschaffen wäre. Emely aber musste erst noch die harte Schule des Lebens durchmachen, ehe sie zu Glanz und Reichtum gelangte. Nachdem sie ihre Stelle bei der Schauspielerfamilie plötzlich verlassen hatte – angeblich, weil sie in dieser Umgebung den Tod des Sohnes des Hauses, den sie liebte, nicht verschmerzen konnte –, verdingte sie sich in St. James Market bei einem Weinhändler als Kellnerin. Zwar war und ist das zweifelhafte

Genre der Kellnerin in England unbekannt, immerhin aber bedeutete es für Emely doch einen Schritt nach unten, da ihr jetzt nicht mehr der Schutz einer Familie zuteil wurde. Sie war jung, schön und unerfahren. Ihre seltene Schönheit gefiel auch bald einer sogenannten „Lady of Fashion“. Sie engagierte Emely, die Vierzehnjährige, als „Gesellschaftsdame“ für ihre „Salons“. Hier sollte sie die eleganten Müssiggänger und Lebeleute unterhalten. Was diese „Lady“ und ihre „Salons“ waren, ist nicht schwer zu erraten. Sie besass eines jener Rendevouzhäuser, die es nicht nur in Paris, sondern auch in London in grosser Anzahl gab. Emely Lyon fiel es gewiss leicht, zu singen und zu tanzen und die Gäste im Hause der Mrs. Kelly zu unterhalten. Sie erlebte hier ihre ersten Triumphe als Schönheit und als Schauspielerin, denn sie spielte ihre Rollen in den zur Aufführung gebrachten Theaterstücken mit ausgesprochenem Talent. Noch ist die Kleine nicht ganz auf der Höhe ihrer berückenden Weiblichkeit, aber es ist bereits etwas in ihr, das jeden Mann bezaubert. Dem späteren Admiral John Willet Payne führt ein Zufall das junge reizende Mädchen in die Arme. Um für einen armen Vetter die Befreiung vom Kriegsmarinedienst zu erbitten, begibt sich Emely Lyon auf sein Schiff. Kapitän Payne ist ein junger schöner Mann. Das junge Mädchen übt einen unwiderstehlichen Zauber auf ihn aus. Als Preis für sein Entgegenkommen fordert er von ihr ihre Liebe. Vielleicht nicht nur aus Dankbarkeit, sondern weil auch ihr der hübsche Seeoffizier gefällt, schenkt sie sich ihm. Ein kurzes Glück. Als Kapitän Payne längst wieder auf See war, gab die Fünfzehnjährige einem Kinde das Leben. Noch einige Monate sorgte Payne für Mutter und Kind. Dann aber taucht ein wohlhabender Mann, Sir Henry Featherstonehaugh, in Emelys Leben auf. Er bringt sie auf seinen schönen Landsitz Up Park in der Grafschaft Surrey. Hier lernt das junge Mädchen zum erstenmal wirklichen Luxus und Wohlleben kennen. Featherstonehaugh ist freigebig. Er scheut keine Kosten, um die Schönheit Emelys ins rechte Licht zu setzen. Und das Proletarierkind passt sich mit verblüffender Leichtigkeit dem neuen Lebensstil an, als hätte es sein Leben lang nichts anderes gekannt. Aber dieses Glück währte nur einen Sommer. Featherstonehaugh kehrte nach London zurück. Er hatte mit seiner schönen Freundin ein Vermögen verbraucht. Nun musste sie sich mit einer kleinen bescheidenen Mietswohnung begnügen, und er konnte ihr nicht mehr bares Geld hinterlassen, als die Reisekosten für die Postkutsche ausmachten, mit der sie zu ihrer Grossmutter Kidd, einer armen Tagelöhnerin, reiste. Da die Grossmutter zu arm war, um für Emely zu sorgen, blieb das junge Mädchen nicht lange im Dorf. Sie kehrte nach London zurück, und aufs neue trat die Großstadt mit ihren Versuchungen an sie heran. Diesmal kreuzte ein Scharlatan Emelys Weg. Und sie verfiel auch ihm. Als „Vestina“ oder „Göttin der Gesundheit“ diente sie diesem Wunderdoktor Graham zur „Erläuterung seiner Lehre“. Allabendlich stellte sie ihren Körper einer leichtgläubigen Zuschauermenge zur Schau, die in Scharen zu Grahams „Tempel der Gesundheit“ gepilgert kam. Vielleicht hat Emely nie darüber nachgedacht, welchen Zwecken sie mit diesen Schaustellungen diente. In jenen Kreisen, in denen sie bisher gelebt hatte, wurde nie abgewogen, was man tun dürfe oder nicht. Emely Lyon diente Graham mit ihrer Schönheit ebenso wie sie anderen Männern gedient hatte. Vielleicht sah sie sogar bewundernd zu ihm auf. Man darf nicht vergessen: sie war ein Kind des Volkes. Ein Kind des an Scharlatanen und Quacksalbern so reichen 18. Jahrhunderts! Emely schien dieser Scharlatan ein hochgelehrter Mann. Liessen sich doch sogar Leute vom höchsten Rang von seinen Wunderkuren verblüffen.

Graham hatte es für besser gehalten, dass Emely Lyon ihren Namen änderte. Sie trat bei ihm als Emma Hart auf. Man nannte sie jedoch allgemein „die englische Venus“, und ganz London schwärmte von ihrer Schönheit. Die Zahl ihrer Verehrer wuchs ständig. Viele Maler, darunter auch der exzentrische George Romney, begehrten sie zum Modell. Emma sass Romney unzählige Male zu den verschiedensten Gemälden. Sie berauschte den Maler jedesmal aufs neue durch ihre ideale Schönheit. Er nannte sie seine „göttliche Lady“. Auch später, als Emma Hart längst die gefeierte Lady Hamilton war, gewährte sie ihm Sitzungen für Gemälde, die ihn unsterblich gemacht haben.

Als Emma Hart den Malern Modell stand, kannte sie einen jungen Weltmann, Sir Charles Greville, den Sohn des zweiten Earl of Warwick.

Da er Emmas Talente sehr bald entdeckte, sorgte er nicht nur für ihren Unterhalt, sondern auch für ihre geistige und künstlerische Ausbildung. Er hielt ihr Musik- und Tanzlehrer und unterwies sie in allen Dingen eines guten Lebensstils. Er las mit ihr gute Bücher, liess sie in der französischen und italienischen Sprache unterrichten; kurz, er machte aus ihr eine Dame, mit der er sich in der besten und geistreichsten Gesellschaft hätte sehen lassen können, wenn er das gewünscht hätte. Dass Emma Hart nicht orthographisch schrieb, war keine Ausnahme in der damaligen Zeit. Die Damen der höchsten Kreise schrieben nicht besser.

Emma lebte einige Jahre sehr glücklich, wenn auch sehr zurückgezogen, mit Greville. Es war ihre erste echte Liebe, vielleicht die einzige und grösste in ihrem Leben, denn später liebte Nelson sie mehr als sie ihn. Greville riss sie aus dem Schmutz, bewahrte sie vor dem Abgrund, in den sie zu versinken drohte. Er war der erste Mann, der sie anständig behandelte. Sie liebte ihn und war ihm dankbar dafür. Sie war nicht nur eine sehr intelligente und gelehrige Schülerin, sondern auch eine entzückende Frau, eine Zauberin in jeder Beziehung. In ihr ist etwas Zartes, Feines, etwas unendlich Weibliches und Gütiges. Sie ist das Prototyp der englischen Schönheit. Ein echtes englisches Mädchen aus dem Volke: freimütig, wenig sentimental, gutmütig und äusserst dankbar gegen ihre alten und neuen Freunde. Lord Hamilton schrieb später von ihr: „Sie ist besser als sonst ein Wesen, das die Natur hervorgebracht hat. In ihrer Eigenart ist sie feiner als irgend etwas in der antiken Kunst.“ Die Männer, die in ihren Bann geraten, kommen schwer von ihr los und sind ihr, wie Charles Greville, auch nach der Trennung noch Freunde. Selbst wenn sie sie betrügt, sind sie ihr noch zugetan.

Vielleicht hätte Greville sich nie von einer so schönen und reizenden Geliebten getrennt, wenn er nicht durch seine zerrütteten Vermögensverhältnisse dazu gezwungen gewesen wäre. Emma liebte ihn wirklich. Sie folgte stets ihrem Impuls. Sie nahm das Leben, wie es sich ihr bot. Sie war freigebig, aber nicht verschwenderisch im wahren Sinne des Wortes. Ihr Lebensstil war immer den Umständen angepasst. Reich, grosszügig, anspruchsvoll, wenn der Mann die Mittel dazu besass;

bescheiden und einfach, wenn er nicht im Ueberfluss lebte. Dem Manne, der sie aus dem Sumpf gerettet hatte, war sie ewig dankbar, und nie hat sie ihre von so ausserordentlichem Glück und Reichtum begünstigte Karriere hochmütig gemacht. Immer gedachte sie ihrer armen Herkunft und schämte sich auch nicht später, als Freundin einer Königin, einzugestehen, woher sie gekommen war. Als sie längst die Gattin des englischen Gesandten in Neapel war und bereits viele Jahre am Hofe gelebt hatte, schrieb sie im Jahre 1799 von Nelsons Schiff „The Foudroyant“ aus an ihren alten Freund Greville: „Meine Mutter ist in Palermo (bei der Königin) ... Sie können sich nicht vorstellen, wie sie von allen geliebt und geachtet wird. Sie hat sich eine Lebensart angeeignet, die entzückend ist. Sie hat eine schöne Wohnung in unserem Hause, lebt stets bei uns, isst mit uns, und so weiter. Nur wenn sie es selbst nicht mag (zum Beispiel zu grossen Diners), sagt sie ab und hat dann immer eine Freundin bei sich. Und „La Signora Madama dell' Ambasciatora“ ist in ganz Palermo bekannt, geradeso, wie sie es in Neapel war. Die Königin ist in meiner Abwesenheit sehr freundlich zu ihr gewesen. Sie hat sie besucht und ihr gesagt, sie könne sehr stolz auf ihre berühmte Tochter sein, die in den letzten qualvollen Monaten soviel getan hätte. Ich sage Ihnen das, damit Sie sehen, dass ich nicht unwürdig bin, einst Ihre Schülerin gewesen zu sein. Gott segne Sie.“

Greville war, obwohl der Sohn eines Earls und Mitglied des Parlaments, kein sehr reicher Mann. Er konnte seiner Emma weder eine Equipage noch ein eigenes Palais halten. Auch konnte er ihr keine aussergewöhnlichen Toiletten, Brillanten und Schmucksachen kaufen, sie nicht mit Glanz und Luxus umgeben. Er wünschte nur, sie glücklich zu sehen und aus ihr einen guten, gebildeten Menschen zu machen. So lebte sie in seinem schönen, künstlerischen Hause in Edgware Row ebenso diskret vornehm und elegant wie eine andere Lady, die einen wohlhabenden, aber nicht reichen Aristokraten geheiratet hatte. Emmas Mutter lebte mit in Grevilles Haus und ersetzte ihr eine sehr wichtige Hausangestellte. Mrs. Cadogan – sie hatte inzwischen, ebenso wie ihre Tochter, mehrmals ihren Namen geändert – war eine vorzügliche Köchin und, wie es scheint, ein äusserst verträglicher und gutmütiger Mensch. Denn alle stellen dieser Mutter nur das beste Zeugnis aus. Sie war immer bei ihrer Tochter und stieg mit ihr von Stufe zu Stufe. Sowohl Greville als auch Sir William Hamilton und Lord Nelson achteten Mrs. Cadogan und behandelten sie so ehrfurchtsvoll, als wäre sie eine Dame aus ihren Kreisen.

Im Jahre 1786 trat ein Mann in Emmas Leben, der ihrem Schicksal die entscheidende Richtung gab. Sir William Hamilton, englischer Gesandter am Hofe von Neapel, ein noch gut aussehender Weltmann von 60 Jahren, kam in Privatangelegenheiten, vielleicht um sich eine zweite Frau zu suchen, auf einer Urlaubsreise nach London und besuchte bei dieser Gelegenheit seinen Neffen Sir Charles Greville. Er sah die schöne Freundin, „the pretty teamaker" des jungen Grandseigneurs und war sofort von ihren Reizen gefangen. Als er sie tanzen sah und singen hörte, war er vollends bezaubert. Und er beschloss, sie mit nach Neapel zu nehmen, unter dem Vorwand, ihre Talente noch weiter auszubilden, in Wahrheit aber, um diese göttliche Frau zu seiner Geliebten zu machen. Sir Charles Greville willigt ein. Er sieht darin den einzigen Ausweg, sich von Emma zu trennen, ohne sie einer ungewissen und für ihren leicht zu beeinflussenden Charakter gefährdeten Zukunft auszusetzen. Er selbst ist nicht mehr in der Lage, pekuniär für sie zu sorgen. Schliesslich wird alles zur gegenseitigen Zufriedenheit geregelt. Sir William Hamilton übernimmt das Mädchen, das bald darauf im März 1786 in Gesellschaft der Mutter und des Malers Gavin England verlässt und über Deutschland nach Neapel reist. Vorläufig weiss Emma nicht, welcher Pakt zwischen Neffen und Onkel geschlossen wurde. Noch sieht sie in dem alten Herrn einen Gönner. Zahllose ihrer Briefe an Greville beweisen es. Sie hängt an ihrem Freund; sie sehnt sich nach ihm, aber sie begreift schliesslich, dass der englische Gesandte nicht ganz uneigennützig gehandelt hat, als er sie zu sich nahm, und dass auch Greville mit dieser Handlungsweise einverstanden war. Sie ist enttäuscht über den einen und von Bewunderung und Dankbarkeit erfüllt für den andern, der sie mit galanter

Aufmerksamkeit umgibt, und ihr mit seinem Herzen seinen Reichtum, sein Haus und seine Stellung in der Welt zu Füssen legt.

Ein neues Leben umgibt sie in Neapel. Sir Hamilton verwöhnt sie mit Luxus und Reichtum. Kein Land, keine Stadt war besser als Rahmen für Emmas Schönheit und reiche Gaben geeignet. Neben den grossen Vergnügungszentren Paris, London und Wien ist Neapel um diese Zeit die Stadt, die die meisten Zerstreuungen bietet und an Eleganz keiner der grösseren Städte Europas nachsteht. Sir Hamilton war einer „jener Epikuräer", die sich seit der Mitte des 18. Jahrhunderts im sonnigen Italien niedergelassen hatten, um hier in einer milden Natur und umgeben von den herrlichsten Kunstschätzen, im Verkehr mit Gelehrten und Künstlern, die Freuden des Lebens in reichstem Masse zu geniessen. In seinem Hause lernte Emma ein äusserst vielseitiges Leben kennen. Ihre Kunst wird durch die Bekanntschaft mit den berühmten griechischen Kunstwerken veredelt, die ihr Freund und Gönner als Archäologe sammelt. Sie beginnt in der neapolitanischen Gesellschaft, besonders in der englischen Kolonie in Neapel, eine Rolle zu spielen. Man scheut sich nicht, die schöne und liebenswürdige Mätresse Lord Hamiltons als gleichberechtigt anzuerkennen, und die in solchen Dingen sonst strengen Engländer, die nach Neapel kamen oder dort ansässig waren, suchten eifrig Emmas Bekanntschaft zu machen. Die Herzogin von Argyll, Lord und Lady Elcho und viele andere Mitglieder des hohen englischen Adels hatten dieses Mädchen aus dem Volke so ins Herz geschlossen, dass sie bald ihre engsten Freunde wurden. Emmas vertrauter Umgang mit der schönen und vornehmen Herzogin von Argyll und mit Lady Elcho wurde in der ganzen englischen Gesellschaft mit Staunen bemerkt. Allerdings sollen diese englischen Freunde sich selbst eingeredet haben, Emma sei längst Hamiltons heimliche Gattin. Damit beruhigten sie entweder ihr moralisches Empfinden oder sie wollten wenigstens nach aussen hin den Schein wahren. Denn ein Lord konnte, wie gesagt, im 18. Jahrhundert wohl eine Dirne zu seiner Gattin erheben, ohne Anstoss in der Gesellschaft zu erregen, aber die Gesellschaft konnte nicht im Hause einer Frau verkehren, die nur seine Mätresse war. So legten sich also auch die

Gäste, die im Hause des Gesandten in Neapel aus- und eingingen, das Verhältnis Sir Williams zu Emma Hart zurecht, wie sie es wünschten. Hamilton widerlegte die Gerüchte über seine heimliche Ehe mit Emma nie, aber in Wahrheit heiratete er sie erst nach fünf Jahren. Und nicht nur die englischen durchreisenden Aristokraten und die vornehme neapolitanische Gesellschaft bemühten sich um das junge Mädchen. Die Befehlshaber der fremden Schiffe, die im Hafen von Neapel vor Anker lagen, luden sie mit dem Gesandten an Bord und veranstalteten zu Ehren der jungen Schönheit Bälle und Feste. Die eleganten Seeoffiziere waren ihre glühendsten Bewunderer. Als der Kommodore Melville von der holländischen Flotte mit zwei anderen holländischen Schiffen im Jahre 1787 vor Neapel lag, veranstaltete er ein Bankett, zu dem er ausser Sir William und dessen Freundin auch Emmas Mutter, Mrs. Cadogan, einlud. Der Kommodore, der Kapitän und vier andere Offiziere erwarteten die Gäste, als wären sie die allerhöchsten Persönlichkeiten, am Ufer und brachten sie in ihrer Pinasse zu dem Schiff. Emma trug bei solchen Gelegenheiten stets ihr Lieblingskostüm: ein weisses, duftiges Musselinkleid mit einer breiten blauen Seidenschärpe. Ihre goldbraunen Haare waren aufgelöst und fielen in langen Locken fast bis zu den Füssen hinab. Als sie die Pinasse bestieg, wurde sie mit den Salutschüssen von 20 Kanonen begrüsst, und während das Boot sich langsam dem Schiffe näherte, feuerte die Fregatte der holländischen Schiffe alle ihre Geschütze ab. Die Tafel an Bord des Kommodoreschiffes war für 30 Personen gedeckt, und Emma Hart hatte daran den Ehrensitz. In ganz Neapel hörte man die Ehrensalven, die um eines jungen, aus den untersten Schichten des Volkes hervorgegangenen Mädchens willen abgegeben wurden. Das Diner verlief glänzend. Abends war der Besuch der Oper vorgesehen. Emmas und Hamiltons Loge befanden sich ganz in der Nähe der Hofloge. Die Geliebte des englischen Gesandten gedachte an diesem Abend ganz besonders elegant zu sein, denn sie wusste, dass der ganze Hof erscheinen und sie neugierig betrachten werde. Noch war sie nicht offiziell von der Hofgesellschaft anerkannt.

Bald erregten Emmas Schönheit, ihre „lebenden Bilder“ und ihr verführerischer Schaltanz so grosses Aufsehen, dass sie in Frankreich sowohl wie in Deutschland Nachahmer fand. In Paris sind es die schöne Julie Récamier, die exzentrische Theresia Tallien und Josephine Beauharnais, die diesen berühmten Tanz in Mode bringen, in Deutschland die Schauspielerinnen Händel-Schütz und Sophie Schröder. Aber Emma Hart, die Geliebte des englischen Gesandten in Neapel, ist die Erfinderin. Ganz Europa ist begeistert von ihr. Selbst Goethe erwähnt in der „Italienischen Reise“ ihre Kunst mit den Worten: „Sie ist sehr schön und wohlgebaut. Er (Sir Hamilton) hat ihr ein griechisch Gewand machen lassen, das sie trefflich kleidet. Dazu löst sie ihre Haare auf, nimmt ein paar Schals und macht eine Abwechslung von Stellungen, Gebärden, Mienen und so weiter, dass man zuletzt wirklich meint, man träume. Man schaut, was so viele Künstler gerne geleistet hätten, hier ganz fertig in Bewegung und überraschender Abwechslung: stehend, kniend, sitzend, liegend, ernst, traurig, neckisch, ausschweifend, bussfertig, lockend, drohend, ängstlich und so weiter, eins folgt aufs andere und aus dem andern. Sie weiss zu jedem Ausdruck die Falten des Schleiers zu wählen, zu wechseln und macht sich hundert Arten von Kopfputz mit denselben Tüchern. Der alte Ritter (Lord Hamilton) hält das Licht dazu, und hat mit ganzer Seele sich diesem Gegenstand ergeben. Er findet in ihr alle Antiken, alle schönen Profile der sizilianischen Münzen, ja den Belvederschen Apoll selbst.“ – Der deutsche Maler Friedrich Rehberg hat die schönsten „Attitüden“ Lady Hamiltons in einem Bande von 24 Kupferstichen der Nachwelt überliefert, und auch Tischbein liess sich von ihr zu einigen Bildern inspirieren. Barbey d'Aurevilly aber nennt Emma Hamilton den „besten Bildhauer“, den dieses originelle und seltsame Land Italien besitze. Lady Hamilton sei würdig gewesen, Italienerin zu sein.

Merkwürdig ist es jedoch, dass diese schöne Frau in ihrem reiferen Leben nicht besonders graziös gewesen zu sein scheint; erst wenn sie diese lebenden Bilder stellte, kam Grazie in ihren Körper. Viele Zeitgenossen haben das festgestellt; auch dass ihre Füsse gross und unschön gestaltet waren. Aber die Gesamterscheinung war so ideal, dass man diese Mängel in Kauf nahm. Wenn sie früher, als Sechzehnjährige, mit Greville im Ranelagh erschien, erregten nach der Aussage eines anonymen Zeitgenossen ihre „Nymphengestalt“, ihr entzückendes Gesicht, ihr goldbraunes Haar die allgemeine Aufmerksamkeit und solche Bewunderung, dass sie sich einmal in diesem Vergnügungslokal veranlasst sah, dem um sie versammelten Kreis mehrerer Freunde ihres Geliebten den Genuss „einiger höchst anziehenden Proben ihrer musikalischen und mimischen Talente zu geben“. Greville scheint indes diese Art der Provokation nicht geschätzt zu haben, denn er machte ihr auf dem Nachhausewege Vorwürfe und nahm sie nie wieder in ein derartiges öffentliches Vergnügungslokal mit. Ebenso vermied er es, sie öfters ins Theater zu führen. Er hatte bemerkt, dass die Bühne eine zu grosse Anziehungskraft auf sie ausübte. Vielleicht wäre sie ihm eines Tages auf und davon gegangen, um als Girl eine Laufbahn zu beginnen, die für ein Mädchen wie Emma verderbenbringend gewesen wäre. Bei Sir William Hamilton war sie jedenfalls besser aufgehoben. Hier konnte sie, ohne die dornenvolle Künstlerlaufbahn durchmachen zu müssen, ihre mimischen Talente wie auf der Bühne ausbilden und verwenden. Und vielleicht hat sie sich als Dilettantin grösseren Ruhm erworben, als sie es je als Berufskünstlerin vermocht hätte.

Für ihre lebenden Bilder brauchte sie wenig Requisiten. Ein Stuhl, einige Schals, ein paar antike schöne Vasen, ein Blumengewinde, ein Tamburin, und für manche Posen ein oder zwei niedliche Kinder – das war ihr ganzer Apparat. Wenn sie mimte, waren alle Fenster verhangen. Ihre Gestalt wurde nur von einer einzigen Kerze beleuchtet. Sie verstand die türkischen oder indischen Schals so geschickt zu arrangieren, dass sie entweder ein griechisches oder ein orientalisches Gewand darstellten oder auch in den verschiedensten Formen als Turban um den Kopf geschlungen wurden. Diese Verwandlungen gingen dermassen schnell vor sich, dass keine Kostümveränderung länger als fünf Minuten dauerte. Archenholz ist ganz hingerissen von der Schnelligkeit der Verwandlung. Einmal stellte sie das lebende Bild einer Madonna des Guido. „In wenigen Augenblicken, infolge einer geringen Veränderung im Gewand und äusseren Schmuck, war die Madonna verschwunden und in eine vor Fröhlichkeit taumelnde Bacchantin, in eine jagende Diana und dann wieder in eine mediceische Venus verwandelt."

Auch als Tänzerin leistet Emma Hervorragendes. Ihr Schaltanz ist, wie bereits erwähnt, wegen seiner überraschend graziösen Bewegungen berühmt. Sie hatte damit so grossen Erfolg, dass sie von mehreren grossen Bühnen Englands Engagementsanträge erhielt. In Madrid sollte sie an der Italienischen Oper als „erste Tänzerin" für eine Gage von 6000 Pfund Sterling für drei Jahre verpflichtet werden, und das Covent-Garden-Theater in London bot ihr 40 000 Schilling für eine Saison. Die ganze Skala der Empfindung wird bei ihrem Tanz zur Geste, zum getanzten Erlebnis. Jeder Schritt, jede Bewegung ihrer Arme und Hände ist eine tänzerische Offenbarung. Nationaltänze tanzt sie mit vollendeter Grazie und immer mit den ihnen zugehörigen volkstümlichen typischen Eigenarten und Temperamenten. Keine Italienerin tanzte eine so bacchantische, eine so wilde und leidenschaftliche Tarantella wie Lady Hamilton. Und der alte Lord ist zuweilen ihr Partner. Er, der für Sport, Jagd und alle Leibesübungen jederzeit Begeisterte, bleibt an der Seite dieses jungen, lebensprühenden Weibes jung und elastisch. Noch als naher Siebziger tanzt er mit Emma auf einem Fest in London diesen Nationaltanz so lebhaft und ausdauernd, dass er seine um vierzig Jahre jüngere Partnerin ziemlich erschöpft.

Mit solchen Tänzen, mit ihren verführerischen Reizen, ihrer Koketterie und Liebenswürdigkeit bezauberte diese englische Sirene auch den Sieger von Abukir und vom Nil, Lord Nelson. Er sah sie zum ersten Male im Jahre 1793. Schon damals schrieb er an seine Frau: „Ich hoffe, Dir eines Tages Lady Hamilton vorstellen zu können. Sie ist eine der ausserordentlichsten Frauen in dieser Welt, eine Ehre ihres Geschlechts. Ihre und Lord Hamiltons Liebenswürdigkeit mir gegenüber ist grösser, als ich in Worten auszudrücken vermag." Aber erst fünf Jahre später, als Lady Hamilton immer noch schön und begehrenswert war, jedoch nicht mehr jene sylphenhafte Gestalt und Jugendfrische besass wie ehedem – sie wurde bereits anfangs Dreissig sehr stark –, verliebte Nelson sich wahnsinnig in sie. Sie war eine jener Frauenschönheiten, die jederzeit, ob alt oder jung, den Mann fesseln. Und viele fanden sie auch viel später noch ebenso reizvoll wie zu jener Zeit, da Romney sie seine „göttliche Lady“ nannte.

Zu Ehren des Siegers veranstalteten Lord und Lady Hamilton ein grosses Fest. Mehr als 1800 Gäste, die schönsten und elegantesten Frauen Neapels und aus der Hofgesellschaft füllten die herrlich geschmückten Säle der englischen Gesandtschaft. Aber Nelson sah nur sie, die „Unvergleichliche“, dieses „ausserordentliche Wesen“, wie ein sonst kühl denkender Engländer, Sir Gilbert Elliot, sie nannte. Auf Nelson, den einfachen Pfarrerssohn, der trotz seiner Siege und Feldzüge die Welt wenig und noch weniger die Frauen kannte, wirkte die von allen umschwärmte Gattin des englischen Gesandten vollends wie ein Zauberwesen. Emma Hamilton besass von da an sein Herz, seine Sinne, aber auch sein ganzes Denken und Handeln. Er tat nur, was sie wollte. Er dachte nur durch sie und mit ihr, sah alles nur mit ihren Augen.

Seitdem Emma Lord Hamiltons rechtmässige Gattin geworden war, erlangte sie am neapolitanischen Hofe, vor allem durch die ausserordentliche Freundschaft, die ihr die Königin Carolina entgegenbrachte, bedeutenden Einfluss. Solange sie nur Hamiltons Geliebte war, konnte der Hof sie natürlich nicht offiziell anerkennen. Aber gleich nach der Rückkehr des Gesandten aus England, wo er Emma im Jahre 1791 geheiratet hatte, wünschte Königin Maria Carolina Lady Hamilton bei Hofe vorgestellt zu sehen. Ein Brief der überglücklichen Emma an ihren alten Freund Romney über diese grosse Auszeichnung zeigt uns ihren guten Charakter. Sie war dankbar für alles, womit das Schicksal sie verwöhnte und verbarg durchaus nicht ihre naive Freude über den ungeheuren Aufstieg, den sie, das kleine arme Modell und Kindermädchen, genommen hatte. „Mein lieber Freund“, schreibt sie aus Caserta am 20. Dezember 1791, „ich habe das Vergnügen, Ihnen mitzuteilen, dass wir glücklich wieder in Neapel angekommen sind. Ich bin mit offenen Armen von allen Neapolitanern beiderlei Geschlechts, von allen vornehmen Ausländern empfangen worden. Auf ihren eigenen Wunsch bin ich der Königin vorgestellt worden. Sie bewies mir die grösste

Liebenswürdigkeit und herzlichste Aufmerksamkeit. Kurz, ich bin die glücklichste Frau der Welt. Sir William liebt mich jeden Tag mehr, und ich hoffe, er wird nie Ursache haben, den Schritt zu bereuen, den er getan hat. Denn ich bin ihm so dankbar, dass ich glaube, niemals in der Lage zu sein, ihm seine Güte vergelten zu können. Aber warum sage ich Ihnen das? Sie kennen mich genug, Sie waren der erste Freund, dem ich mein Herz öffnete. Sie müssen mich kennen, denn Sie haben mich in meinen armen Tagen gekannt. Sie haben mich in meiner Armut und meinem Glück gesehen ... Oh, mein lieber Freund, ich gestehe, eine Zeitlang war meine Tugend durch Not und Elend besiegt, nicht aber mein Gefühl für das Gute. Wie dankbar bin ich meinem lieben Mann, der meinem Herzen den Frieden wiedergab, mir Ehren, Stellung und Rang verschaffte und, was mehr wert ist, Harmlosigkeit und Glück schenkte. Freuen Sie sich mit mir, mein lieber Freund; Sie sind mir mehr als ein Vater. Glauben Sie mir, ich bin immer noch die gleiche Emma, die Sie kennen. Könnte ich nur einen Augenblick vergessen, was ich war, ich würde es nicht ertragen. Befehlen Sie mir irgend etwas, was ich für Sie tun kann. Es wäre für mich die schönste Freude. Kommen Sie nach Neapel, und ich will Ihr Modell sein – oder etwas anderes, damit ich Gelegenheit habe, Ihnen meine Dankbarkeit zu zeigen ... Wir haben hier in Neapel viele Engländerinnen, wie Lady Malmsbury, Lady Malden, Lady Plymouth, Lady Carnegee, Lady Wrigth und so weiter. Sie sind alle sehr liebenswürdig und aufmerksam zu mir und setzen eine Ehre darein, ausgesucht höflich mir gegenüber zu sein. Das wird Sie besonders erfreuen, weil Sie wissen, wie prüde unsere Damen sonst sind. Sagen Sie bitte Hayly, dass ich immer sein Werk „Triumphs of temper" lese. Diesem Buch verdanke ich, dass ich Lady Hamilton bin. Denn, Gott ist mein Zeuge, vor fünf Jahren hatte ich genug, um meinen Charakter zu prüfen, und ich fürchtete, hätte ich nicht das gute Beispiel in seinem Werk gehabt, mein Temperament wäre mit mir durchgegangen. Und wäre das geschehen, so wäre ich verloren gewesen. Denn Sir William hält mehr vom Charakter als von der Schönheit. Er wünscht daher auch, Mr. Hayly möchte kommen, damit er ihm für seine gutgeartete Frau danken könne."

Lady Hamiltons Landsitz in Caserta und ihr Haus in Neapel waren stets mit Gästen angefüllt. Manchmal hatte sie bis zu 50 Personen an ihrer Tafel. Und da sie als Frau des Gesandten die englischen Damen, die bei Hofe eingeführt werden sollten, der Königin vorstellen musste, lebte sie in beständiger Aufregung von Festen und Bällen. Der Hof hielt sich zwar ebenfalls einen grossen Teil des Jahres in Caserta auf, aber wenn er nicht da war, fand ein fortwährendes Hin und Her zwischen Neapel und Caserta statt. Es kam vor, dass Lady Hamilton in ihrem Hause in Neapel viele Gäste zu Tisch hatte, dann noch 300 Tanzteilnehmern auf ihren berühmten Bällen ein glänzendes Fest gab und erst sehr spät in der Nacht, meist erst gegen Morgen, nach Caserta zurückfuhr. Am Hofe wurde nichts unternommen, nichts beschlossen, kein Fest arrangiert, ohne Lady Hamiltons Beihilfe. Beide Frauen, sie und die geniesserische Königin, der man den Beinamen einer neapolitanischen Messalina gegeben hatte, wetteiferten im Erfinden immer neuer Ueberraschungen bei den üppigen Gelagen. Emma Hamilton verdankte es der neapolitanische Hof, dass dieses schwelgerische Genussleben nicht nur im Essen, Trinken und Ausschweifungen bestand, sondern eine verfeinerte künstlerische Note erhielt. Sie war die beste Tänzerin unter all den schönen und graziösen Frauen, die Maria Carolina umgaben. Auch in politischen Angelegenheiten besass sie unumschränkten Einfluss. Es ist indes schwer zu sagen, ob vieles in dieser Beziehung mehr dem Gesandten selbst oder seiner Gattin zugeschrieben werden muss. Auf die Königin übte jedenfalls Lady Hamilton unbegrenzte Macht aus. Sie, die in London am Hofe der Königin Charlotte niemals empfangen wurde, hatte die Tochter der Kaiserin Maria Theresia vom ersten Tage ihrer Bekanntschaft an völlig in ihrer Gewalt. Vielleicht, weil es in ihrer beider Leben soviele Punkte gab, die sich berührten oder wenigstens scheinbar berührten. Die ausschweifende Lebensweise der Königin Carolina gab ihr nicht das Recht, über Lady Hamiltons stürmische Vergangenheit zu richten. Beide Frauen verband ihre grosse Eleganz und Koketterie und das vollkommene Hinwegsetzen über alle gesellschaftliche und bürgerliche Moral. Diese letzte Eigenschaft besass vor allem die Königin in hohem Masse. Man sagt, nicht nur Diplomatie und kluge Berechnung seien die Triebfedern gewesen, die sie zu Lady Hamilton so unwiderstehlich hingezogen habe, sondern auch ihre eigene geniesserische Veranlagung. Sie habe in Emma nicht nur ein williges Geschöpf für ihre Feste und Gelage, sondern auch für ihre tribadischen Neigungen gefunden. Carolina belohnte diese Freundschaft mit reichen Geschenken. Als der „Foudroyant“ nach der Wiedereroberung von Neapel im August 1799 vor Palermo mit Nelson und Lady Hamilton anlangte, eilte die Königin sofort zu ihrer Freundin und beschenkte sie mit einer goldenen Kette, an der das reich mit Diamanten besetzte Bildnis des Königs hing. Fünf Tage später sandte sie ihr zwei Wagen voll kostbarer Kleider und ein Juwelengeschmeide im Werte von 25 000 Franken. Im ganzen sollen sich die Geschenke, die Lady Hamilton um diese Zeit von der Königin erhielt, auf 150 000 Franken belaufen haben.

Die Wiedereinnahme Neapels gab Lady Hamilton Gelegenheit, ihre grossen gesellschaftlichen Fähigkeiten zu zeigen, ihrer Vorliebe für Feste, Bälle und Theatervorführungen Genüge zu leisten. Und während Tausende in Neapel und Malta Hungers starben, herrschte in Palermo am Hofe Ueppigkeit und Verschwendung. Galadiners und Bälle an Bord der englischen Kriegsschiffe im Hafen hörten nicht auf. Sie wurden von Lady Hamilton veranstaltet, und Nelson hiess alles gut was sie tat. Sie erschien auf dem Admiralsschiff wie eine zweite Kleopatra. Wenn sie mit allen ihren Freunden, wie mit einem Hofstaat umgeben, ankam, wurde sie, als wäre sie die Königin selbst, mit Salven von der ganzen Flotte begrüsst. Einmal hatte sie, auf dem von Sir Thomas Lous befehligten “Minotaurus“ ein Diner bestellt. Es wurden grosse Tafeln für das Gastmahl auf Deck gebracht, die Kanonen beiseite geschoben, um den mit den köstlichsten Speisen, Früchten und Weinen besetzten Tischen Platz zu machen. Das schien selbst Nelson zu weit zu gehen. Als er sah, was aus seinem Kriegsschiff gemacht worden war, sagte er ärgerlich zu einem der Offiziere: „Verflucht, ich wollte, dieses Treiben hätte ein Ende. Mein Schiff sieht ja aus wie ein Gasthaus.“ Als er aber Lady Hamiltons strahlendes Gesicht, ihr glückliches Lächeln sah, als sie ihn mit ihrer einschmeichelnden Stimme beruhigte, war sein Unmut sofort verzogen, und man sass noch bis spät abends beim fröhlichen Mahle. Auf Wunsch der Geliebten liess Nelson bei Einbruch der Dunkelheit das Schiff illuminieren, und bei jedem ausgebrachten Toast wurden an Bord Salven abgegeben, die die Forts am Festland beantworteten.

Es war dem Admiral ganz unmöglich, dieser schönen Verführerin etwas abzuschlagen. Sie war auch seine Begleiterin und Führerin durch die Schlupfwinkel und Spelunken Neapels. Der abenteuerliche Sinn, die Neigung zum Vagabundentum erwachten in ihr bisweilen von neuem. Dann packte sie die tolle Lust, mit dem Admiral in Verkleidung durch die berüchtigtsten Strassen und Hafenviertel zu streifen. Die Maske und der Domino oder auch ein Männerkostüm schützten sie bei derartigen Streifzügen. Gemeinsam mit dem Admiral besuchte sie die öffentlichen Dirnenlokale und verbrachte die Abende in Gesellschaft von käuflichen Mädchen. Emmas mimischer Veranlagung gelang es hervorragend gut, sich jenen Frauen gegenüber als jungen Mann auszugeben. Lord Nelson sah in diesen zweifelhaften Vergnügungen und Tollheiten nur einen neuen Reiz im Charakter seiner Freundin. Sie war die Frau, die er liebte, die er begehrte, die ihm wie keine andere ein nie gekanntes Liebesglück schenkte. „Du brauchst kein Weib in der Welt zu fürchten“, schrieb er ihr einmal, „alle ausser Dir sind mir nichts. Ich kenne nur eine, denn wer kann wie meine Emma sein? ... Du bist unvergleichlich. Keine ist wert, Dir die Schuhe zu putzen.“

Er war an sie für immer verloren. Im Jahre 1800 nahm er sie und ihren Gatten mit nach England. Da er nicht mehr im Hause seiner Frau wohnen wollte, mit der er viele Jahre in ungetrübter Ehe gelebt hatte, zog er zu den Hamiltons nach Piccadilly. Obwohl derartige dreieckige Verhältnisse im 18. Jahrhundert durchaus nichts Seltenes waren, und man annehmen konnte, Lord Hamilton habe die Beziehungen seiner Gattin zu Nelson genau gekannt, so scheint er sie doch bis zuletzt für rein platonisch gehalten zu haben, denn als er zwei Jahre später starb, sagte er in seinen letzten Augenblicken zu dem Freund: „Mein tapferer und grosser Nelson, unsere Freundschaft hat lange gewährt, und ich bin stolz auf meinen Freund. Ich hoffe, Sie werden Emma Gerechtigkeit von den Ministern widerfahren sehen. Sie wissen, wie grosse Dienste sie ihrem Vaterland geleistet hat. Schützen Sie mein teures Weib.“ Dann wandte er sich an Emma und sprach: „Meine unvergleichliche Emma, du hast mich nie, weder in Gedanken noch mit Worten, noch mit Taten beleidigt. Lass mich dir nochmals für deine herzliche Zuneigung in unserer ganzen zehnjährigen glücklichen Verbindung danken.“ – Welche Macht, welche Geheimnisse besass diese Frau, die selbst als heimliche Geliebte eines anderen noch die Achtung und Liebe ihres Gatten genoss! Sie hatte Nelson im Jahre 1801 eine Tochter geboren, die als Horatia Thompson Nelson eingetragen und von dem Admiral adoptiert wurde. Obwohl Lady Hamilton dieses Kind im Hause ihres Gatten zur Welt brachte, hatte Hamilton keine Ahnung davon. Ihren Zustand wusste sie geschickt vor ihm zu verbergen, wobei ihr die weiten faltigen Gewänder behilflich waren. Hamilton war wohl auch zu alt und bereits zwei Jahre vor seinem Tode oft kränklich und bettlägerig, so dass er kaum das Schlafzimmer seiner Frau betrat. Als sie niederkam, sagte man ihm, sie sei krank, aber die Wahrheit verschwieg man. Am 20. Februar schrieb er noch an Nelson, Emma sei nicht wohl, sie habe Magenkrämpfe und Erbrechen und müsse Brechweinstein einnehmen. Der gute Alte wurde auch fernerhin getäuscht. Als die kleine Horatia geboren war, brachte man sie heimlich aus dem Hause zu einer Amme. Lord Nelson und Lady Hamilton sprachen in ihren Briefen, so lange der alte Hamilton lebte, von diesem Kinde nur als der Tochter einer Mrs. Thompson, so dass Hamilton, als die Amme das Kind eines Tages in das Haus brachte, um es dem glücklichen Vater, Lord Nelson, zu zeigen, keinen Verdacht schöpfte, als man ihm sagte, es sei Mrs. Thompsons Kind, sie wolle sich der Gunst des Admirals empfehlen. In demselben Jahre kaufte Lady Hamilton im Auftrage Nelsons für ihn den schönen Landsitz Mertonplace in Surrey. Er sollte hauptsächlich in späteren Jahren als Wohnsitz für Emma und ihre Tochter Horatia bestimmt sein. Lady Hamilton richtete das Schloss ganz nach ihrem Geschmack ein und machte es, wie Nelson schrieb, „zum schönsten Ort der Welt“. Man verlebte dort und in Hamiltons Haus in Piccadilly einen sehr vergnügungsreichen, heiteren Winter unter fortwährenden Gesellschaften. Lady Hamilton dachte hier oft an jene Zeit zurück, als sie vor 20 Jahren in Edgware Road als Romneys Modell und Grevilles Geliebte lebte. Jetzt besass sie alles, was sie sich wünschen konnte; sie verbrachte die „Season“ der Jahre 1801 bis 1803 in London im grossen Stil, in Luxus und Verschwendung. In ihrem Hause verkehrte die fashionabelste Gesellschaft, ungeachtet dessen, was man sich in London über sie zuflüsterte. Die englische Gesellschaft des 18. Jahrhunderts war toleranter als heute. Man sprach ganz offen über Lady Hamiltons Verhältnis zu Nelson, und niemand glaubte an eine platonische Liebe der beiden, ausser Sir William Hamilton. Niemand nahm jedoch Anstoss daran, dass alle drei einträchtig in einem Hause wohnten. Man brachte Lady Hamilton die grösste Achtung entgegen, und sogar die nächsten Verwandten Nelsons, die seine rechtmässige Frau sehr schätzten, verkehrten wie Freunde im Hause seiner Geliebten und verehrten sie. Und dennoch war in Emmas Charakter eine grosse Veränderung vor sich gegangen. Aus der kleinen bescheidenen Freundin Lord Grevilles, die „absolut indifferent gegen materielle Interessen“ schien, war eine sehr anspruchsvolle, geldgierige und vergnügungssüchtige Frau geworden, die weder an Festen noch an Toiletten und Tand genug bekommen konnte. Der neapolitanische Hof hatte sie verdorben. Sie machte Schulden über Schulden, ohne zu wissen, ob sie sie je würde bezahlen können. Der alte Sir William Hamilton war diesem Leben nicht mehr gewachsen. Bisweilen fühlte er sich auch von seiner Frau zurückgesetzt. Sie hatte nur Auge und Ohr für Nelson, für ihre Vergnügungen, lebende Bilder und die zahlreichen Gäste. Hamilton, der vierzig Jahre seines Lebens an einem so unruhigen und geräuschvollen Hofe wie dem neapolitanischen zugebracht hatte, sehnte sich in seinen letzten Lebensjahren nach Ruhe. Mit 80 Jahren konnte er sie ja auch beanspruchen. Aber Emma war nicht dieser Meinung. Sie brauchte, je reifer sie wurde, den Weihrauch der Vergötterung ihrer Person und stürzte sich immer mehr in den Strudel von Vergnügungen. In solchen Augenblicken gingen manchmal dem alten Sir William die Augen auf. Einmal brachte er sogar seinen Unmut zu Papier und schrieb: „Ich habe die letzten 40 Jahre meines Lebens in Unruhe und im Wirrwarr der Geschäfte verbracht, die mit einer offiziellen Stellung notwendigerweise verbunden sind. Nun bin ich in dem Alter, wo etwas Ruhe wirklich nötig ist; ich hoffte auf ein stilles Heim, obwohl ich, als ich heiratete, überzeugt war, dass ich alt und verbraucht wäre, wenn meine Frau in ihrer ganzen Schönheit und Jugendkraft stände. Die Zeit ist nun gekommen, und wir müssen das Beste zu unserer beider Behaglichkeit tun. Unglücklicherweise ist unser Geschmack in bezug auf die Lebensweise sehr verschieden. Ich wünsche vor allem in stiller Zurückgezogenheit zu leben. Aber selten weniger als 12 bis 14 Gäste zu Tisch zu haben und jeden Tag andere, ist für mich genau so ermüdend, wie das Leben in den letzten Jahren in Italien. Ich pflege keinerlei Beziehungen ausser zu meiner eigenen Familie. Ich kann mich auch nicht weiter beklagen, aber ich fühle, dass meine Frau ihre ganze Aufmerksamkeit Lord Nelson und seinen Interessen in Merton schenkt. Ich kenne wohl die Reinheit der Freundschaft Nelsons zu Emma und mir. Und ich weiss auch, wie untröstlich seine Lordschaft, unser bester Freund, sein würde, wenn eine Trennung zwischen uns dreien stattfände. Daher bin ich entschlossen, alles, was in meiner Macht steht, zu tun, sie zu vermeiden. Es würde für alle Teile sehr nachteilig sein, vor allem würde sie für unseren lieben Freund äusserst fühlbar sein. Vorausgesetzt, dass unser Aufwand und unsere Haushaltkosten nicht ins Masslose anwachsen – und darin sehe ich offengestanden eine grosse Gefahr –, bin ich bereit, auf dem gleichen Fusse weiter zu leben. Da ich jedoch nicht mehr hoffen kann, noch viele Jahre zu leben, ist jeder Augenblick für mich kostbar. Und darum hoffe ich, manchmal mein eigener Herr zu sein und meine Zeit nach meinen eigenen Neigungen verbringen zu dürfen. Entweder mit Angeln und Fischen auf der Themse oder indem ich öfter die Museen, Bilderauktionen, die Royal-Society und den Tuesday-Club besuche …"

Er erkrankte indes und starb bald darauf im Jahre 1803 in Piccadilly. Seine Witwe musste das Haus verlassen und zog nach Clargestreet. Teils hier, teils in Mertonplace verbrachte sie von nun an ihr Leben. Nelson betrachtete sie nach der Geburt Horatias, die er über alle Massen liebte, und besonders nach dem Tode des Gatten völlig als seine rechtmässige Gemahlin. Dass sie eine natürliche Tochter, vielleicht sogar zwei Kinder als Mädchen gehabt hatte, wusste er nicht; er scheint nicht daran gezweifelt zu haben, dass Horatia Emmas erstgeborenes Kind war. Jedenfalls verstand sie es, auch Nelson eine Sache glaubhaft zu machen, die jeder andere Mann ihr widerlegt haben würde. Aber wie sie Sir William Hamilton die Geburt Horatias verschwiegen hatte, so verschwieg sie auch Nelson ihre frühere Tochter. Und er glaubte an sie. Im März 1801 schrieb er ihr: „Jetzt, mein einzig geliebtes Weib, das Du in meinen Augen und im Angesicht des Himmels bist, kann ich meinen Gefühlen freien Lauf lassen, denn ich glaube wohl, dass Oliver diesen Brief getreulich abliefern wird. Du weisst, meine geliebte Emma, es gibt in der Welt nichts, was ich nicht täte, um mit Dir zusammenzuleben und unser liebes kleines Kind bei uns zu haben ... Ich liebe Dich, wie keine andere. Niemals hatte ich ein süsses Pfand der Liebe, bis Du es mir schenktest, und Gott sei Dank gabst Du ein solches niemals einem anderen! ... Ich verbrenne alle Deine lieben Briefe; es geschieht Deiner Sicherheit wegen. Verbrenne auch die meinigen, denn sie könnten Böses anrichten und uns beiden nur schaden, im Falle man sie fände. Ein Tüpfelchen von ihnen würde die Münder der „Welt mehr füllen, als wir wünschten ...“ – Und ein andermal: „Ich hoffe, Du sollst in kurzer Zeit meine Herzogin von Bronte werden, und dann schlagen wir ihnen allen ein Schnippchen.“

Dieses grosse Liebesglück fand einen jähen Abbruch durch die Abberufung Nelsons zur Mittelmeerflotte im Jahre 1803. Emma hatte zwar die abenteuerliche Idee, sich mit Horatia und Nelsons Nichte, die in ihrem Hause lebte, auf der „Victory“ einschiffen zu lassen und den Geliebten auf seinem Feldzug zu begleiten; aber es gelang dem Admiral diesmal doch, ihr diesen tollen Gedanken auszutreiben. Sie blieb in London. Der Schmerz über die Trennung war bald vergessen. Sie führte in Mertonplace und in ihrem Hause ein sehr ausgelassenes Leben, so dass sie mit der Rente, die Sir William Hamilton für sie ausgesetzt hatte, und mit den 1200 Pfund, die sie von Nelson für ihren Unterhalt bekam, nicht ausreichte. Umringt von einem Schwarm von Schmarotzern lebte sie in Saus und Braus. Sie umgab sich mit schönen leichtlebigen Frauen, die wie sie selbst auf ein Abenteuerleben zurückblickten. Ihre intimste Freundin war die berühmte und äusserst begabte Sängerin am Drury-Lane- und Covent-

Gardentheater, Mrs. Billington, eine Sächsin von Geburt. Sie führte in London und in allen Städten der Welt, wo sie auftrat, das zügellose Leben einer Hetäre. Königliche Prinzen, Herzöge, Lords waren ihre jeweiligen Liebhaber. Eine Zeitlang auch der Herzog von Rutland, Vizekönig von Irland. Wie Lady Hamilton verfügte Miss Billington über vielseitige Talente und über eine Schönheit, die, wie ein Zeitgenosse sagt, „den Dämon der Sinnlichkeit in sich hatte“.

Lady Hamiltons Freunde waren nicht alle selbstlos. Die meisten nützten ihre Gutmütigkeit aus, liehen von ihr Geld, das sie nie wiedergaben, prassten an ihrer Tafel, machten ihr den Hof und schmeichelten ihrer Eitelkeit, um desto mehr Vorteile von ihr zu haben. Oft ermahnte Nelson sie in seinen Briefen zur Sparsamkeit und warnte sie vor dem „Gezücht, das bei voller Tafel sass und sich sonst nicht um sie kümmerte“. Als er nach zweijähriger Abwesenheit im August 1805 für kurze Zeit nach Mertonplace zurückkehrte, missfiel es ihm sehr, dass sein schöner Landsitz auffallend dem Hofe von Neapel hinsichtlich des leichten Lebens, das man dort geführt hatte, glich. Neben berühmten englischen Schauspielerinnen, Musikern, Balladendichtern, Opernsängern bildeten leichtlebige Klubmänner und Spieler, abenteuerliche Rakes, darunter auch Mitglieder des Adels und viele, deren Stand und Gewerbe höchst fraglich waren, den Gesellschaftskreis seiner unvergleichlichen Emma. Aber er war doch viel zu glücklich, die geliebte Frau und sein Kind wiederzusehen, als dass er ihr wegen ihres leichtlebigen Lebenswandels Vorwürfe hätte machen können. Solange sie sich amüsierte und wohlfühlte, solange sie als schöne Frau verehrt und umschmeichelt wurde, verzieh er und gestattete er ihr alles. In Merton ging daher das Leben auch während seiner Anwesenheit herrlich und in Freuden weiter. Von nah und fern strömten die Besucher herbei, um den gefeierten Helden zu sehen und ihm und seiner Freundin Beweise ihrer Verehrung zu geben. Sein Verhältnis zu Lady Hamilton wurde in der Gesellschaft mit wenigen Ausnahmen so anerkannt, dass er sie stets bei Empfängen als seine Frau vorstellte und immer nur bedauernd hinzufügte, „unglücklicherweise sei sie noch nicht Lady Nelson“.

Sehr bald musste er von neuem von der heissgeliebten Frau scheiden. Im September 1805 verliess er England auf seinem Schlachtschiff „Victory“. Im Oktober fiel er in der Schlacht von Trafalgar. Er wurde von einer Musketenkugel tödlich getroffen. Das Rückgrat war ihm zerschossen. Seine letzten Gedanken galten seiner grossen unauslöschlichen Liebe. Sein Fregattenkapitän Hardy, der um ihn war, empfing den letzten Gruss des Admirals an die geliebte Frau. „Ich scheide“, sagte er, „es wird bald mit mir vorbei sein. Hardy, geben Sie bitte meiner lieben Lady Hamilton meine Haare und alles, was mir sonst gehört ... Ach, wie würde sie sich grämen, wenn sie wüsste, wie es mir geht! ... Hardy, sorgen Sie für meine liebe Lady Hamilton! Sorgen Sie für die arme Lady Hamilton!“ Und dann immer wieder, zum Arzt gewendet: „Doktor, grüssen Sie mir Lady Hamilton und meine Horatia! Sagen Sie ihr, dass ich ein Testament gemacht und sie meinem Vaterland als Vermächtnis hinterlassen habe.“ So treu schied Nelson von der fernen, über alles geliebten Frau. Nach seinem Tode ging es mit ihr sehr schnell abwärts. Sie ergab sich immer mehr ihrem ausschweifenden Leben und stürzte sich in ungeheure Schulden. Als sie nichts mehr zu verschenken hatte, wandten ihr die meisten, die in ihrem Hause gelebt und an ihrer Tafel geschwelgt hatten, den Rücken. Schon drei Jahre nach dem Tode Nelsons hatte Lady Hamilton ihr ganzes Vermögen und das ihrer Tochter verschwendet. Mertonplace musste veräussert werden, und auch über ihren eigenen Besitz in London wurde verfügt. Schliesslich kam sie 1813 ins Schuldgefängnis. Aus der schönen berühmten Frau war ein armes Weib geworden, das von der Gnade der wenigen Freunde lebte, die ihr noch blieben. Mit deren Hilfe entfloh sie auch aus dem Gefängnis nach Calais, in der Hoffnung, bis nach Italien zu kommen, wo sie auf die Hilfe ihrer früheren reichen Freunde hoffte. Aber schon ein halbes Jahr später, im Jahre 1815, starb sie in Calais an einem Leberleiden. Das üppige Leben und die Freuden der Tafel hatten ihrer Gesundheit und besonders ihrer Gestalt furchtbar geschadet. Sie war sehr dick und unförmig geworden, und von der einstigen Schönheit war nichts geblieben als ihre schöne melodische Stimme und ihre hellen blauen Augen.

## Fünftes Kapitel
# Letizia Bonaparte

*Letizia Bonaparte; Gemälde von F. Gérard; Schloss Versailles*

Letizia Bonaparte, die bestimmt war, einem Geschlecht von Fürsten das Leben zu geben, ist in allen Lebenslagen, selbst auf der höchsten Stufe des Glanzes, immer dieselbe geblieben. Sie ist von den Geschichtsschreibern meist stiefmütterlich behandelt worden. Aber gerade sie, die Charakterstarke, deren Leben fast ein Jahrhundert währte, jene wahrhafte Kaisermutter, die in antiker Grösse alle Schicksalsfügungen, die freudigen wie die leidvollen, an sich vorübergehen liess, verdient gewürdigt zu werden.

Ueber ihr Geburtsjahr ist viel gestritten worden. Der Wahrheit am nächsten kommt wohl der 24. August 1749. Ihre Wiege stand gleich der ihres Gatten Carlo Bonaparte in Ajaccio. Letizia entstammt dem Patriziergeschlecht der Ramolino, die ebenfalls, wie die Bonaparte, aus Norditalien eingewandert waren. Später hatten sie sich mit einer der reichsten italienischen Adelsfamilien, dem gräflichen Geschlecht der Collalto, durch Heirat verbunden.

Letizia galt für das schönste Mädchen in Ajaccio. In ihrem dreizehnten Jahre hatte sie sich bereits zur vollendeten Schönheit entwickelt, wie man das häufig bei korsischen Frauen trifft. Sie war mittelgross und wohlgestaltet in den Formen, deren jugendliche Anmut mit der ganzen Erscheinung prächtig harmonierte. Hände und Füsse waren zierlich und feingegliedert: ein Merkmal, das auch ihrem Sohn Napoleon eigen war. Der Mund, vielleicht etwas herb im Ausdruck, aber formvollendet im Schwunge der Lippen, barg zwei Reihen perlenähnlicher Zähne; wenn er sich zum Lächeln verzog, war er bezaubernd. Das etwas vorgeschobene Kinn deutete auf Energie. Prachtvolle kastanienbraune Zöpfe schmückten den klassisch geformten Kopf, dem die dunklen Augen mit den langen Wimpern und die schmale, gebogene Nase den edelsten Ausdruck verliehen. Alle ihre Züge und Glieder verband die wundervollste Harmonie. Napoleon sagte später auf Sankt Helena: „Meine Mutter hatte ebensoviel Tugenden wie weibliche Reize: sie war das Glück ihres Mannes, und ihre Kinder liebten sie zärtlich.“

Von den dreizehn Kindern aus Letizias einundzwanzigjähriger Ehe blieben nur die acht am Leben, die sie zwischen der Blüte der Jugend und der höchsten Entwicklung als Weib zur Welt brachte. Sie war ihren Kindern eine vortreffliche Mutter mit einem grossen, erhabenen Herzen voll Güte und Stolz. Sie liess ihnen keinen Fehler durchgehen, sondern strafte, wenn es sein musste, oft recht hart. Carlo Bonaparte, den Geschäfte und Vergnügungen häufig fern von seiner Familie hielten, suchte bisweilen die Unarten der Kinder zu entschuldigen, aber Letizia liess sich in dieser Beziehung nicht dreinreden. „Lass das meine Sorge sein“, sagte sie dann zu ihrem Gatten in halb vorwurfsvollem, halb gebieterischem Tone, „ich habe über sie zu wachen!“ Und sie wachte im wirklichen Sinne des Wortes mit unvergleichlicher Sorgfalt über die ersten Eindrücke ihrer Kinder. „Alle niedrigen Gefühle in uns wurden beseitigt“, sagte Napoleon, „denn sie verabscheute sie. Nur das Grosse, Erhabene liess sie an ihre Kinder herantreten. Sie hatte die grösste Abneigung gegen die Lüge, wie gegen alles, was auch nur den Schein einer niedrigen Gesinnung an sich trug. Sie wusste zu strafen und zu belohnen. Sie beobachtete alles bei ihren Kindern.“ Letizia Bonaparte war eben eine Mutter, eine echte Korsin. Der Name „Madame Mère“, den sie unter dem Kaiserreich offiziell erhielt, hätte für sie nicht besser gewählt werden können: er entspricht durchaus dem bescheidenen Wesen, das die Kaisermutter stets bewahrte. Die Erziehung freilich, die Letizia ihren Kindern in bezug auf die Ausbildung der geistigen Fähigkeiten geben konnte, war äusserst mangelhaft. Dafür gab sie ihnen etwas mit auf den Lebensweg, das keines von ihnen unbenutzt gelassen hat: die Erkenntnis der Notwendigkeit, stets zueinander zu halten, um hoch zu kommen! „Du starke und gute Frau, du Vorbild aller Mütter!“ ruft ihr ältester Sohn Joseph später aus; „wieviel Dank schulden dir deine Kinder für das Beispiel, das du ihnen gegeben!“

Im Hause ihres Onkels Arrighi di Casanova in Corte, wo Carlo, um dem General Paoli näher zu sein, sein Heim aufgeschlagen hatte, gebar Letizia am 7. Januar 1768 ihr erstes lebensfähiges Kind, Joseph, den späteren König von Spanien. Nicht lange nach der Niederkunft folgte sie ihrem Manne ins Feld, entschlossen zum Kampfe für die Freiheit des Vaterlandes. Jeder, der in Korsika imstande war, Waffen zu tragen, schloss sich den Patrioten an. Männer, Frauen, Kinder, Greise, alle wollten ihr Scherflein Mut zu der guten Sache beisteuern. Der Heldenmut der korsischen Frau konnte zu jener Zeit dem des Mannes gleichgestellt werden. Tapfer ritt oder marschierte Letizia an der Seite Carlos auf den manchmal kaum gangbaren Wegen einher. Ihre Schönheit, ihr sanfter Blick, die feinen Linien ihres edlen Gesichtes schienen schlecht zu jener abenteuerlichen Kühnheit zu passen, die sie mit fortriss. Aber die stolze Biegung der Nase, die fest zusammengepressten Lippen, um die ein verachtender Zug schwebte, die wie Feuer aus den dunklen Augen hervorschiessenden Blicke deuteten auf eine eiserne Willenskraft. Hinter dieser glatten Frauenstirn türmten sich männliche Gedanken!

Eines Tages war man genötigt, durch den Liamone, einen angeschwollenen Gebirgsstrom, zu reiten. Infolge einer falschen Bewegung verlor Letizias Pferd den Boden unter den Füssen und wurde von der Strömung ein Stück mit fortgerissen. Man rief der in Gefahr schwebenden Frau zu, das Tier preiszugeben, und wollte ihr schwimmend zu Hilfe eilen, sie aber hielt sich mit dem kleinen Joseph im Arm tapfer im Sattel. Es gelang ihr, das Pferd wieder zu beherrschen und glücklich das Ufer zu erreichen. Und dabei stand ihr binnen kurzem eine neue Niederkunft bevor!

Nach der Schlacht bei Pontenuovo, an der Letizia keinen Anteil nehmen konnte, weil ihre Schwangerschaft zu weit vorgeschritten war, flüchtete sie bis nach Ajaccio, um dort ihre Stunde zu erwarten. Es war die höchste Zeit für die junge Frau. Die Anstrengungen des beschwerlichen Feldzuges waren auch an ihr trotz der kräftigen Körperbeschaffenheit nicht spurlos vorübergegangen; die Rückwirkungen machten sich bemerkbar. Dennoch wollte sie es sich nicht nehmen lassen, am 15. August 1769, zu Mariä Himmelfahrt, in die in der Nähe ihres Hauses gelegene Kathedrale zur Messe zu gehen. Für das Kind unter ihrem Herzen wollte sie den Segen der Jungfrau erflehen.

Es war ein herrlicher Sommertag. Die Sonne goss ihre goldenen Strahlen über die mit Blumen und Girlanden geschmückten Häuser. Sonntäglich geputzte Menschen strömten in die weitgeöffnete Kirche und erfüllten

Strassen und Plätze mit ihrer Fröhlichkeit, unter die sich feierlich der Klang der Glocken mischte. Die Messe begann. Andächtig hing die Menge an den Lippen des Priesters, der das „Gloria in excelsis Deo“ anstimmte. Nur Letizia Bonaparte war unruhig und nervös. Sie fühlte die ersten Anzeichen ihrer Niederkunft. Hastig verliess sie die Kirche und eilte, so schnell ihre Füsse sie tragen konnten, in namenloser Angst nach Hause. Sie hatte jedoch nicht mehr Zeit, bis zu ihrem Schlafzimmer zu gelangen, sondern gab in einem näher gelegenen Raume auf einem Sofa ihrem Sohne Napoleon das Leben.

Dieses Kind, ihr Napoleon, wurde der Mutter äusserlich, wie im Charakter, am meisten ähnlich. Sein schnelles Auffassungsvermögen und Eindringen in die geringfügigsten Dinge, seine Energie und seine seltene Tatkraft, seinen Ordnungssinn in Geldangelegenheiten erbte er von ihr, nur ihre Wahrheitsliebe hat er nicht immer bewahrt.

Letizias Bildung war, wie die aller Korsinnen zu jener Zeit, sehr dürftig. Sie wusste fast nichts ausser ihren Hausfrauen- und Mutterpflichten, ausser den Gebeten zur Jungfrau Maria, deren Schutz sie ihre Kinder empfahl und deren Namen alle ihre Töchter trugen. Weder von der italienischen noch von der französischen Literatur hatte sie eine Ahnung. Sie sprach ihr ganzes Leben lang, selbst am Kaiserhof ihres Sohnes, ihren korsischen Dialekt. Die französische Sprache machte ihr grosse Schwierigkeiten. Ihr italienischer Akzent brach immer wieder durch. So sagte sie stets „houreuse“ anstatt „heureuse“, „ma“ für „mais“, „oune“ für „une“, „je souis“ anstatt „je suis“ usw. Ganz besonders ärgerte sich Napoleon darüber, dass sie seinen Namen korsisch aussprach. Als Konsul sagte er einmal zu Lucien und Joseph: „Ihr könnt übrigens Mama sagen, dass sie mich nicht immer Napolione nennen soll. Das ist italienisch. Mama soll mich, wie jedermann, Bonaparte nennen, aber nicht etwa Buonaparte. Das wäre noch schlimmer als Napolione. Nein, sie mag „der Erste Konsul“ oder einfach „Konsul“ sagen! Ja, das ist mir lieber. Aber Napolione, immer dieses Napolione, das stört mich.“ Als Letizia später als Kaisermutter gezwungen war, französische Briefe zu schreiben, diktierte sie sie stets in ihrer Muttersprache. Die grösste Tugend dieser Frau war ihr Sinn für Pflicht, Ordnung und Sparsamkeit, die man ihr allerdings oft als Geiz ausgelegt hat. Letizia war ihr ganzes Leben lang anspruchslos. Als ihr Sohn sich bereits Namen und Vermögen erworben hatte und im politischen Leben eine bedeutende Rolle spielte, war sie in ihrer Kleidung sparsamer als die einfachste Bürgerin. Einst kam sie für einige Wochen zu ihrer schönen, an den General Leclerc verheirateten Tochter Pauline zu Besuch und brachte nur ein einziges Kleid mit. Die elegante Paulette spottete über die Sparsamkeit der Mutter, aber Letizia entgegnete ernst: „Schweig, Verschwenderin! Ich muss doch für deine Brüder sorgen; nicht alle sind schon selbständig. Ich will nicht, dass Bonaparte sich beklagt. Du missbrauchst seine Güte."

Später, als der Kaiser der Mutter bedeutende Summen zur Verfügung stellte, artete diese Sparsamkeit in eine dem Geiz sehr ähnelnde Eigenschaft aus. Man sagt Frau Letizia nach, sie hätte selbst das Geld, das sie von ihrem Sohne zur Verteilung unter die Armen erhielt, für sich behalten. Das entspricht jedoch nicht der Wahrheit, denn Madame Mère gab viele Almosen im geheimen. Wenn die Kinder ihr bisweilen Vorstellungen machten, dass sie für eine Kaisermutter zu sparsam wäre, so antwortete sie kalt: „Bin ich nicht gezwungen, etwas auf die Seite zu legen? Werde ich nicht früher oder später einmal sieben bis acht Souveräne auf dem Hals haben?" Sie war nämlich die einzige in der Familie, die nicht so recht an die Dauer all des Reichtums und Glanzes glauben wollte. „Pourvu que cela doure (dure)" pflegte sie zu sagen. Ihre Sparsamkeit ging schliesslich so weit, dass sie wie eine Spiessbürgerin in den geringsten Dingen ihrer kaiserlichen Haushaltung zu sparen suchte. So soll sie Luciens Frau, der guten Christine Boyer, stets empfohlen haben, zeitig zu Bett zu gehen, um das Licht zu sparen.

Eine Entschuldigung aber für diese in den Tagen des Glücks und des Glanzes unangebrachte Knauserei müssen wir Letizia werden lassen: sie wusste, was es hiess, aller Mittel entblösst zu sein! Sagte sie doch einmal zum Grafen Girardin: „J'ai oun millione, l'année. Je ne le mange pas à beaucoup près. Je n'ai pas des dettes, ... je me trouve toujours avoir cent mille francs au service d'un de mes enfants. Qui sait, peut-être un jour seront-ils bien contents de les avoir. Je n'oublie pas que pendant longtemps je les ai nourris avec des rations.“ – Sie war Skeptikerin und hatte nicht so unrecht, denn später, als alles in Trümmer fiel, kam ihren Kindern das von ihr aufgestapelte Vermögen zustatten. Grossmütig bot sie dem unglücklichen Sohn auf der Insel der Verbannung alle ihre Schätze an.

Als die sechsunddreissigjährige Frau mit ihren acht Kindern, von denen nur Josef ihr eine schwache Stütze sein konnte, Witwe wurde, hatte sie schwer zu kämpfen. Carlo Bonaparte hatte für die Zukunft der Seinen schlecht gesorgt. Glücklicherweise fand Letizia in dem alten Gouverneur Barbeuf in Ajaccio einen väterlichen Freund, der ihr über die bitterste Not hinweghalf. Er war Pate ihrer Kinder, der Freund des Gatten gewesen, und fühlte sich in dieser Eigenschaft verpflichtet, für die Verwaisten zu sorgen. Ungerechterweise hat man die Mutter Napoleons beschuldigt, diesem Mann mehr als nur Freundin gewesen zu sein. Ihr strenger, ernster Charakter spricht allein für die Ungereimtheit eines solchen Gerüchtes. Letizia lag Tändelei und Liebelei fern. Sie besass nicht den Leichtsinn, der sich später bei ihren Töchtern bemerkbar machte. Ihre strenge klassische Schönheit, die sie bis ins Alter bewahrte, erweckte übrigens mehr stumme Bewunderung als Begehren. Sie war viel zu sehr Hausfrau und Mutter, als dass sie sich zur Geliebten geeignet hätte. Die Sorge um das Wohl ihrer zahlreichen Familie und die Pflege des alten gichtkranken Onkels Luciano liessen ihr auch nicht Zeit, an Liebeleien zu denken.

Nach dem Tode ihres Mannes nahm Letizia ihre Aufgabe sehr ernst. Sie betrachtete sich als Oberhaupt der Familie, an dem kein Makel haften durfte. Jetzt lasteten die Pflichten und Sorgen noch schwerer auf ihr. Wie hätte sie wohl an etwas anderes denken können als an ihre Familie? Wohl stand ihr der Archidiakon Luciano mit seinen Ratschlägen zur Seite, aber Geld und Einkünfte waren knapp. Der Onkel hätte helfen können, denn er war wohlhabend; er besass grosse Schafherden, versteckte aber die blanken Goldstücke in seinem Bett. Nur mit List gelang es bisweilen den Kindern, ihn zur Hergabe von einigen Talern zu bewegen. Nichtsdestoweniger wurde er von allen geliebt und geachtet und übte nicht nur auf die Familie, sondern auf ganz Ajaccio einen heilsamen Einfluss aus.

Letizia aber wurde in dieser Zeit noch sparsamer. Sie lebte mit ihren Kindern so zurückgezogen wie nur möglich. Der siebzehnjährige Joseph war, nachdem er den Vater in „fremder Erde" – wie sich Napoleon ausdrückte – bestattet hatte, zur Mutter nach Korsika zurückgekehrt. Napoleon hingegen befand sich auf der Militärschule von Paris. Da hiess es sparen, und Letizia verstand zu sparen. Ein Mädchen für alles, das drei Franken Lohn im Monat erhielt, ging der künftigen Kaisermutter zur Hand, und diese scheute sich nicht, selbst die niedrigsten Hausarbeiten zu verrichten.

Die politischen Ereignisse übten einen ständig wachsenden Einfluss aus. Die französische Revolution war auch in Korsika nicht spurlos vorübergegangen; sie entfachte von neuem den Krieg auf der Insel, der durch Paolis Niederlage im Jahre 1769 beendet worden war. Je mehr General Paoli sich indes den Engländern näherte, desto weiter entfernte sich die Familie Bonaparte von ihm. Letizia, ihr Bruder, der spätere Kardinal Fesch, ihre Söhne Joseph, Napoleon und Lucien hatten sich eifrig der französischen Revolution in die Arme geworfen. Letizia war, wenn auch anfangs schweren Herzens, Französin geworden, und blieb es nun. Wie sie damals dachte, spricht sich klar in den Worten aus, die sie zu Napoleon sagte, als dieser klagte, nicht in Korsika sein zu können, um das teure Vaterland vor einer neuen Invasion der Engländer zu schützen. „Napolione", sagte die Mutter, „Korsika ist nur ein unfruchtbarer Felsen, ein kleines unbedeutendes Fleckchen Erde! Frankreich hingegen ist gross, reich, bevölkert; es steht in Flammen! Frankreich zu retten, mein Sohn, ist eine edle Aufgabe, die verdient, dass man sein Leben dafür in die Waagschale wirft."

Immer bedenklicher wurde die Lage der Bonaparte auf Korsika. Der Aufstand brach auf der Insel aus. Von neuem versammelten sich die Korsen unter dem Banner Paolis. Napoleon versuchte an der Spitze der republikanischen Truppen gegen den einst glühend verehrten Helden anzukämpfen, aber vergebens. Eine Zeitlang behielten die Patrioten die

Oberhand. Luciens Adresse an den Konvent brachte die Paolisten bis zur äussersten Wut gegen die Bonaparte. Napoleon sah sich und die Seinigen in Gefahr. Um Paoli zu entrinnen, der geschworen hatte, die Familie lebendig oder tot in seine Hände zu bekommen, war Letizia gezwungen, mit ihren Kindern zu fliehen.

„Eines Nachts", erzählt Lucien, „wurde meine Mutter durch Stimmengewirr aus dem Schlafe geweckt. Als sie sich in ihrem Bett aufrichtete, sah sie das ganze Zimmer mit bewaffnetem Bergvolk angefüllt. Sie glaubte sich von den Leuten Paolis überrascht. Da fiel der Schein einer brennenden Fackel auf das Gesicht des Anführers. Es war Costa aus Bastelica, der eifrigste und ergebenste unserer Anhänger. Schnell, Signora Letizia, rief er, die Unsrigen, die nicht mehr die Unsrigen sind (die Leute Paolis), folgen uns auf dem Fusse! Wir haben keinen Augenblick zu verlieren! Ich bin hier mit allen meinen Leuten; man soll sich nicht rühmen, Sie zur Gefangenen gemacht zu haben. Das übrige erkläre ich Ihnen unterwegs. Wir werden Sie retten oder mit Ihnen sterben! Schnell! Schnell!"

Mutter und Kinder erhoben sich hastig, rafften in Eile ein paar Kleidungsstücke zusammen, in die sie sich hüllten; andere Gegenstände mitzunehmen war keine Zeit. Die Schlüssel des Hauses übergab man der Familie Braccini, die während der Nacht alle bloßstellenden Papiere beiseite schaffte. Darauf verliess die Familie Bonaparte, ausser den beiden jüngsten Kindern Carlotta (Karoline) und Girolamo (Jerôme), die man bei einer Verwandten zurückliess, in der Mitte der bewaffneten Kolonne schweigend die noch schlafende Stadt. Zuerst ging es nach Milelli, der Bonaparteschen Besitzung unweit Ajaccios; sie bot indes zu wenig Sicherheit als Zufluchtsort. Man flüchtete in die Berge. Oft hörten die Flüchtlinge die feindlichen Truppen unten im Tal vorüberziehen, aber die Vorsehung verhütete ein Zusammentreffen, das gefährlich hätte werden können.

Letizias grosser, starker Charakter überwand alle Anstrengungen, alle Sorge und flösste den verzagten Kindern Mut ein. Mariannas (Elisas) dünne Schuhe hielten den beschwerlichen Wegen in den Bergen nicht stand; ihre Füsse waren bereits wund, und sie weinte vor Schmerz. Die Mutter wusste sie immer wieder zu trösten und zu ermahnen, bis zuletzt tapfer auszuhalten. Von weitem sah Letizia ihr Haus, das die Leute Paolis geplündert und teilweise zerstört hatten, in Trümmer fallen; sie zuckte nicht mit der Wimper, obwohl ihr das Herz bluten musste, denn sie stand nun mittellos da. Nur ein herber Zug legte sich um die schmalen, festgeschlossenen Lippen.

Nachdem sie zwei Nächte hindurch marschiert waren, bemerkten sie endlich durch eine Lichtung des Maquis die Segel des französischen Geschwaders, das die flüchtende Familie vorläufig nach Calvi bringen sollte. Napoleon, der an der Küste herumgeirrt war und nach ihnen ausgespäht hatte, empfing sie.

Nach grossen Gefahren traf Letizia mit den Ihrigen im Juli 1793 in Toulon ein. Der Aufenthalt in dieser Stadt aber war für die korsischen Flüchtlinge nicht sicher genug. Ausserdem war das Leben in Toulon für den kargen Geldbeutel Letizias viel zu teuer. Sie zog daher mit ihren Kindern in das Dorf La Valette, ein wenig später nach Bandol und schliesslich nach Nizza, wo Napoleons Regiment stand. Später suchte sie in Marseille eine Zuflucht.

Letizia glaubte in Frankreich als emigrierte Patriotin aufgenommen zu werden und die ihr so ausserordentlich nötige Unterstützung zu finden. Sie täuschte sich. Kein Mensch kümmerte sich um die zahlreiche arme korsische Familie. Aller Mittel bar, nachdem man ihre Habe in Korsika teils geraubt, teils zerstört oder beschlagnahmt hatte, sah sich Frau Bonaparte mit ihren Kindern im grössten Elend. Jetzt kam ihr die so oft verspottete Sparsamkeit sehr zustatten.

Anfangs bewohnte die Familie in Marseille eine kleine Dachwohnung in der Rue Pavillon; nachher bezog sie ein Kellergeschoss in einem von der Schreckensherrschaft teilweise verwüsteten Hause, in dem verschiedene korsische Emigranten Unterkunft gefunden hatten. Die Mutter Napoleons ertrug alles, überwand alles mit einer Klugheit, mit einer Würde, die in Erstaunen setzten. Der Kaiser sagte später von ihr: „Sie hatte den Kopf eines Mannes auf dem Körper einer Frau!" – Auch in Marseille lebte Letizia mit ihren Kindern mehr als bescheiden. Schliesslich aber überwand sie ihren korsischen Stolz und nahm ihre Zuflucht zum Wohltätigkeitsbureau. Sie musste für sich und die Ihrigen um Brot bitten, denn der magere Offizierssold, mit dem Napoleon fast alle Bedürfnisse der Familie bestritt, langte nicht weit. Jetzt erhielt Frau Bonaparte wenigstens täglich ein Brot, und Joseph und Lucien beschafften Soldatenrationen von Fleisch und Gemüse. Mit einem Wort: die Bonaparte hatten gerade so viel, um nicht Hungers zu sterben. Die einfache Frau litt nicht sehr unter diesen kläglichen Umständen, mehr litten ihre hübschen lebenslustigen Töchter. Marianna (Elisa) war achtzehn, Maria Annunziata (Pauline) fünfzehn und Maria Carlotta (Karoline) dreizehn Jahre alt. Letizia hielt sie alle drei fleissig zur Arbeit an. Die späteren Königinnen und Fürstinnen mussten tüchtig putzen und waschen. In dürftigen Kleidern und billigen Hüten zu vier Sous besorgten sie die mageren Einkäufe für den Haushalt. Zu Hause sah man Mutter und Töchter nähen und sticken; sie waren damals ihre eigenen Schneiderinnen und Putzmacherinnen.

Dank Letizias unablässigen Bemühungen um Unterstützung verbesserte sich ihre Lage ein wenig. Man konnte sich bald eine anständige Wohnung nehmen und zog nach der Rue du Faubourg de Rome. Um Napoleon zu schmeicheln, der anfing, einen gewissen Einfluss auf seine Umgebung auszuüben, hatten die Kommissare des Wohlfahrtsausschusses der Familie Bonaparte eine Unterstützung zukommen lassen, die Letizia gestattete, für sich und ihre Töchter Kleider und etwas Wäsche zu kaufen, deren sie sehr nötig bedurften.

Beziehungen zu anderen Familien hatten die Bonaparte anfangs in Marseille fast keine. Sie waren viel zu arm, als dass sie gesellschaftlichen Verkehr hätten pflegen können. Später, als ihre Lage etwas besser wurde, schlossen sie sich der reichen Kaufmannsfamilie Clary an, deren älteste Tochter im Jahre 1794 Josephs Frau wurde. Einige Korsen, darunter der General Cervoni, der Zahlungsanweiser Villemanzy, später ein glühender Bewunderer des napoleonischen Genies und damals wohl der Schönheit

Letizias, sowie die beiden Volksvertreter Fréron und Barras, das war der von der Familie Bonaparte besuchte Gesellschaftskreis. Infolge des Einflusses der beiden Volksvertreter und der Bemühungen Josephs erhielt Letizia die längst ersehnte Pension, die die Regierung allen geflüchteten korsischen Patrioten bewilligte. Sie belief sich auf je 75 Franken monatlich für die Mutter und die beiden ältesten Töchter, sowie auf je 45 Franken für die beiden jüngsten Kinder.

Als Napoleon Ende 1793 zum Bataillonschef der Belagerungsartillerie vor Toulon ernannt worden war, übersiedelte Letizia, um dem Sohne näher zu sein, in die Umgebung der belagerten Stadt. Hier konnte er sie besser und leichter unterstützen. Bald strahlte sein Ruhm auf die ganze Familie aus: mit der Eroberung von Toulon hatte auch die grösste Not der Bonaparte vorläufig ein Ende.

Nachdem Napoleon Brigadegeneral und gleichzeitig mit dem Kommando der Artillerie der italienischen Armee und mit der Inspektion der Küstenbatterien betraut worden war, riefen ihn seine Pflichten nach Antibes. Dorthin liess er auch im Frühjahr seine Mutter und Schwestern kommen. Er brachte sie im Schlosse Sallé unter. Hier lebte Letizia immer noch sehr einfach, obwohl ihre Lage im Vergleich zu den ersten Wochen in Marseille glänzend war. Sie hat den Aufenthalt in dem alten, malerisch gelegenen, von Licht und Sonne umflossenen Schlosse niemals vergessen. Noch als Kaisermutter erzählte sie, dass sie dort die glücklichste Zeit ihres Lebens verbracht habe. Und doch erinnerten sich die Einwohner von Antibes noch lange, dass Frau Bonaparte ihre Wäsche in dem vorbeifliessenden Flusse selbst gespült hatte.

Dies hinderte Madame indes nicht, auch „ihre Salons“ zu eröffnen. Die lebenslustigen Töchter bestanden darauf. Der Sohn brachte seine Kameraden, junge liebenswürdige Offiziere, ins Haus seiner Mutter, bei deren Gesellschaften er stets zugegen war. Man spielte ein wenig Theater, deklamierte, sang und tanzte, und Fröhlichkeit herrschte von morgens bis abends im Schlosse Sallé; dafür sorgte schon die tolle Paulette.

Im darauffolgenden Sommer ging Letizia mit dem Sohne nach Nizza. Erst nach fünfmonatiger Abwesenheit kehrte die Familie nach Marseille zurück. Inzwischen hatte sich Joseph verheiratet. Die Mutter hoffte, ihr Sohn Napoleon werde die junge Schwägerin Josephs, Désirée Clary, heimführen, aber böse Zungen behaupteten, die Clary hätten mit einem Bonaparte in der Familie genug gehabt. Auch Lucien schloss einen Bund. Seine Heirat mit Christine Boyer, der Tochter eines Gastwirts, war nicht nach dem Geschmack der Familie. Aber die einfache Letizia söhnte sich bald mit der Schwiegertochter aus, weil diese bescheiden und anspruchslos war, ihren Mann über alles liebte und ihm Kinder schenkte. Das gefiel der Korsin.

Mehr Enttäuschung erlebte Frau Bonaparte durch die Heirat ihres Napoleon mit der ehemaligen Vicomtesse de Beauharnais. Letizia war über diesen Schritt ihres Sohnes so ärgerlich, dass sie ihren Aufenthalt in Marseille verlängerte, obwohl Napoleon immer drängte, sie solle nach Paris kommen. Ein besonderer Grund zur Sorge für sie war, dass dieser Ehebund nicht durch die priesterliche Weihe geheiligt worden war. Letizias frommer Glaube litt darunter. Abergläubisch, wie alle Bonaparte, sah sie darin ein böses Omen für die Zukunft ihres Napoleon. Letizia glaubte nicht, dass Josephine ihren Sohn glücklich machen könne. Am meisten fühlte sie sich in ihrem Mutterstolze dadurch verletzt, dass Napoleon, ganz gegen korsische Sitte, sie, die Mutter, das Oberhaupt der Familie, nicht um ihre Einwilligung zur Heirat gebeten hatte.

Bald jedoch wurde Letizias Sorge über diese Heirat durch die Ernennung Napoleons zum Oberbefehlshaber der italienischen Armee verdrängt. Und als der General auf seiner Reise nach Italien durch Marseille kam, um von den Seinen Abschied zu nehmen, umarmte Letizia ihn mit den Worten: „Nun bist du ein grosser General!“ Darin lag der ganze Stolz, das ganze Glück der Mutter. Ihr Segen begleitete ihn ins Feld. Als er von ihr ging, dem Ruhme und Glanze entgegen, da rief sie ihm nach: „Sei ja nicht unvorsichtig, nicht waghalsiger, als es dein Ansehen erfordert! Gott! Mit welcher Angst werde ich jeder Schlacht entgegensehen! Gott und die Heilige Jungfrau mögen dich schützen!“ In

Gedanken folgte die Mutter seinem Ruhme mit ihren Wünschen für sein Wohlergehen.

Als Letizia später in Begleitung ihrer Kinder den Sieger von Montenotte, Millesimo, Castiglione und Arcole in Italien wiedersah, den bleichen mageren General, der nicht Rast noch Ruhe kannte, presste sie ihn voll Stolz an ihr Herz und sagte: „O Napolione, ich bin die glücklichste aller Mütter!" Es entschlüpften ihr aber auch die sorgenden Worte: „Du tötest dich." – „Im Gegenteil", erwiderte Napoleon heiter, „es scheint mir, dass ich lebe!" – „Sage lieber", warf Letizia ein, „dass du in der Nachwelt leben wirst – aber jetzt ...!" – „Nun, Signora", entgegnete der Sohn – sie hatte es besonders gern, wenn er sie Signora nannte – „nun, Signora, heisst das etwa sterben?"

Noch einmal kehrte Frau Bonaparte nach Marseille zurück. Von dort begab sie sich mit ihrer Tochter Elisa, die inzwischen Frau Baciocchi geworden war, nach der jetzt endlich vom englischen Einfluss befreiten Heimatinsel. Mit welcher Freude begrüsste sie die alten lieben Felsen! Arm und hilflos war sie einst vor ihren Verfolgern geflüchtet – als Mutter des gefeierten italienischen Siegers kehrte sie jetzt zurück. Aber ihr Haus fand sie verwüstet. Sofort machte sie sich an die Arbeit, das Nest für sich und die Ihrigen wieder aufzubauen. Uebergrosse Anstrengungen aber warfen sie aufs Krankenlager und verlängerten ihren Aufenthalt in Korsika. So erfuhr sie von dem Triumphe, den man ihrem „grossen General" bei seiner Rückkehr nach Paris entgegenbrachte, nur vom Hörensagen und durch die Zeitungen.

Während Napoleon in Aegypten war, versuchten englische Nachrichten oft, die Ruhe der Mutter des Siegers zu stören, indem sie das Gerücht von seinem Tode verbreiteten. Aber Letizias festes Vertrauen auf sein Genie liess sich nicht so leicht erschüttern. Eines Tages sagte sie zu verschiedenen bei ihr in Ajaccio anwesenden Personen mit leichter Zuversicht: „Mein Sohn wird in Aegypten nicht so elend umkommen, wie es seine Feinde gern möchten. Ich fühle, dass er zu Höherem bestimmt ist!" Auch sie glaubte an den Stern Napoleons. Um dieselbe Zeit, als sich der General Bonaparte in Aegypten nach Frankreich einschiffte, verliess auch seine Mutter die heimatliche Insel. Sie traf einige Tage vor ihrem Sohne in Paris ein, ohne zu ahnen, dass sie ihn so bald wiedersehen werde.

Der Staatsstreich vom 18. Brumaire fand statt. Frau Letizia, die bei ihrem Sohn Joseph wohnte, zitterte um das Geschick ihrer Kinder, wie die Mutter der Gracchen. Aeusserlich merkte man ihr zwar nicht viel an, nur Totenblässe bedeckte ihr Gesicht, und jedes Geräusch erschreckte sie. Die spätere Herzogin von Abrantes, die sich am 19. Brumaire mit ihrer Mutter, Letizia und Pauline im Theater Feydeau befand, erzählte von Letizias Gemütsverfassung an diesem Tage folgendes: Frau Bonaparte schien ausserordentlich aufgeregt und besorgt zu sein. Sie sagte freilich nichts, sah aber öfter nach der Tür der Loge, und meine Mutter und ich merkten, dass sie jemand erwartete. Der Vorhang ging auf, das Stück begann ganz ruhig. Plötzlich trat der Regisseur vor die Rampe, verbeugte sich und sagte mit lauter Stimme: „Bürger! Der General Bonaparte ist soeben in Saint-Cloud einem Attentat der Vaterlandsverräter entgangen!“

Bei diesen Worten stiess Pauline, die Schwester des Generals, einen markerschütternden Schrei aus und war furchtbar erregt. Ihre Mutter, ebenfalls tief erschüttert, suchte sie zu beruhigen. Letizia war bleich wie eine Statue. Wie sehr sie jedoch innerlich litt; auf ihrem Gesicht sah man nichts als einen ganz leisen schmerzhaften Zug um die Lippen. Sie neigte sich zu ihrer Tochter, nahm deren Hände, drückte sie fest, und sagte in gebieterischem Tone: „Pauline, warum dieses Aufsehen! Schweig! Hast du nicht gehört, dass deinem Bruder nichts zugestossen ist? Sei ruhig und steh auf; wir müssen jetzt gehen und uns nach den näheren Umständen erkundigen.“

Zum ersten Male entschloss sich Frau Letizia, zu ihrer Schwiegertochter Josephine zu gehen, bei der sie die beste Auskunft über das Geschick ihres Sohnes erhalten konnte. Sie hatte es bisher vermieden, sie zu besuchen, denn sie meinte, Josephine nehme keinen Anteil an ihrer Sorge um den geliebten Napoleon. Letizia konnte Josephine die Untreue gegen Napoleon, während er in Italien und Aegypten war, nicht verzeihen. Auch dass Josephine ihr noch kein Enkelkind geschenkt hatte, grämte sie: die Mutter so vieler Kinder blickte verächtlich auf die kinderlose Schwiegertochter. Aeusserlich bewiesen sich diese beiden Frauen Höflichkeit und Achtung.

Als Napoleon zum Ersten Konsul ernannt worden war, wollte er, dass Letizia einen der Mutter des Staatsoberhauptes würdigen Haushalt führe. Er bot ihr die Tuilerien zum Aufenthalt an. Dieses grosse, weite Königsschloss flösste der einfachen Frau, die bisher nicht in Ueberfluss und Prunk gelebt hatte, Scheu ein. Sie zog es vor, noch eine Zeitlang bei Joseph zu wohnen, bis Napoleon ihr das Hotel Montfermeil in der Rue du Mont-Blanc einrichtete. Hier lebte Letizia, wie sie es gewöhnt war, einfach und ohne Luxus. Aber gerade von seiner Mutter hätte Napoleon gern gesehen, dass sie ihr Einkommen, 120 000 Franken jährlich, verausgabte. Er hatte damit kein Glück bei ihr. Geldausgeben machte ihr nicht die geringste Freude. Sogar die Reparaturen in ihrem Hause liess sie von ihrem Sohn Napoleon bezahlen. Später noch, als sie als Kaisermutter ein Jahrgeld von einer Million bezog, beschränkte sie ihre Hofhaltung aufs nötigste. Auf Napoleons Einwände pflegte sie gewöhnlich zu erwidern: „Wenn Sie doch wieder einmal ins Unglück geraten sollten, so werden Sie mir Dank wissen, dass ich so sparsam gewesen bin."

Es ist weniger anzunehmen, dass diese Voraussetzungen Letizias Scharfblick entsprangen, weil sie dem so schnell aufgebauten Glücksgebäude wenig traute. Sie hatte ganz einfach die Zeiten nicht vergessen, da es ihr und ihren Kindern an allem gebrach. Sie wusste aus Erfahrung, dass Schicksalsschläge über Nacht kommen konnten. So blieb sie lieber bei ihren bescheidenen Gewohnheiten, selbst auf die Gefahr hin, unter all den glänzenden Frauengestalten, die ihren Sohn und seinen Hof umgaben, in ihrer einfachen ernsten Kleidung wunderlich zu erscheinen.

Letizia brauchte übrigens weder Luxus noch Pracht, um schön und anziehend zu wirken. Ihre ganze Erscheinung war vornehm, edel und königlich. Sie sprach wenig, einesteils, weil sie in der neuen Gesellschaft dazu gezwungen war, denn sie beherrschte die Sprache nicht und besass kein Wissen, andernteils schwieg sie aus Stolz. Ihre Manieren hatten, obgleich sie sich in Gesellschaft unbequem fühlte, angeborene Würde und eine Hoheit, die jedermann Achtung gebot. Selbst die Streitigkeiten unter ihren Kindern verstummten, sobald Letizia zugegen war. Ihre Anwesenheit genügte, um allen eine gewisse Zurückhaltung aufzuerlegen. Sie erteilte ihnen immer die weisesten Ratschläge und ermahnte sie zum Guten. Immer und immer wieder erinnerte sie ihre Söhne und Töchter, die sich oft gegen den Willen Napoleons auflehnten, daran, was sie ihm schuldig seien, und dass er es gewesen war, der sie zu Ansehen gebracht hatte. Es tat ihr weh, den unversöhnlichen Zwist zwischen Napoleon und Lucien mit ansehen zu müssen, ohne dass sie durch ihren Einfluss etwas zu erreichen vermochte. Das einzige, was Letizia tun konnte, war, Lucien in seinem Unglück nicht zu verlassen. Sie schlug ihm vor, er solle sie nach Italien begleiten, wo sie ihrer Gesundheit wegen im Jahre 1804 einige Zeit verbringen wollte. Vielleicht diente ihr diese Reise aber auch nur als Vorwand. Sie wollte gewiss nicht Zeuge des Triumphes ihrer Schwiegertochter sein, deren Krönung bevorstand.

Dem Ersten Konsul missfiel der Vorschlag seiner Mutter. Er warf ihr vor, dass sie Lucien mehr liebe als ihre anderen Kinder. Darauf antwortete Letizia einfach: "Wenn Sie in seiner Lage wären, würde ich Sie in Schutz nehmen." Ihre Zuneigung und Fürsorge gehörte immer dem nach ihrer Meinung unglücklichsten Kinde. So war ihr Grundsatz, und danach hat sie ihr ganzes Leben lang gehandelt. Und hatte sie wirklich für Lucien eine Vorliebe, so geschah es, weil sie ihm ewig dankbar dafür war, dass er ihr im Jahre 1802 eine Rente von 24 000 Franken aussetzte, damit sie den Armen mehr zu Hilfe kommen konnte. Diese Feinsinnigkeit hatte sie nie vergessen.

Mit Napoleon lebte Letizia, abgesehen von der Meinungsverschiedenheit in der Angelegenheit Luciens, im besten Einvernehmen und grösster Vertraulichkeit. Selten war sie, selbst als Kaisermutter, gezwungen, seiner hohen Stellung Rechnung zu tragen. Sie liess sich nie ihre Würde als Oberhaupt der Familie nehmen. Er hingegen nannte sie nie Du, nicht einmal im engsten Familienkreise. Aber er sprach mit ihr italienisch, weil ihr diese Sprache geläufiger war. Die Briefe an sie schrieb er indes französisch, ebenfalls sie die ihrigen an ihn, die sie ihrer Vorleserin italienisch diktierte. Napoleon verdankte seiner Mutter vor allem seinen Sinn für Ordnung und gedachte noch in Sankt Helena daran. „Ihr verdanke ich mein Vermögen und alles, was ich Gutes getan habe“, sagte er. Auch den Stolz hatte er von der Mutter. Mit grosser Genugtuung wiederholte Letizia oft die Worte, die ihr Sohn ausgesprochen hatte, als er der Schwiegersohn des Kaisers von Oesterreich wurde, und als dieser Nachforschungen über seine Abstammung machen liess: „Mein Adel datiert von Millesimo und Montenotte her!“ hatte er da gesagt, und die Mutter hatte vor Stolz gestrahlt.

Sie wusste auch ihm, trotzdem er Kaiser war, zu imponieren. Als er einmal in Gegenwart der Kaiserin Marie Luise seiner Mutter die Hand zum Kusse darbot, stiess Letizia ihn mit einer entrüsteten Gebärde zurück und hielt dafür dem Sohne ihre eigene Hand hin, damit er sie küsse. Beschämt unterzog er sich dieser Pflicht. Marie Luise verstand das Benehmen ihrer Schwiegermutter in diesem Falle nicht und sagte, sie habe in Wien ihrem Vater, dem Kaiser von Oesterreich, zum Zeichen der Ehrerbietung vor dem Herrscher, oft die Hand geküsst. „Ja“, erwiderte Letizia, „der Kaiser von Oesterreich ist Ihr Vater; der Kaiser der Franzosen aber ist mein Sohn!“

Uebrigens brachten ihr alle ihre Kinder die grösste Liebe und Hochachtung entgegen, wie sie auch ihnen die grösste Fürsorge und Zuneigung bewies. Beständig war sie um das Leben des Ersten Konsuls besorgt. Das Attentat der Höllenmaschine am 24. Dezember 1800 versetzte sie in die grösste Aufregung. Nur mit Josephine und deren Tochter Hortense stand sie auf gespanntem Fusse. Sie gehörten zur Gegenpartei. Nie fühlte Letizia sich von dem geselligen Leben in Malmaison angezogen, weil dort die Beauharnais eine Rolle spielten. Ebensowenig liebte sie Mortefontaine; die Gesellschaft, die bei ihrem Sohn Joseph verkehrte, passte ihr nicht; sie war ihr zu gelehrt. Am liebsten war sie mit ihrem Bruder Fesch beisammen. Mit diesem konnte sie von Korsika, von alten Bekannten und Verwandten sprechen, alte Erinnerungen ausgraben, und das gefiel ihr.

Die Thronbesteigung Napoleons erfuhr Letizia in Rom durch die Zeitungen. Dort lebte sie mit Lucien und Pauline unter dem Schutze des

Papstes. Pius VII. schätzte sie ganz besonders darum, weil er wusste, mit welcher Freude die strenge Katholikin das Konkordat begrüsst hatte, das Napoleon im Jahre 1801 in Rom schloss. Letizia galt diese Handlung ihres Sohnes mehr, als alle seine Siege, als all sein Ruhm. Aber zur Krönung des Kaisers erschien sie nicht. Der Platz, den ihr der Maler David auf seinem wundervollen Krönungsgemälde zuweist, blieb leer.

Zu jener Zeit hielt sie sich in den Bädern von Lucca auf, wo auch ihre Tochter Paulette weilte. Erst 17 Tage später, am 19. Dezember 1804, kehrte Frau Bonaparte nach Paris zurück und nahm in dem einst von Lucien bewohnten Hotel de Brienne Wohnung. Es ist offenbar, dass Letizia nicht Zeuge der Einsegnung des Kaiserreiches sein wollte, dessen Einrichtung die noch von republikanischen Grundsätzen erfüllte Korsin nicht billigen konnte. Auch war sie tief in ihrem Mutterstolze verletzt, dass Napoleon sie nicht durch einen besonderen Boten von seiner Thronbesteigung in Kenntnis gesetzt hatte. Durch derartige Vernachlässigungen fühlte sich Letizia immer tief gekränkt. Und so traf sie absichtlich erst später, als alles vorüber war, in Paris ein. Der nunmehrige Kaiser empfing seine Mutter mit einfacher Herzlichkeit, und Letizia ergriff von neuem die Gelegenheit, ihn mit Lucien auszusöhnen. Aber es blieb alles beim alten.

Jetzt galt es, der Mutter des Herrschers von Frankreich die gebührende Rolle zuzuweisen. Welchen Rang sollte Letizia einnehmen? Welche Würde sollte ihr zukommen? Nach den alten römischen Annalen stand immer die Mutter der Cäsaren, hiess sie nun Agrippina oder Poppeia, an erster Stelle. Und so wollte es auch Napoleon.

Letizia empfing diese Auszeichnung ohne grosse Erregung, ohne Eitelkeit. Sie liess sich nicht blenden von all dem Glanze, den man um sie verbreitete. Nur zu dem Genie ihres Sohnes hatte sie Vertrauen. Alles andere schien ihr unbeständiges Scheinglück. Sie meinte, Napoleon würde sich einen grösseren Namen in der Geschichte erworben haben, wenn er sich nicht zum Kaiser gemacht hätte. Sein Emporsteigen machte sie nicht blind. Alle Grösse um sie her vermochte keine Herrschaft auf sie auszuüben, wenn sie auch stolz war, dass ihrer Familie so grosses Glück widerfuhr.

Der Kaiser aber wünschte, dass auch seiner Mutter alle Auszeichnungen und Ehren zuteil würden, wie den Müttern der römischen Imperatoren. Frau Letizia erhielt daher, wie ihre Söhne und Töchter, den Titel „Kaiserliche Hoheit“ und wurde offiziell „Madame“ genannt. Um Verwechslungen zu vermeiden, wenn der Kaiser Töchter bekäme, die nach der Sitte der alten Königsgeschlechter ebenfalls den Titel „Madame“ führen würden, fügte man für Letizia hinzu „mère de l'empereur“. Bald aber hiess sie nur noch „Madame Mère“. Welcher Name hätte für diese Frau, für diese Mutter besser gepasst?

Letizias Rente als Kaisermutter belief sich auf eine Million Franken. Sie legte davon jährlich die Hälfte zurück. Für ihre eigene Person brauchte sie wenig. Am Hofe ihres Sohnes verkehrte sie selten und ersparte sich dadurch viele Ausgaben. Einesteils vermied sie es, wo es ging, mit Josephine zusammenzutreffen, und andernteils verabscheute sie alles Förmliche und die damit verbundenen Oberflächlichkeiten. Obgleich sie äusserlich mit ihrer antiken Matronengestalt, den feinen strengen Zügen, den langsamen, vornehmen Bewegungen sehr gut repräsentierte, scheute sie die Oeffentlichkeit. Sie fühlte sich verletzt, dass sie der Schwiegertochter den Vortritt bei Hofe lassen musste. Beugen konnte sich diese Korsin nicht.

Seit dem Jahre 1805 wohnte Letizia teils in Paris, im Schlosse Luciens, das sie von diesem für 600 000 Franken gekauft hatte, teils im Schlosse Pont-sur-Seine, im Departement Aube. Dieses hatte ihr der Kaiser geschenkt. War Napoleon abwesend, so wünschte er, dass seine Mutter, wenn sie in Paris weilte, jeden Sonntag bei Josephine speiste. Aber Letizia suchte sich dem soviel wie möglich zu entziehen. Der Kaiser war deshalb oft gezwungen, seine Mutter wie ein Kind zu tadeln. Dann schmollte sie und zog sich nach Pont zurück.

Letizia empfing bei sich nur wenige wirkliche Freunde, deren Ansichten und Gewohnheiten mit den ihrigen übereinstimmten. Die Minister und Würdenträger, ausser dem Erzkanzler Cambacérès, beachteten die Mutter des Kaisers wenig und verkehrten selten bei ihr. Das verletzte die stolze Frau, aber sie brachte es nicht über sich, von Napoleon zu fordern, dass jene Männer ihr huldigten. Am liebsten sah sie die Freunde ihres Halbbruders, des Kardinals Fesch, bei sich, meist geistreiche, unterhaltende und liebenswürdige Geistliche, die mit ihr eine Partie Reverse, ihr Lieblingsspiel, spielten.

Es lebte sich übrigens sehr angenehm mit ihr. Alle die zu ihrer Umgebung gehörten, waren von dieser wahrhaften Kaisermutter des Lobes voll. Sie war mit allem zufrieden und fand sich in alles. Am liebsten hörte sie, wenn man ihre Kinder lobte. Es lag ihr besonders daran, dass man gut von ihnen sprach. Dann belebte sich das in der Regel kalte Gesicht, und ihre dunklen Augen leuchteten voll Stolz und Glück. Bis ins hohe Alter hat Letizia Reste ihrer einstigen Schönheit bewahrt. Besonders waren ihre Füsse und Hände wunderbar schön. Ihre Gestalt war edel und auch im Alter immer noch schlank. Sie kleidete sich sehr sorgfältig und gepflegt und immer ihrem Alter angemessen. Als Letizia 59 Jahre alt war, schuf Canova nach ihrem Ebenbilde die wundervolle Statue der Agrippina, ein vollendetes Meisterwerk.

Wenn Napoleon im Felde weilte, lebte die Kaisermutter noch stiller und zurückgezogener als gewöhnlich. Trotz ihres Vertrauens in sein Genie und in seinen Stern umschwebte Letizia doch immer die Angst, es könne ihm ein Unglück zustossen. Sie war die einzige in der Familie, die nicht unbedingt an die Beständigkeit des Glücks glaubte.

Sie war auch nicht immer mit den Handlungen ihres Sohnes einverstanden. Am meisten schmerzte es sie, dass er alle Rücksichten ausser acht liess, wenn seine Politik auf dem Spiele stand. Da halfen selbst die stärksten Familiengefühle nichts. Tief betrübt war sie über die Hinrichtung des Herzogs von Enghien. Damals sprach sie die prophetischen Worte: „Napoleon, du wirst der erste sein, der in den Abgrund versinkt, den du jetzt unter den Füssen deiner Familie gräbst." Aber weder die Tränen seiner Mutter, noch Josephines und Hortenses Flehen konnten Napoleon von dem Schritt abhalten, den seine Politik ihm vorschrieb. Interessant ist zu wissen, dass Madame Mère dem unglücklichen Herzog von Enghien kurz vor seinem Tode noch einen Dienst erwies. Er hatte den Wunsch geäussert, dass sein Lieblingshund

und einige Gegenstände, die ihm teuer waren, einer Dame übergeben würden, deren Adresse er nannte. Man fragte Frau Letizia, wer wohl diese delikate Angelegenheit erledigen solle. Da sich niemand fand, nahm die Mutter Napoleons es selbst auf sich, der betreffenden Dame die letzten Grüsse und Erinnerungen des Prinzen zukommen zu lassen.

Da Letizia eine strenge Katholikin war und in dem Oberhaupt der Kirche eine unantastbare, unfehlbare Person sah, litt sie im Jahre 1809 sehr darunter, als der Kaiser den Heiligen Vater verhaften und nach Frankreich in Gewahrsam bringen liess. Eine solche Massnahme schien ihr ungeheuer, kaum fassbar. Sie vermochte nichts daran zu ändern, denn sie hatte keinen Einfluss auf die politischen Angelegenheiten ihres Sohnes.

Wenn sich Letizia indes im allgemeinen nicht in die Staatsgeschäfte Napoleons mischte, so hat sie doch im besonderen dem Kaiser hin und wieder mit ihrem Rate, nicht nur in Familiensachen, beigestanden. Man sagt sogar, sie habe immer mit Napoleon, wenn dieser nicht in Frankreich weilte, einen geheimen Briefwechsel unterhalten. So war sie es, die den Kaiser im Jahre 1808, als er sich in Spanien aufhielt, zuerst von der Verschwörung benachrichtigte, die der Polizeiminister Fouché und Talleyrand gegen ihn schmiedeten. Napoleon reiste darauf sofort nach Paris zurück.

Auch Aemter und Würden hat Madame Mère, besonders ihren Verwandten und Landsleuten, verschafft. Nie wandte sich ein Korse vergebens an sie. Nur musste der Bittsteller einer von den „Ihrigen" sein, denn sie unterschied auch als Kaisermutter noch die Korsen von Ajaccio und die von Bastia. Vor allem erhielt die ganze Sippe der nahen und fernen Verwandten durch Letizia Anstellungen und Titel. Im grossen und ganzen aber stand die Mutter Napoleons den Ereignissen, die durch die Handlungen ihres Sohnes hervorgerufen wurden, fern. Sie hatte genug in ihrer Familie zu schaffen und zu schlichten.

Da sie schliesslich einsehen musste, dass alle ihre Bemühungen, die feindlichen Brüder Napoleon und Lucien zu versöhnen, erfolglos blieben, gab sie sich damit zufrieden, wenigstens das Glück der Kinder Luciens zu begründen. Sie meinte das am besten dadurch zu können, dass sie Luciens älteste Tochter aus erster Ehe, Charlotte Marie, im stillen zur Frau des Kaisers bestimmte und erzog. Denn Letizia war von der Notwendigkeit einer Scheidung ihres Sohnes von der kinderlosen Josephine vollkommen überzeugt. Da es Lucien, dem einzigen ihrer Söhne, nicht beschieden war, auf einem Throne zu sitzen, so sollte dieses Glück wenigstens nicht seinem Kinde entgehen. So dachte die Mutter und Grossmutter. Ihr Plan scheiterte jedoch an den politischen Absichten ihres Sohnes Napoleon.

Dennoch hiess Letizia die Scheidung des Kaisers willkommen und wohnte jenem dramatischen Familienrate der Bonaparte von 1809 bei, in dem Josephines Urteil gesprochen wurde. Sie hatte die Schwiegertochter nie geliebt, später noch weniger, als bevor sie sie persönlich kannte. Ja, sie hasste sie aus tiefstem Grunde ihres Herzens, und dieser Hass übertrug sich sogar auf ihre andere Schwiegertochter, die sanfte Hortense und deren Kinder. Jetzt trennte sich Letizia ohne Bedauern von Josephine.

Napoleons Heirat mit Marie Luise befriedigte Letizia fast ebenso wie den Kaiser selbst, nur in anderem Sinne. Nicht, weil die neue Schwiegertochter ein Kaiserkind war, sondern weil sie jung war und ihr die Hoffnung liess, Enkel zu bekommen. Sympathisch war ihr auch Marie Luise nicht. Als diese später ihrem Gatten nicht in die Verbannung folgte, verachtete Madame Mère sie sogar.

Vorläufig jedoch teilte auch sie das Glück des Sohnes, besonders als der so sehnlichst erwartete Thronfolger geboren wurde. Welche Gefühle mögen an diesem Tage Letizias Herz erfüllt haben? Was mag sie empfunden haben, als sie dieses Kind über die Taufe hielt und es dann dem vor Freude strahlenden Vater übergab, damit er es der jubelnden Menge zeige!

Noch ein anderes Glück war Madame Mère im Jahre zuvor beschieden gewesen. Auf einer Reise nach Westfalen zu ihrem jüngsten Sohn Jérôme lernte sie den edlen Charakter der Königin Katharina kennen und schätzen. Von allen ihren Schwiegertöchtern war ihr diese deutsche

Prinzessin die liebste. Als beide Frauen sich wieder voneinander trennen mussten, fühlten sie, was sie sich gegenseitig gewesen waren. Besonders spürte die mutterlose Katharina die Leere in ihrem Herzen, als Letizia nicht mehr bei ihr war. Nur der Briefaustausch mit Madame Mère vermochte ihr einigermassen das Verlorene zu ersetzen. Bis an Letizias Lebensende ist Katharina ihr eine treue, ergebene und liebende Tochter geblieben.

Mit dem Jahre 1812 begann auch für die Mutter Napoleons die sorgenvolle, unruhige Zeit. Der schreckliche Krieg in Russland und die Nachrichten, die über das Heer ihres Sohnes zu ihr gelangten, versetzten sie in die furchtbarste Angst und Besorgnis. Sie wusste, dass Napoleon auf seinem Rückzug aus den russischen Eissteppen den grössten Gefahren ausgesetzt gewesen war, und dass er die Reise von Wilna bis Dresden ohne Aufenthalt fortgesetzt hatte, um der Rache seiner Feinde zu entgehen. Als er endlich, wenn auch geschlagen und von den Elementen besiegt, am 18. Dezember 1812 wieder in den Tuilerien eintraf, da war die Mutter überglücklich. Ihre Freude war grösser als die der Gattin. Sie bot dem Sohne sofort alle ihre Ersparnisse an, damit er das Geld zur Bildung einer neuen Armee verwende. Napoleon aber brauchte die Schätze Letizias diesmal noch nicht. Noch standen ihm andere Hilfsquellen zur Verfügung. Es sollten schlimmere Tage kommen, an denen er gezwungen war, die Hilfe seiner Mutter in Anspruch zu nehmen.

Und in der Tat waren sie nicht fern, die Tage des Unglücks. Zwar begann das Jahr 1813 unter den günstigsten Voraussetzungen, besonders für die gläubige Letizia. Ihr sehnlichster Wunsch, die Vereinigung von Kirche und Staat, ward von neuem durch ein Konkordat befestigt. Voller Freude darüber schrieb sie ihrer Tochter Elisa: „Das ist eine der besten Nachrichten, deren wir uns erfreuen können.“ Aber das Ende dieses Jahres brachte wiederum Kummer und Sorgen. Die Korsin bot dem Unglück die Stirn. Im Zusammenhalt der Familie allein sah sie ihr Heil. Aus jedem ihrer Worte sprach die Hoffnung auf ihren grossen Sohn, auf sein Genie, auf seine unerschütterliche Tatkraft.

Es war indes vorbei mit dem Kriegsglück Napoleons. Viele seiner Getreuen hatten kein Vertrauen mehr zu ihm; selbst Murat, sein Schwager, fiel von ihm ab. Das betrübte die Mutter tief. Nur noch einmal empfand ihr Herz Freude, wenn auch nur für kurze Zeit. Ihr Sohn Louis, der ehemalige König von Holland, hatte sich wieder Frankreich genähert. Schon glaubte Letizia, die Versöhnung ihrer beiden Söhne sei nahe. „Ich bin entzückt“, schrieb sie an ihren Bruder Fesch, „zu hören, dass sich Louis bei Ihnen befindet. Der Kaiser hat mich gefragt, warum er nicht sogleich nach Paris gekommen ist. Sagen Sie ihm, dass ich ihn bei mir erwarte.“ Und dann fügte sie als echte Kaisermutter hinzu: „Es ist jetzt nicht mehr am Platze, sich an die Hofsitte zu halten. Die Bourbonen sind zugrunde gegangen, weil sie nicht verstanden haben, mit den Waffen in der Hand zu sterben!“ – Welche Frau!

Sie konnte die Katastrophe nicht aufhalten. Das Kaiserreich fiel in Trümmer, aller Glanz, alle Pracht, aller Ruhm und aller Ehrgeiz versanken in ein Nichts! Da bewies sich Letizia als wahrhaft bewunderungswürdiger grosser Mensch. Im alltäglichen Leben hatte sie sich bisweilen kleinlich gezeigt, jetzt war sie gross. Die Ereignisse vermochten sie nicht zu beugen. Wie ein starker Baum breitete sie die Arme über ihre vom Unglück heimgesuchte Familie aus und dünkte sich kräftig genug, alle die Ihrigen zu schützen. Jetzt war der Augenblick gekommen, wo sie ihre Rolle spielen konnte, die Rolle als Helferin mit dem ersparten Gelde.

Marie Luise hatte ihr bei ihrer Abreise aus Paris angeboten, sich mit ihr nach Oesterreich zu begeben. Welche Zumutung für diese Mutter! Schlicht hatte Letizia der Schwiegertochter geantwortet, dass sie sich nie von ihren Kindern trennen werde.

Am meisten aber betrübte es sie, dass die Frau ihres Sohnes in Rambouillet die fremden verbündeten Fürsten, die Feinde Napoleons, empfangen hatte. Sie konnte nicht begreifen, dass ihre Schwiegertochter so wenig Stolz zeigte und dem Zaren gestattete, den kleinen König von Rom, das Kind desjenigen, den er soeben vom Throne gestürzt und somit auch den Sohn seines Eigentums beraubt hatte, zu herzen und zu küssen! Die stolze Korsin konnte eine solche Handlungsweise nicht verstehen. In

Letizias Herzen lebte noch die alte Blutrache ihrer Väter, die Vendetta fort. Wäre sie Marie Luise gewesen, sie hätte die Feinde ihres Mannes mit flammenden, hasserfüllten Augen von der Schwelle gewiesen!

Am gleichen Tage, am 9. April, als die Kaiserin Blois verliess, um sich nach Wien zu begeben, trat auch Letizia ihre Reise nach Rom an. Beim Abschied hatte Marie Luise ihr noch zugerufen: „Ich hoffe, Madame, Sie bewahren mir das Wohlwollen, das Sie mir bisher geschenkt haben!" – „Madame", hatte die Mutter des entthronten Kaisers kalt erwidert, „das hängt von Ihnen und Ihrem künftigen Verhalten ab."

Joseph und Jérôme begleiteten Letizia ein Stück. Der Kardinal Fesch, der von seinem Schloss Pradines vor den Oesterreichern fliehen musste, war seiner Schwester auf Umwegen unter den grössten Schwierigkeiten entgegengereist, um sie über den Mont Cenis sicher und ungefährdet nach der Ewigen Stadt zu geleiten. Niemals war es den beiden Geschwistern so zum Bewusstsein gekommen, was sie sich gegenseitig waren. Letizias Charakter zeigte sich jetzt in antiker Grösse. Sie hatte in ihrem Leben zuviel Veränderungen und Schicksalsschläge erlebt, als dass ihr dieser härteste von allen überraschend gekommen wäre. Ueberdies hatte sie zehn Jahre lang in der Unbehaglichkeit eines Hofes zugebracht, dessen Etikette und Steifheit ihr nicht zusagen konnten. Jetzt war sie beinahe glücklich, ihre Ruhe und Einfachheit im stillen Privatleben zu finden. Nur die traurige Erinnerung an ihre Flucht aus Korsika schmerzte sie. Denn wie einst in Frankreich mussten die Flüchtlinge jetzt in Italien eine Zufluchtsstätte suchen. Wie einst in Ajaccio musste Letizia auch jetzt ein brennendes Haus zurücklassen, denn als sie Paris verlassen hatte, erfuhr sie, dass ihr schönes Schloss Pont in Flammen stünde. Es war den Plünderern zum Opfer gefallen.

In der Nacht vom 14. Mai traf sie mit Fesch in Rom ein. Der erst vor kurzem aus der Gefangenschaft freigelassene Papst Pius VII. empfing die Mutter Napoleons wie immer mit Auszeichnung. Bereits in Cesena, wo er einige Zeit vor der Ankunft Letizias eingetroffen war, hatte er sie mit den schlichten, schönen Worten begrüsst: „Seien Sie hier ebenso willkommen wie in Rom, das immer die Heimat der grossen Verbannten gewesen ist."

In Rom bewohnte Madame Mère mit ihrem Bruder den Palazzo Falconieri. Kaum aber war sie dort angelangt, so wünschte sie sehnlichst die Verbannung ihres Sohnes Napoleon zu teilen. Früher hatte sie stets Lucien als das unglücklichste und hilfsbedürftigste ihrer Kinder angesehen. Jetzt, da er der einzige war, der nicht von einem Throne gestossen wurde, erschien er ihr als das glücklichste von allen. Napoleon hatte das Unglück am schwersten getroffen. Ihm galt nun die ganze Fürsorge und Liebe. Nur eine Mutter konnte so handeln wie Letizia. Sie stellte ihm alle Schätze zur Verfügung, die sie in den Jahren des Glücks und Glanzes angehäuft hatte. Mit Recht durfte der Sohn von ihr sagen, dass sie gern trockenes Brot gegessen haben würde, wenn sie dadurch sein Missgeschick hätte mildern können.

Im Juli endlich durfte sie zu dem verbannten Kaiser. Vorher hatte sie noch das Glück gehabt, ihren geliebten Lucien ans Herz zu drücken, den sie seit zehn Jahren nicht mehr gesehen hatte. Dann machte sich die Fünfundsechzigjährige zur Reise nach Elba auf. Sie musste jedoch drei Tage in Livorno verweilen und kam erst am 2. August, von Sir Neil Campbell geleitet, mit der Brigg „The Grasshopper" in Porto Ferraio an.

Die freiwillige Verbannung lastete nicht schwer auf Letizia. Auf Elba führte sie ein ihrem einfachen Wesen weit mehr zusagendes Leben als in den Tuilerien. Auch war sie dem Sohne näher als in Paris, wo ihn Staatsgeschäfte, Empfänge und Feste von ihr entfernten. Auf Elba sah sie ihn täglich. Es verging nie ein Tag, an dem Napoleon sich nicht persönlich nach dem Befinden seiner Mutter erkundigt hätte. Oft besuchte auch sie ihn oder fuhr mit ihm spazieren. Anfangs, als ihre Wohnung noch nicht vollkommen eingerichtet war, speiste sie sogar mit dem Kaiser. Kurz, Napoleon sorgte bis ins kleinste dafür, dass seiner Mutter der Aufenthalt so angenehm wie möglich gemacht wurde.

So verbrachte Letizia ihre Tage in ruhiger Abgeschiedenheit auf Elba. Die Sorge um die Armen, Handarbeiten und Lektüre füllten sie aus. Besonders liess sie sich gern über die grossen Taten ihres ruhmreichen Sohnes vorlesen. Vor ihr auf dem Tisch, an dem sie gewöhnlich sass, stand ein Bild Napoleons, umgeben von den Bildnissen ihrer anderen Söhne,

Töchter, Enkel und Enkelinnen. So befand sich die Mutter, obgleich fern von den meisten ihrer Familie, doch im Kreise der Ihrigen.

Erst als Prinzessin Pauline in Porto Ferraio eingetroffen war, öffnete auch Madame Mère ihre Salons den Elbanern, die sie sehr verehrten. Merkwürdigerweise zeigte sie, die in Paris alle Oeffentlichkeit gescheut hatte, sich jetzt öfter in Gesellschaft. Konnte sie doch hier in ihrer geliebten Muttersprache reden, ohne befürchten zu müssen, belächelt zu werden.

Napoleon vergalt ihr die Fürsorge, die sie ihm angedeihen liess, in reichem Masse; er erkannte, welche Opfer ihm seine Mutter gebracht hatte und noch bringen würde, wenn es sein müsste. Sie war die einzige von der ganzen Familie, die fühlte, was sie Napoleon verdankte. Als sie später von dem Uebergang Murats zu den Verbündeten erfuhr, schrieb sie in höchster Entrüstung an ihre Tochter Karoline: „Wenn Du Deinem Gatten nicht befehlen konntest, so musstest Du ihn bekämpfen! Welche Kämpfe aber hast Du geliefert! Ueber Deinen Leib hinweg nur durfte Dein Gatte Deinen Bruder, Deinen Wohltäter, Deinen Gebieter töten!" Das war die Korsin.

Aber auch in Elba blieben der Mutter die Sorgen um den Sohn nicht erspart. Es kamen ihr Gerüchte zu Ohren, dass man auf dem Wiener Kongress, besonders aber im englischen Kabinett, die Absicht hege, Napoleon auf eine entfernte einsame Insel zu verbannen, wo er für immer für Europa unschädlich sein würde. Ferner zahlte man ihm die festgesetzte Rente nicht aus, und weder Letizia noch Pauline erhielten etwas von den Unterhaltungsgeldern, die ihnen die französische Regierung zugesprochen hatte. Bis auf ein Wertpapier von 500 000 Piastern hatte Madame Mère alle ihre Wertsachen dem Sohne zur Bestreitung seiner Ausgaben gegeben. In ihrem Innern zitterte sie vor der Zukunft. Nicht vor der pekuniären Not bangte ihr, sondern vor der Schmach, dass ihr grosser Napoleon in der Verbannung einen unehrenhaften, ruhmlosen Tod erleiden sollte. Das beunruhigte Letizias Seele, ohne dass sie jedoch ihren starken Mut und ihre Zuversicht verlor.

Währenddessen reiften in des Kaisers Kopf kühne Pläne. Seine Lage auf Elba ward immer bedenklicher. Nur rasches Handeln, ein Gewaltstreich, wie er noch nie erlebt worden war, konnte ihn retten! Er beschloss, nach Frankreich zurückzukehren.

Es wird behauptet, Letizia und auch Pauline hätten von diesem Unternehmen lange vorher gewusst. Die Schwester soll sogar mehrere Reisen zu seiner Vorbereitung nach Italien unternommen haben. Für Letizias Anteilnahme an dem Plane sind jedoch nicht die geringsten Beweise vorhanden. Sie selbst erzählt in ihren leider unvollendeten Erinnerungen: „Eines Abends erschien mir der Kaiser heiterer als gewöhnlich. Er forderte mich und Pauline zu einer Partie Karten auf, aber schon einen Augenblick später verliess er uns und ging in sein Arbeitszimmer. Da er nicht wieder zurückkam, lief ich zu ihm, um ihn zu rufen. Der Kammerherr sagte mir, er sei in den Garten gegangen. Ich erinnere mich, es war ein wunderschöner lauer Frühlingsabend. Der Mond schien durch die Bäume. Mit eiligen Schritten ging der Kaiser ganz allein auf den Wegen auf und ab. Plötzlich hielt er in seiner Wanderung inne, lehnte den Kopf an einen Feigenbaum und seufzte: „Ich muss es aber doch meiner Mutter sagen!“ – Als er dies sprach, näherte ich mich ihm und rief erregt aus: „Was haben Sie heute abend? Ich sehe, Sie sind nachdenklicher als sonst.“

Die Hand gegen die Stirne gepresst antwortete der Kaiser mir nach einigem Zögern: „Ja, ich muss es Ihnen sagen. Aber ich verbiete Ihnen, das Geheimnis, das ich Ihnen anvertraue, irgendwem zu erzählen. Sie dürfen es nicht einmal Pauline verraten.“ Darauf lächelte er, küsste mich und fuhr fort: „Heute nacht reise ich ab!“ – „Wohin?“ – „Nach Paris. Vorher aber bitte ich um Ihren Rat.“ – „Ach! Lassen Sie mich einen Augenblick vergessen, dass ich Ihre Mutter bin!“ – Ich dachte eine Weile nach und fügte hinzu: „Der Himmel wird es nicht zugeben, dass Sie durch Gift oder in einer Ihrer unwürdigen Abgeschiedenheit sterben, sondern nur mit dem Degen in der Hand! Und so reisen Sie, mein Sohn, und folgen Sie Ihrer Bestimmung.“„

Am 26. Februar 1815 verliess Napoleon die Insel, Mutter und Schwester der Obhut der Elbaner überlassend. Letizia wollte so lange in Porto Ferraio bleiben, bis sie Nachricht hatte, dass ihr Sohn in Lyon angelangt sei. Nur Pauline, die es eilig hatte, wieder ins Leben zu kommen, liess sie nach Rom abreisen. Ende März verliess auch Madame Mère nicht ohne Bedauern die stille Insel. Hatte sie doch dort in einer gewissen Zufriedenheit gelebt. Jetzt sollte sie von neuem ein Leben voll Aeusserlichkeiten beginnen.

Zuerst begab sich Letizia nach Neapel zu ihrer Tochter Karoline. Von dort aus trat sie am 20. April mit dem getreuen Fesch ihre letzte Reise nach Frankreich an. Ueber Lyon begab sich die Kaisermutter nach Paris, wo ihr Sohn sich zum zweitenmal den Thron erobert hatte. Dort kam sie am Abend des 1. Juni an. An diesem Tage hatte das Fest auf dem Maifelde stattgefunden, bei welcher Gelegenheit der Eid auf die Verfassung geleistet wurde. Der Kaiser hatte ihn auf einem Throne sitzend feierlich seinen Untertanen abgenommen. Die ganze Familie war um ihn versammelt, nur die Mutter fehlte, trotz der gegenteiligen Behauptung mancher ihrer Biographen.

Der so leicht wiedergewonnene Thron des Sohnes aber stand auf schwankenden Füssen. Das französische Volk hatte Napoleon den Treueid nur mit den Lippen geleistet, nicht mit dem Herzen. Die erste Niederlage, die er erlitt, stürzte ihn von neuem in den Abgrund, und diesmal war er rettungslos verloren. Vergebens hatte er bei Waterloo auf dem Schlachtfelde mit dem Degen in der Hand den Tod gesucht, wie es seine Mutter wünschte. Ihm, dem grossen Helden, dem Schlachtenmeister sollte eine qualvolle Verbannung, auf einer rauhen Insel des Weltmeeres ein ruhmloses Hinsterben in Abgeschiedenheit und Vergessenheit beschieden sein.

Noch aber wusste Frau Letizia nicht das ganze, schmachvolle Unglück. Noch wusste sie nicht, dass ihr Sohn zum zweitenmal seinen Thron aufgegeben hatte! Erst in Malmaison, wohin sich der Kaiser die letzten Tage zurückgezogen hatte, musste sich die Mutter überzeugen, dass alles Wahrheit war, was man ihr nach und nach über das Geschick ihres Sohnes hinterbracht hatte. Napoleon war seelisch und physisch gebrochen. Er hatte die Absicht, nach Amerika zu gehen, um dort ein neues Leben zu beginnen. Seine Mutter, Joseph und Lucien, der im Unglück zu ihm geeilt war, wollten seine Verbannung teilen. Letizia hatte nur einen Wunsch: ihre letzten Lebensjahre mit ihrem unglücklichen Sohne zu verbringen, ihm, so gut sie konnte, Trost zu spenden und einst an seiner Seite zu sterben.

Der Tag kam heran, an dem sie von ihrem Napoleon Abschied nehmen musste. Aber noch hatte sie ja die Hoffnung, ihm bald zu folgen! Auch jetzt zeigte Letizia sich als Heldin. Weder ihr Gesicht noch ihre Stimme verrieten die Bewegung ihrer Seele, als sie dem Kaiser zum letztenmal die Hand zum Lebewohl reichte. Erst als sie ihn küsste, liefen ihr zwei grosse Tränen aus den traurigen Augen über die blassen Wangen; im bittern Schmerz pressten sich die schmalen Lippen aufeinander. Die Gemütsbewegungen der letzten Tage waren aber selbst für diese Frau zuviel. Sie war ausserstande, Paris vor dem Einzuge der verbündeten Herrscher zu verlassen. Erst am 19. Juli reiste sie unter der grössten Anstrengung in Begleitung Feschs von der Hauptstadt ab. Ueber die Schweiz suchte sie von neuem eine Zuflucht in Italien, wo sie der gütige Pius wieder in Rom aufnahm.

Dankerfüllt schrieb sie durch Vermittlung des Kardinals Consalvi dem Papste: „Ich bin wirklich die Mutter aller Schmerzen. Der einzige Trost, der mir geblieben, ist, dass der Heilige Vater das Vergangene vergisst und sich nur der Güte erinnert, die er allen Mitgliedern meiner Familie erweist ... Wir finden nur bei der päpstlichen Regierung Schutz und unsere Dankbarkeit für eine solche Wohltat ist gross.“

So lebte die Mutter des verbannten Kaisers der Franzosen endlich in Ruhe und Frieden. Ihr einziger Wunsch war und blieb, in St. Helena bei ihrem Sohne zu sein und sein freudloses Dasein ein wenig zu verschönen. Noch als 70jährige erneuerte sie die Bitte bei den verbündeten Mächten. Umsonst! Und wie gern hätte sie Napoleon geholfen! Unter ihren Kleidern verborgen wollte sie ihm alles bringen, was sie noch an Vermögen und Schätzen besass, ihm, dem grössten und unglücklichsten ihrer Kinder!

Ihm, dem Begründer dieses Vermögens! Es war ihr versagt. Aber sie hoffte immer. Als die verbündeten Souveräne sich auf dem Aachener Kongresse versammelten, schrieb Letizia am 29. August 1818 an einen jeden von ihnen folgenden beredten, von der Mutterliebe eingegebenen Brief: „Eine über alle Massen betrübte Mutter hat seit langem gehofft, dass die Versammlung Eurer Kaiserlichen und Königlichen Majestäten ihr das Glück wiedergäbe. Es ist unmöglich, dass die lange Gefangenschaft des Kaisers Napoleon Ihnen nicht Gelegenheit gibt, sich über ihn zu unterhalten, und dass Ihre Seelengrösse, Ihre Macht, die Erinnerung an die vergangenen Ereignisse Eure Kaiserlichen und Königlichen Majestäten nicht veranlassen, sich für die Befreiung eines Fürsten zu interessieren, der soviel Anteil an Ihren Interessen, ja sogar an Ihrer Freundschaft gehabt hat.

Wollen Sie in einer qualvollen Verbannung einen Souverän zugrundegehen lassen, der im Vertrauen auf seinen Feind sich in dessen Arme warf? Mein Sohn hätte den Kaiser, seinen Schwiegervater, um eine Zuflucht bitten können; er hätte sich dem grossen Charakter des Kaisers Alexander anvertrauen und sich zu seiner Majestät dem König von Preussen flüchten können, der sich gewiss bei einer solchen Bitte nur seiner früheren Allianz erinnert haben würde. Kann England ihn für das Vertrauen bestrafen, das er ihm bewiesen hat?

Der Kaiser Napoleon ist nicht mehr zu fürchten. Er ist krank. Und wäre er auch bei voller Gesundheit, hätte er auch alle Mittel, die die Vorsehung ihm einst in die Hände gab, so verabscheut er doch aus tiefstem Grunde seines Herzens den Bürgerkrieg.

Sire, ich bin Mutter! Das Leben meines Sohnes ist mir teurer als mein eigenes. Verzeihen Sie um meines Schmerzes willen die Freiheit, die ich mir nehme, an Eure Kaiserlichen und Königlichen Majestäten diesen Brief zu richten.

Lassen Sie eine Mutter, die sich über die lange Grausamkeit gegen ihren Sohn beschwert, diesen Schritt nicht vergebens tun!

Im Namen des Allergütigsten, dessen Ebenbild Eure Kaiserlichen und Königlichen Majestäten sind, veranlassen Sie, dass die Qualen meines Sohnes aufhören! Verwenden Sie sich für seine Freiheit! Dies fordere ich von Gott und von Ihnen, die Sie seine Stellvertreter auf Erden sind!

Die Staatsgründe haben hier Grenzen, und die Nachwelt, die alles unsterblich macht, bewundert vor allem die Grossmut der Sieger."

Der Brief, der Schmerzensschrei einer Mutter, blieb unbeantwortet. Nur die Erinnerung an Napoleon, an sein grosses Genie, seine Tatkraft und seine unsterblichen Handlungen konnte man der Mutter nicht entreissen. Täglich dachte sie seiner, schloss ihn in ihre Gebete ein und wand im stillen einen Glorienschein um sein Haupt. Ihre Tränen allein waren ein Trost für sie. Sie sollte noch viele Jahre den Schmerz mit sich herumtragen, der eine schwächere Natur vielleicht getötet hätte.

Trotz allem versuchte Letizia des öfteren, ihrem Sohne Unterstützungen zukommen zu lassen. Aber die Sendungen gelangten fast nie in seinen Besitz. Die Briefe wurden aufgefangen oder dem Kaiser geöffnet übergeben. Nur einmal erhielt er von seiner Mutter 100 000 Franken, um die er sie gebeten hatte, damit er sich das Leben ein wenig erträglicher machen konnte. Wie gerne hätte sie ihm alles gegeben, was sie besass, besonders als er krank war! Für ihn sparte sie ja, für ihn allein suchte sie ihr Geld zusammenzuhalten. Sie meinte immer, ihm Rechenschaft ablegen zu müssen, weil sie all den Reichtum erst durch ihn erlangt hatte. Fast war sie die einzige von der ganzen Familie, die nicht mittellos dastand. Alles hatte sie um sich her versinken sehen. Ihre Söhne und Töchter waren von ihren Thronen verstossen, andere Herrscher hatten diese eingenommen. Manche von Letizias Kindern befanden sich direkt in Not. Sie allein hatte im Glück nicht vergessen, dass es unbeständig ist. Jetzt konnte sie helfen. Und sie half, soweit sie es vermochte.

Jérôme war das ärmste ihrer Kinder. Er konnte am wenigsten rechnen und war am verschwenderischsten. „Wenn man nicht mehr König ist, so ist es lächerlich, als solcher leben zu wollen", sagte ihm die Mutter wohl bisweilen, aber sie gab ihm doch mit vollen Händen. Und nicht nur ihm, sondern auch den andern. Elisa, Lucien, sogar Karoline suchten von der Mutter Geld zu erhalten. Drängten sie allzusehr, dann sagte sie ihnen allerdings auch, dass sie ihr Vermögen zusammenhalten müsse, denn es gehöre nicht ihr, sondern dem Kaiser. Uebrigens verlor sie bereits im Jahre 1816 die Pension von 300 000 Franken, die ihr durch den Vertrag vom 11. April 1814 von der französischen Regierung ausgesetzt worden war. Durch ein Gesetz vom 12. Januar 1816 war alles Eigentum der Familie Bonaparte für beschlagnahmt erklärt worden. Letizias grösster Trost in Rom blieben die Beziehungen zu ihren Kindern und Kindeskindern. Mit ihnen stand sie in regem Briefwechsel. Am liebsten hätte sie alle um sich versammelt und in ihrer Mitte gelebt. Aber nur einigen war es gestattet, die Mutter zu besuchen oder in den letzten Jahren ihren Aufenthalt zu teilen. Von dem teuersten aber, der ihr am meisten ans Herz gewachsen war, von ihrem kleinen Napoleon in Wien, hörte sie nichts. Er war sowohl für den Vater als auch für die Grossmutter tot. Nur seine Kinderbildnisse waren Letizia geblieben. Sie hatte sie alle mit den übrigen Familienbildern in ihrem Salon aufgestellt. Fühlte sich die alte Dame einsam und verlassen, dann unterhielt sie sich auf ihre Weise mit den Abwesenden.

Alles in der Umgebung der Kaisermutter war ernst und düster, gleichförmig und still. Sie empfing nur wenige Leute. Fremde hatten fast nie Zutritt. Nur bisweilen machte sie davon eine Ausnahme, wenn sie ihr Nachrichten von dem verbannten Sohne brachten. So war sie sehr glücklich über den Besuch des Doktors O'Meara, der Napoleon eine Zeitlang auf St. Helena gepflegt hatte. Auch mit Lord Holland unterhielt sie sich gern, denn er war ein Verteidiger des Gefangenen. Im März 1819 hatte Marie Luise die Absicht, als sie mit ihrem Vater durch Italien reiste, die Mutter Napoleons aufzusuchen. Da sie jedoch nicht wusste, wie sie aufgenommen werden würde, liess sie Letizia durch den österreichischen Gesandten in Rom von ihrem Plane unterrichten. Ungläubig schüttelte die Matrone den Kopf. „Was Sie mir da sagen, Herr Gesandter“, erwiderte sie ernst, „erstaunt mich wirklich. Sie tun meiner Schwiegertochter unrecht, wenn Sie glauben, sie mache grosse Reisen, anstatt sich zu ihrem unglücklichen Gatten nach Sankt Helena zu begeben. Die Frau, von der Sie mir sprechen, kann nicht meine Schwiegertochter sein. Ohne Frage ist es eine Abenteurerin, die sich mit meinem Namen schmückt. Und Abenteurerinnen empfange ich nicht!" Damit wusste Marie Luise genug.

Bald aber räumte der Tod unter den Reihen derjenigen auf, die Letizia lieb hatte. Ihre Tochter Elisa machte den Anfang im Jahre 1820. Im nächsten Jahr traf die Mutter der härteste Schlag, der sie treffen konnte: der Tod Napoleons. Sie erfuhr ihn erst zweieinhalb Monate später, am 22. Juli. Ihr Schmerz war unbeschreiblich und löste sich in heissen Tränen aus. Als sie aber etwas später den Arzt ihres Sohnes, den Doktor Antommarchi empfing, zeigte sie die grösste Selbstbeherrschung und fragte ihn immer wieder über alle Einzelheiten des Lebens Napoleons aus, unaufhörlich die Tränen zurückdrängend. Sie konnte sich kaum beruhigen, dass ihr grosser Sohn unter solchen Leiden, und einsam wie ein Ausgestossener, gestorben war. Da man ihr nicht gestattet hatte, mit ihm zu leben, wollte sie wenigstens seinen Leichnam in ihrer Nähe bestatten. Aber man gewährte ihr auch das nicht.

Bisher war Letizias Dasein mehr als einsam gewesen, jetzt verschloss sie sich ganz der Aussenwelt. „Mein Leben", sagte sie selbst, „hörte mit dem Sturze Napoleons auf. Als ich meinen Sohn nach Sankt Helena überführen sah, sagte ich mir: Du, die Mutter dieses Mannes, du musst jetzt die Welt vergessen; es gibt kein Glück mehr für dich. Dein Sohn ist unglücklich; du wirst von nun an traurig und einsam sein." Und von seinem Tode an war für Letizia das Leben nur noch ein Hindämmern, ein Träumen von Vergangenem. Denn sie sprach wenig über die Tage des Glücks. Nur das Unglück ihrer Familie erwähnte sie bisweilen. „Mein Sohn", sagte sie dann wohl traurig, „ist gestürzt worden. Fern von mir ist er elend zugrunde gegangen. Meine anderen Kinder sind verbannt; eins nach dem andern sehe ich sterben. Sogar diejenigen meiner Enkel, die am meisten versprachen, scheinen alle bestimmt zu sein, von dieser Welt zu verschwinden. Ich bin alt und verlassen, ohne Glanz, ohne Ehre! Und doch würde ich mein Dasein nicht gegen dasjenige der ersten Königin der Welt vertauschen wollen!" Sie hatte den Becher noch nicht ganz geleert.

Nichts sollte ihr erspart bleiben. Glücklicherweise ward ihr jetzt wenigstens die Freude, einige ihrer Kinder in Rom um sich zu haben. Mehrere Mitglieder der Familie Bonaparte, worunter Lucien, Louis, Fesch und Pauline, schienen, da Napoleon nun tot war, den Regierungen nicht mehr verdächtig. Madame Mère selbst hätte sogar, wenn sie gewollt, nach Frankreich zurückkehren können. Sie wollte nicht. „Ich habe meine Kinder in ihrem Unglück und Schmerz nicht verlassen, und werde sie jetzt ebensowenig wie früher verlassen. Ich will lieber mit ihnen aus Frankreich verbannt sein, als dort ohne sie leben", sagte sie. Im Jahre 1825 wurde die schwergeprüfte Frau wiederum durch Trauer heimgesucht. Ihre Tochter Pauline, die Letizia trotz ihrer Fehler und ihres leichtsinnigen Lebens am meisten geliebt hatte, starb am 7. Juni. Und am Ende desselben Jahres verlor sie auch ihre alte treue Dienerin Saveria durch den Tod. Alle, alle starben um sie her, nur sie verschonte der Tod.

Sie war jetzt nahezu achtzig Jahre alt. Ihre einst aufrechte stolze Gestalt war verfallen und hager. Aber die schwarzen Augen glänzten noch unter dem Turban, den sie nach der Mode des Kaiserreiches trug. Im übrigen kleidete sie sich stets in tiefe Trauer. Ihr Mund schien das Lächeln, das ihn einst so anziehend gemacht hatte, verlernt zu haben. Als sie jedoch der Geschichtsschreiber Capefigue im Jahre 1835 besuchte, fand er Letizias Züge, obwohl sie fast ganz erblindet war, noch schön. Er nannte ihren Kopf eine „antike Kamee der Agrippina".

Die liebsten Erinnerungen waren Letizia die Totenmaske Napoleons, die der Doktor Antommarchi von dem Gesicht des Kaisers geformt und der Mutter übergeben hatte, sowie eine kleine Büste des Königs von Rom. Von diesem hatte sie nie etwas erfahren. Sie hatte zwar bisweilen indirekte Nachrichten über das Leben ihres Enkels erhalten, aber sie waren mehr oder weniger ungenau. Sie wusste nicht einmal, dass man ihm alles, was die Geschichte seines Vaters betraf, verschwieg. Verschiedene Male schrieb Letizia an die Herzogin Marie Luise von Parma oder an den Kaiser von Oesterreich selbst, um etwas über das Kind ihres Sohnes zu erfahren. Aber die Briefe blieben unbeantwortet. Erst im Jahre 1832 erhielt die Grossmutter nähere Nachricht von ihrem Enkel. Dessen ehemaliger Erzieher, Graf Prokesch- Osten, hatte Madame Mère auf einer Reise durch Rom am 21. Juli einen Besuch abgestattet. Sie war tief bewegt von allem, was der Graf ihr erzählte. Sie fragte ihn lebhaft über jede Einzelheit des Charakters Napoleons II. Sie fand auch, dass er sehr viele ähnliche Charakterzüge mit seinem Vater haben müsse. Als Prokesch sich von der einstigen Kaisermutter verabschiedete, schien sie, die in einem Lehnsessel sass, sich mit aller Kraftanstrengung aufrichten zu wollen. Ihre Enkelin Charlotte, die Tochter Luciens, war ihr dabei behilflich. Letizias Person schien zu wachsen und ganz von majestätischer Würde umhaucht zu sein. Prokesch fühlte, dass sie zitterte. Da legte sie die alten, schmalen Hände auf sein Haupt. Er ahnte, was Letizia zu tun wünschte. Still kniete er vor ihr nieder, und sie segnete ihn mit den Worten: „Da ich nicht bis zu ‹ihm› gelangen kann, so nehmen Sie an seiner Statt den Segen seiner Grossmutter entgegen, die bald diese Welt verlassen wird. Meine Gebete, meine Tränen, meine Wünsche werden bis zum letzten Augenblick meines Lebens für ihn sein. Bringen Sie ihm das, was ich Ihrem Herzen anvertraue!“ Darauf küsste sie den Freund und Erzieher ihres Enkels und blieb noch lange schweigend über ihn gebeugt. Prokesch wusste nicht, dass sein Zögling schon am Tage nach dieser Zusammenkunft mit Madame Mère nicht mehr am Leben war. Er erfuhr es erst einige Zeit später in Bologna. Letizia erhielt die Trauerbotschaft durch ihre Schwiegertochter selbst. Sie war untröstlich und liess Marie Luise durch Fesch schreiben. Jetzt waren es der Schicksalsschläge genug. Da Letizia im Jahre 1830 durch einen Fall während eines Spazierganges einen Oberschenkelbruch erlitten hatte, war sie für die letzten Jahre ihres Lebens gelähmt und fortan ans Zimmer gefesselt. Sie hatte oft die entsetzlichsten Schmerzen zu leiden, wollte sich jedoch keiner Operation unterziehen, wie es die Aerzte rieten. Endlich, am 2. Februar 1836, machte der Tod ihrem Leiden ein Ende. An ihrem Sterbelager standen von ihren Kindern nur Jérôme und Alexandrine, die Gattin Luciens. Die Mutter Napoleons starb, „aller Verehrung würdig“ und mit der Hoffnung, dass doch einmal der Tag kommen werde, an dem auch Frankreich wieder ihrer Familie die Tore öffne.

# Sechstes Kapitel
# Juliette Récamier

*Madame Récamier; Gemälde von M[me] Morin; Schloss Versailles*

Unter den berühmten Frauen des Direktoriums, des Konsulats, des Kaiserreichs und der Restauration ist vor allem eine zu nennen, deren Namen die ganze Welt kennt, obwohl man eigentlich nur von ihr sagen kann, dass sie sehr schön war: Juliette Récamier. Sie hat weder eine ausschlaggebende politische Rolle gespielt, noch als Schriftstellerin, Schauspielerin oder auf irgendeinem anderen Gebiete Erfolge davongetragen. Und doch gilt sie als die Repräsentantin einer grossen Epoche. Sie hat die bedeutendsten Männer ihrer Zeit begeistert und von ihrem Salon aus Einfluss auf alle wichtigen Fragen der Politik, der Gesellschaft, der Kunst, der Literatur und des Geschmacks genommen.

Juliette Récamier, geborene Bernard, wurde im Jahre 1777 als Tochter eines Bankiers in Lyon geboren. Ihr Vater liess sich 1784 unter der Protektion des Finanzministers Calonne in Paris nieder und gewann durch glückliche Finanztransaktionen ein beträchtliches Vermögen. 1793 heiratete sie den Bankier Récamier. Fünf Jahre später erwarb ihr Gatte vom Finanzminister Necker dessen Palais, wodurch Juliette die Tochter Neckers, Madame de Staël, kennenlernte. Aus dieser Bekanntschaft entwickelte sich eine Freundschaft, die bis zum Tode der Staël dauerte. Unter dem Konsulat begannen die Récamiers eine bedeutende Rolle zu spielen. Angehörige der alten Aristokratie, wie Adrien und Mathieu de Montmorency, bemühten sich ebenso um ihre Freundschaft wie die neu emporkommende Gesellschaft, in erster Linie Männer wie Lucien Bonaparte, General Moreau, General Bernadotte.

Als das Kaiserreich errichtet wurde, versuchte der Polizeiminister Fouché, die Récamiers für den neuen Hof zu gewinnen. Er bot Juliette an, Ehrendame am Hofe Napoleons zu werden. Juliette Récamier lehnte jedoch ab und geriet nach und nach in den Kreis der Opposition, die sich um Frau von Staël geschart hatte. Als ihr Gatte grosse finanzielle Verluste erlitt, zog sie sich eine Zeitlang auf das Schloss ihrer Freundin nach Coppet zurück. Dort lernte sie den Prinzen August von Preussen kennen, der sich sterblich in sie verliebte. Eine Zeitlang trug sie sich mit der Absicht, diesen Neffen des Grossen Friedrich zu heiraten. Dieser Plan kam nicht zustande, obwohl ihr Gatte sich mit der Scheidung einverstanden erklärte. Als Napoleon sie ebenso wie Madame de Staël aus Paris verbannte, lebte sie eine Zeitlang bei der Familie ihres Gatten. In den folgenden Jahren band sie sich eng an Benjamin Constant, dann an Chateaubriand. Sie war die Frau, die den Männern Hoffnungen machte, diese aber nie erfüllte. Bittere Streitigkeiten waren oft die Folge dieser Taktik, die bei einer schönen und liebenswürdigen Frau unerklärlich erscheint. Schon zu ihrer Zeit hatte man versucht, dieses rätselhafte Verhalten aufzuklären. Es wurde behauptet, dass ein physischer Mangel sie verhindere, wirklich Weib zu sein. Um diese Frau, deren Schönheit so viele Männer begeisterte, ist viel gelitten worden. Juliette Récamier starb im Jahre 1846 an der Cholera.

***

In der Zeit, als die schöne Theresia Tallien die vergnügungssüchtige Gesellschaft des Direktoriums durch ihre Extravaganzen in Staunen setzte, ging auch der Stern der Juliette Récamier auf. Beide Frauen sind anerkannt die schönsten und elegantesten Frauen der Gesellschaft des Direktoriums gewesen. Als sie sich zum erstenmal begegneten, gab es eine kleine Theaterszene. In eine Privatgesellschaft, in der Madame Tallien bisher immer als die Schönste gefeiert worden war, kam eines Tages auch Juliette Récamier mit ihrem hübschen verführerischen Gesicht, ihrer weichen geschmeidigen Gestalt. Sie betonte in ihrer Eleganz die raffinierteste Einfachheit. Madame Tallien fühlte sich sofort von dieser neuen Rivalin bedroht. Heftig stand sie auf, warf den feuerroten Schal, den sie noch über den Schultern hatte, ab und stand nun in ihrer ganzen Schönheit neben Madame Récamier. Ihre wundervolle Gestalt, die nackten Arme, die Grazie, jenes Ensemble der Schönheit, das nur wenige Frauen besitzen, wurden bemerkt und bewundert – sogar von der Récamier. Juliettes feine, bescheidene Eleganz und naive Liebenswürdigkeit erhoben nicht den Anspruch, den Glanz auszulöschen, den Theresia Tallien um sich verbreitete. Sehr bald wurden sie die besten Freundinnen. Madame Récamier war die Idealgestalt des „nach spartanischen Tugenden dürstenden Republikaners“, und der Maler David hat sie in seinem berühmten Bilde als solche verewigt. Sie ruht auf einem Diwan aus Mahagoniholz im Stile der Zeit, mit ein paar Seidenrollen als einzige Kissen. Ihre Füsse und Arme sind nackt. Der schlanke Körper ist nur mit einem hauchdünnen, hemdartigen weissen Gewand bekleidet. Das Haar ist kurz gelockt à la Titus und nur mit einem Bande gehalten. Das reizende Gesicht drückt Zärtlichkeit, Weichheit, Gefühl und beinahe kindliche Bescheidenheit aus. Die ganze Gestalt atmet Anmut und Natürlichkeit. Sie hat eine halb liegende, halb sitzende Stellung inne. Es ist die Stellung und Kleidung, in der die Damen des Direktoriums ihre Gäste empfingen als Ersatz für die Levers des Ancien Régime, für die Morgenempfänge im Bett und im Bad.

Madame Récamier und Madame Tallien waren nicht nur die Königinnen der Schönheit, sondern auch der Mode. Thibaudeau spricht in seinen Memoiren ausdrücklich davon, als er die Veränderung beschreibt, die nach dem 9. Thermidor vor sich ging. „Paris riss wieder die Herrschaft der Mode und des Geschmacks an sich. Zwei durch ihre Schönheit berühmte Frauen, Madame Tallien und etwas später Madame Récamier gaben den Ton an. Zu jener Zeit vollzog sich in den Sitten und Gewohnheiten des Privatlebens jene Umwälzung, die politisch 1789 begann. Die von David bereits in die Kunst eingeführte Antike verdrängte in der Kleidung und den Frisuren der Damen, ja sogar im Ameublement alles Bizarre, Feudale und jenes schreckliche Gemisch der Formen, welches die Sklaverei der französischen Höfe erfand.“

Die Goncourts führen uns in die Chaussée d'Antin, jenes Viertel, wo der Luxus der Millionäre Orgien feierte. Und wo auch Récamier für seine entzückende Frau vom Finanzminister Necker eines der schönsten Palais gekauft hatte. Später besass sie noch viele andere. Ihre Wohnung war ganz im Stile der Zeit eingerichtet. Die Möbel waren fast alle aus Mahagoniholz. Madame Récamiers Haus nennen die Goncourts ein Pompeji, wo weder die Bronzekandelaber noch die Marmorstatuen fehlen. Ihr Schlafzimmer war ein Traum der Antike. Zwei Schwäne von Goldbronze halten über dem Kopfende des Bettes mit ihren Schnäbeln eine Girlande aus dem gleichen Material. Der Komponist Reichhardt erzählt, die Wände wären von oben bis unten mit Spiegeln bedeckt gewesen; das „ätherische Götterbett“ habe sich mit seinen duftigen Decken und Kissen aus weissem hauchdünnem indischem Mull darin widergespiegelt. Wenn Madame Récamier im Bett lag, konnte sie ihre Schönheit „von dem Scheitel bis zur Zehe ganz im Spiegel“ betrachten, berichtet ein wenig naiv Reichhardt. Auch das Badezimmer der schönen Juliette war mit dem gleichen Luxus ausgestattet.

Ein derartiger Luxus der Einrichtung stand nicht vereinzelt da in den Häusern der Chaussée d'Antin. Die Récamiers waren zwar reich, gehörten indes noch nicht zu den Reichsten. Juliettes Gatte hatte sein Vermögen bereits vor der Revolution erworben. Er war bedeutend älter als sie und hätte ihr Vater sein können. Uebrigens behaupten die neuesten Biographen der schönen Frau sogar, er sei ihr ausserehelicher Vater gewesen und habe sie nur geheiratet, um ihr sein Vermögen zu sichern. Damit würde auch das Rätsel gelöst sein, warum sie keine physische Gemeinschaft mit ihm hatte. Denn es war allgemein bekannt, dass sie sich nur freundschaftliche Gefühle entgegenbrachten. Juliette hätte nun nach dem Beispiel der Madame Dudeffant sich in die Arme eines Geliebten werfen können, und es fehlte ihr gewiss nicht an Bewerbern und Anbetern. Aber die Chronique scandaleuse weiss ihr nicht einen Seitensprung während des Direktoriums nachzuweisen. Und dennoch war sie die Freundin der übelbeleumundetsten Frauen der Zeit, Theresia Talliens und Josephine Beauharnais', denen man viele Liebschaften nachweisen konnte.

War sie eine jener Frauen, die unter der scheinheiligen Maske der Tugendhaftigkeit die grössten Laster verbergen können? War sie, was Arsène Houssaye von ihr sagte, eine jener „Neugriechinnen, die sich halb nackt, aber von ihrer Schamhaftigkeit bekleidet, aus den Ruinen eines blutigen Pompeji erhoben?“ Jedenfalls versagte sie sich in der Gesellschaft des Direktoriums und des Konsulats kein Vergnügen und machte alles mit, was Mode war und Aufsehen erregte. Sie gehörte offiziell zu den „drei Grazien“ des Direktoriums, und ihr Name wurde beständig mit dem der Tallien und der Beauharnais genannt. Alle drei machten die halbe Männerwelt von Paris verrückt mit ihren Kapricen, ihren Extravaganzen und ihren Erscheinungen. Man sah sie überall, in den Konzerten, wo der berühmte Garat sang, auf den Bällen, wo der vergötterte Trénitz tanzte. Sie waren der Mittelpunkt aller Feste, im Theater, in den Sommergärten, auf der Promenade, in den öffentlichen Tanzlokalen, dem Thélusson, dem Longueville, dem Tivoli, im Italie.

Die ganze Gesellschaft des Direktoriums hatte eine frenetische Tanzwut ergriffen. Ueberall in Paris entstanden unter den seltsamsten Namen Ballokale für die tanzenden Thermidorianer. Es gab einen „Bal des Victimes", einen „Bal de Calypso", einen „Bal des Zéphirs", einen „Bai des Tilleuls" und andere mehr. Auf dem „Bal des Victimes" (Ball der Opfer der Guillotine) begrüsste man sich à la victime, das heisst mit einem kurzen Ruck des Kopfes, der die Bewegung der zum Tode Verurteilten im Augenblick, wo der Henker das Haupt der Unglücklichen in die Oeffnung des Fallbeils legte, imitieren sollte. Zu diesem Ball hatten nur diejenigen Zutritt, die nahe Verwandte, wie Eltern und Geschwister, auf dem Schafott verloren hatten. Freunde oder weitläufige Familienangehörige zählten nicht als voll bei diesen unglaublichen Bedingungen. Ja man trieb die Geschmacklosigkeit so weit, dass die Damen auch ihre Frisuren à la victime betitelten, wenigstens anfangs. Später wurden dafür die Bezeichnungen allgemein „à la Titus" oder „à la Caracalla". Auch der feuerrote, sehr moderne indische Schal der Damen sollte an den Schal erinnern, den der Henker über die Schultern der Charlotte Corday geworfen hatte, ehe sie das Schafott bestieg. Manche trieben den frivolen Spott so weit, dass sie um den Hals ein ganz dünnes rotes Kettchen trugen, das täuschend den von Henkershand ausgeführten blutigen Schnitt markierte.

In allen diesen Tanzlokalen traf eine höchst gemischte Gesellschaft zusammen: elegante vornehme Frauen, Abenteurerinnen, Grisetten, ehemalige Aristokratinnen, Modistinnen, Schneiderinnen, ehrsame Bürgerfrauen und die grossen berüchtigten Lebedamen. In manchen dieser mondänen Ballokale, wie im „Bal de l'Elysée nationale", dem ehemaligen Palais Bourbon, dirigierte mit grossem Erfolg der Neger Julien seine Kapelle. Zwar war es nicht wie heute eine Jazzband, doch hatte der

Neger damals bei der tanzenden Gesellschaft mindestens ebenso grossen Erfolg wie in unserer Zeit der Jazz der Negerkapellen. Im „Frascati", im „Pavillon de Hannovre", im „Bal de Marbeuf", im „Tivoli", überall hörte man eine ohrenzerreissende Musik, wie man sie nie zuvor in Paris gekannt hatte. In der inneren Stadt tat sich ein „Bal de la Veillée" auf, aus dem später der berühmte Prado wurde. Hier bediente man sich zur Unterhaltung der Tanzenden einer wahren Katzenmusik. Hinter dem Deckel eines Clavecins sassen ungefähr zwanzig Katzen, von denen man nur die Köpfe sah. Die Schwänze der armen Tiere waren eingeklemmt, so dass diese die jämmerlichsten Töne von sich gaben. Im Verein mit der Musik entstand dadurch ein einzigartiger Missklang, der sehr viel Anklang gefunden haben muss, denn das Lokal war immer mit tanzenden Paaren überfüllt. Eine etwas bessere aber um so frivolere Gesellschaft versammelte sich im Hotel Longueville. Hier spielte besonders die überaus kecke Madame Hamelin eine Rolle, und hundert schöne parfümierte Frauen in zarten, weichen, anschmiegenden, durchsichtigen Kleidern, „déshabillés à la Vénus" genannt, drehten sich zu den sanften Weisen des Geigers Hulin. Das Etablissement ist mit Spiegeln versehen, in denen sich alle diese wiegenden Körper, diese lachenden, vom Tanzen berauschten Gesichter widerspiegeln. Auch in Privatgesellschaften liess man am liebsten Neger zum Tanz aufspielen. Bei einem Ball, den Madame Récamier in ihrem Hause gab und zu dem auch der Komponist Reichhardt geladen war, spielte ein schwarzer Stehgeiger. „Ehe ich den Tanzsaal verlasse", schreibt Reichhardt an seine Frau, „muss ich noch der Tanzmusik erwähnen, die ein Mohr mit der Violine ausserordentlich hübsch anführte. Auf den schwarzen Vorspieler hält man so viel, und es ist so sehr Ton bei den Reichen, ihn bei ihren Bällen zu haben, dass er für die drei bis vier Stunden der Nacht – denn gegen Mitternacht versammelt sich eine solche Assemblée erst – oft 12 Louisdor erhalten soll." Und wie diese Vorgeiger, engagierten die neuen Reichen auch noch andere Unterhalter der Gesellschaft zu ihren Bällen, vor allem Spassmacher, eine Art Kabarettisten. Es kam ihnen hauptsächlich darauf an, diejenigen Gäste zu verspotten, die ihnen durch ihre Manieren oder ihre Kleidung, oder auch weil sie vielleicht nicht so reich oder nicht so angesehen waren, den Anstoss zu geben schienen. Juliette Récamier hat sich indes dieser groben Unterhalter bei ihren Gesellschaften nicht bedient. Man tanzte meist sehr ausgiebig bei ihr. Ihre Gesellschaften waren ausgezeichnet durch feinen Takt und Geschmack. Sie selbst tanzte entzückend, besonders den berühmten „Schaltanz“, den sie gemeinsam mit ihren beiden Freundinnen aufführte. Theresia Tallien, Josephine de Beauharnais und Juliette Récamier, die, wie man sich damals ausdrückte, „zur Freude des Herrgotts bekleidet waren“, so sehr hatten sie den Anschein, unbekleidet zu sein, trugen auf den Armen eine Chlamys. Das Kleid war aus Gaze, an den nackten Füssen hatten sie den Kothurn mit den graziösen Kreuzbändern um die schlanken Knöchel. „Sobald die Geigen anstimmten“, erzählt Arsène Houssaye, „sah man sie sich ernst auf den Schauplatz ihrer Grazie hinbewegen. Mit jenem duftigen Gewand ausgerüstet, nahmen sie bald die sinnlichsten, bald die keuschesten Stellungen ein, je nachdem sie den leichtesten Stoff um ihre Gestalt drapierten. Bald war es ein Schleier, der die Liebende oder die Leidenschaft der Liebenden verbarg, bald ein Faltenwurf, unter dem man die bedrohte Schamhaftigkeit zu verdecken suchte, bald auch nur ein Gürtel, der Venusgürtel, der, von der Hand der Grazien befestigt, von Amors Hand gelöst wurde.“ Man konnte sich keine interessanteren und köstlicheren Vorführungen denken als diese Tänze der drei Damen. Selbst in der Oper hatte man nichts Aehnliches zu bieten. Oft wurden die drei mondänen Tänzerinnen halb tot vom Tanz in ein nahe gelegenes Zimmer getragen, begleitet von dem Schwarm ihrer Verehrer. Auch die übrigen Damen der Gesellschaft sahen oft totenbleich aus, teils vom übermässigen Tanzen, teils weil, wie Reichhardt sich ausdrückt, „jetzt viele der schönen Weiber die ehemalige Jungfräulichkeit dadurch betonen, dass sie sich nicht schminken.“

Madame Récamier war in ihrer Kleidung dezenter und feiner als die herausfordernde Theresia Tallien. Sie schmückte sich niemals mit Diamanten; ihre ausgesucht einfache Eleganz vertrug nur Perlen. Ihre ganze Erscheinung hatte den Stempel des Lieblichen. Sie zog mehr an, als dass sie glänzte, und je länger man sie kannte, desto schöner erschien sie einem. Ihr Liebreiz war unaussprechlich. Reichhardt konnte sie auf einer ihrer „Assembléen“ in der Chaussée d'Antin beobachten. Er sah sie tanzen „in einem Kleid aus weissem Atlas und feinen indischen Zeugen; sehr bloss, besonders hinten im schönen Nacken und Rücken“. Ihr Teint „sei vollkommen durchsichtig“ gewesen, so „dass man das Blut in den Adern rinnen sah“. Neuere Forscher nennen sie „die Frau, die das Rokoko, wenn auch als Kind, noch erlebt hat und einen leichten Duft davon hinüberträgt in die neue Zeit, die ihre Grazie nicht abgestreift hat“. Andere wieder sahen in ihrer Schönheit nicht die absolute Tugend und Unverdorbenheit, sondern ein gewisses Raffinement, tugendhaft zu scheinen, ohne es zu sein. Baron Trémont kannte sie, als sie auf dem Gipfel ihrer Frauenschönheit stand, als sie in Paris das grösste Aufsehen erregte und alle Zeitungen von ihrem Charme voll waren. „Es ist unmöglich“, sagte er, „ein schöneres Gesicht zu haben. Aber wie entzückend es auch war, so waren es doch mehr die Züge einer Grisette als die einer vornehmen Dame. Nur der Ausdruck hatte nichts mit dem Gesichtsausdruck einer Grisette gemein. Madame Récamiers Gesicht war ausserordentlich bescheiden im Ausdruck, hatte indes nicht die Reinheit der Raffaelschen Madonnen, wie immer behauptet wurde. Es lag etwas Geziertes in ihr, und man merkte, dass sie absolut gefallen wollte. Ihre Augen waren schön, aber es fehlte ihnen an Seele ...“

Das war Madame Récamier mit zwanzig Jahren. Später entwickelte sie sich körperlich noch schöner. Sie bekam eine etwas vollere Figur, besonders eine herrliche Büste, die viele berühmte Bildhauer verewigt haben. In die Geschichte ist sie eingegangen als eine der schönsten Frauen, die je gelebt haben.

# Siebentes Kapitel
# Germaine von Staël-Holstein

*Madame de Staël; Gemälde von F. Gérard; Schloss Versailles*

Madame de Staël, wie sie allgemein genannt wird, war nicht allein die bedeutendste französische Schriftstellerin ihrer Zeit, sie hat auch der Romantik Theorien, Ideen und Kritik verliehen. Sie war geistreich, wissend und klug. In ihrer Persönlichkeit vereinigten sich indes die stärksten Gegensätze, denn sie war gleichzeitig die Geistesschwester des Idealisten Rousseau und die Bewunderin des Zynikers Voltaire.

Frühzeitig entwickelte sich ihr Geist. Schon als Kind durfte sie an den Gesellschaften ihrer hochgebildeten Eltern teilnehmen. Der Vater war der grosse französische Finanzminister Necker, die Mutter eine äusserst begabte schöngeistige Frau. Die Necker führten in Paris ein grosses Haus. Germaine, die am 22. April 1766 geboren wurde, durfte bereits als Fünfjährige im Salon der Mutter erscheinen, in dem die bedeutendsten Männer der Wissenschaft und des Geistes verkehrten. So wuchs sie mitten unter Grössen wie Grimm, Marmontel, Saint-Lambert, Raynal, Buffon, Morellet auf. Das überaus temperamentvolle und begabte Mädchen war bald leidenschaftlich interessiert an den Gesprächen der Erwachsenen und machte sich deren Kenntnisse und Wissen zunutze. Im Salon eines Ministers und Staatsmannes vom Rufe Neckers werden gewiss die politischen Gespräche vor den literarischen den Vorzug gehabt haben. So wurden die Fähigkeiten und der Geist des jungen Mädchens anfangs auch hauptsächlich auf dieses Gebiet gelenkt. Mit fünfzehn Jahren bereits schrieb Fräulein Necker juristische und politische Abhandlungen. Ihre eigentliche schriftstellerische Tätigkeit indes begann im ersten Jahre ihrer Ehe mit dem schwedischen Gesandten am französischen Hofe, Baron von Staël-Holstein. Er stand geistig weit unter seiner klugen Frau. Sie hatte ihn auf den Wunsch ihrer Mutter ohne Liebe geheiratet. Die Ehe war höchst unglücklich, zumal auch der Baron seine junge Frau nicht liebte. Sie war ihm zu klug und nicht schön genug. Zwar hatte Germaine prachtvolle grosse Augen, aber ihre Züge waren derb, und die Gestalt war zu üppig. Nur der Charme ihres liebenswürdigen Wesens und ihr Geist setzten über die Mängel ihres Aeusseren hinweg. Beide Gatten trennten sich später in Güte, denn sie sahen ein, dass sie nicht für einander geschaffen waren. Frau von Staëls Herz verschloss sich indes nicht dem Manne, als er krank wurde. Sie pflegte ihn bis zu seinem Tode, der sechzehn Jahre nach ihrer Verheiratung erfolgte. In dieser langen Zeit hatten Gesellschaft, Literatur, Wissenschaft, Politik und die geistige Arbeit der Baronin von Staël- Holstein das ersetzt, was sie in ihrer Ehe vermisste. Bald war ihr Salon wie der ihrer Mutter einer der besuchtesten in Paris. Frau von Staël liebte Paris mit der Inbrunst des Künstlers, der nur dort Befriedigung findet, besonders das Paris der Revolution, die Frau von Staël als grosse Freiheitsschwärmerin mit Freuden begrüsste. Träumte sie doch für Frankreich eine Verfassung wie die englische. Und diese Hoffnung wurde von Männern wie Clermont-Tonnerre, dem Marquis de Montmorency, Malouet, Mounier und anderen, die in ihrem Hause verkehrten, geteilt, man politisierte und intrigierte bei Frau von Staël. Die Folge war, dass sie im Jahre 1792 dem Wohlfahrtsausschuss verdächtig und ihr Gemahl aufgefordert wurde, seine Gattin aus Paris zu entfernen. So zog sich Germaine von Staël-Holstein eine Zeitlang auf ihr elterliches Schloss Coppet am Genfersee zurück und blieb dort bis zum 9. Thermidor. Aber auch das Direktorium traute dieser klugen Frau nicht. Sie hörte nicht auf, alle diejenigen um sich zu scharen, die mit dem Verlauf der so verheissungsvoll begonnenen Revolution unzufrieden waren. Benjamin Constant, Cabanis, Roederer, Garat, Marie Joseph Chénier, Daunou und andere Anhänger der Opposition gingen bei Frau von Staël aus und ein. Und so sah sich die Verteidigerin der Freiheit aufs neue gezwungen, auf Befehl der Regierung Paris zu verlassen. Im Schlosse Coppet aber wurde sie aufs schärfste beobachtet. Im Jahre 1797 schon kehrte sie wieder nach ihrem geliebten Paris zurück. Hier sah sie zum erstenmal den jungen Helden, den Sieger von Italien, den General Bonaparte, den sie in ihren Briefen an Freunde mit Scipio und Tankred verglich. Zu jener Zeit verblasste vor der Siegergestalt Bonapartes alles in den Augen der geistreichen Frau. Nichts kam ihm gleich. Er war der berühmteste Mann des Tages. Zwanzig gewonnene Schlachten wanden ihm ruhmvolle Lorbeeren um die Stirn. Alles war in ihm vereinigt: Genie, Edelmut, Tapferkeit, Jugend und Glück! Ihn umgab nicht allein der Zauber der Berühmtheit, sondern auch der Nimbus der Originalität. Er war nicht wie andere, kein Alltagsmensch. Sein Aeusseres schon hob ihn aus der Menge seiner Mitmenschen. Die hagere Gestalt war trotz aller Kleinheit imponierend; die tiefliegenden Augen in dem gelblichen Gesicht mit den langen dunklen Haaren verrieten Leidenschaft und Feuer. Mehr bedurfte es für eine so romantische Natur wie Frau von Staël nicht, um sich für ihn zu interessieren. Für sie war der General Bonaparte ein Halbgott. In seinen grauen Augen glaubte sie das Feuer für die Freiheit des Vaterlandes glühen zu sehen. Sie nannte ihn den besten Republikaner Frankreichs. Den Freiesten der Franzosen! Wie bitter wurde diese kluge Frau in ihren Hoffnungen auf Bonaparte enttäuscht. Schon bei ihrer ersten Begegnung mit ihm zerfloss der Traum. Der General entsprach weder als Mensch noch später als Staatsmann ihren Erwartungen. In weiblicher Eitelkeit hatte sie im stillen gehofft, der berühmteste Mann des Tages werde die bedeutendste Schriftstellerin Frankreichs auszeichnen und auch als Frau nicht übersehen. Sie war enttäuscht. Der General beachtete sie kaum, als er ihr beim Minister Talleyrand vorgestellt wurde. Er sprach nur die notwendigsten Worte der Höflichkeit mit Frau von Staël. Sie hingegen war von seiner Person dermassen eingeschüchtert, dass sie, die sonst geistreiche, schlagfertige Frau, im ersten Augenblick kaum etwas auf seine Fragen zu antworten wusste. Als sie sich endlich etwas von ihrer starren Bewunderung erholt hatte, fühlte sie ein ausgesprochenes Angstgefühl in sich aufsteigen. Auch später, wenn sie sich in der Nähe Napoleons befand, wurde sie dieses schreckliche Gefühl nie los. Mit Lucien Bonaparte, der ihr sehr wohlgesinnt war, unterhielt sie sich oft darüber. Einmal sagte sie zu ihm: „Vor Ihrem Bruder (Napoleon) werde ich ganz blöd, weil ich ihm gefallen möchte. Ich weiss plötzlich gar nichts mehr, möchte mit ihm sprechen, suche nach Worten und drehe meine Sätze hin und her. Ich möchte ihn zwingen, sich mit mir zu beschäftigen, dabei bin ich in seiner Gegenwart dumm wie eine Gans."

Ein Napoleon liess sich nicht zwingen. Er wich der klugen Frau absichtlich aus. Seine Abneigung gegen sie wurde von Tag zu Tag stärker. Sie war in seinen Augen ein Blaustrumpf, und er lehnte diesen Frauentypus ab. Aber vor allem fühlte er ihre gefährliche Geistesmacht, die er anfangs sogar mit Vorsicht behandelte. Noch hatte er ihren Einfluss zu fürchten, denn seine politische Stellung war damals durchaus nicht unerschütterlich. Frau von Staëls Herrschernatur hätte ja gar zu gern den Staat von ihrem Salon aus regiert. Sie wollte es um jeden Preis durchsetzen, mit ihren Ideen beeinflussend auf den Mann zu wirken, der das Ruder Frankreichs in Händen hielt. Aber Bonaparte wollte weder von ihr beraten noch beobachtet sein. Alles an ihr schreckte ihn: ihr Salon, ihre Feder, ihr Geist, ihre Einmischung in die Politik.

So entspann sich jener erbitterte Kampf zwischen den beiden Grössen des Geistes und des Schwertes. Anfangs war er rein persönlich. Er begann mit der verschmähten Bewunderung des Genies auf der einen und der Ablehnung alles Unweiblichen auf der anderen Seite. Bald wurde aus diesem persönlichen Kampfe ein politisches Ringen, bei dem keins von beiden nachgeben wollte. Mit ein wenig Vernunft hätte Frau von Staël sich wohl ein besseres Los schaffen können als ihr bevorstand. Hätte sie sich ruhig verhalten, hätte sie sich nicht um Politik gekümmert, hätte sie nur gute Romane und geistreiche Reisebücher geschrieben, Napoleon wäre weder als Konsul noch als Kaiser zu ihrem Peiniger und Verfolger geworden. Aber Frau von Staël versäumte nie eine Gelegenheit, ihm zu schaden, sei es in Worten oder mit der Tat. Sie verband sich mit seinen Feinden und Gegnern und intrigierte, wo sie konnte, bis sie schliesslich ganz öffentlich gegen die „aufsteigende Tyrannenherrschaft“ Stellung nahm. Der offene Bruch mit dem Ersten Konsul war unvermeidlich. Gerade um diese Zeit war das Haus der Frau von Staël von allen bedeutenden Persönlichkeiten aus der Pariser politischen und geistigen Gesellschaft besucht. Man kabalierte und intrigierte wie einst, ja man sprach in Frau von Staëls Hause ganz unumwunden den Wunsch aus, den Ersten Konsul zu stürzen.

Napoleons Geduld hatte das höchste Mass erreicht, und vielleicht fürchtete er ernstlich, dieser Herd der Intrige könne gefährliche Ausmasse annehmen. Es war also für ihn von Bedeutung, die Urheber kaltzustellen. Ausser einigen anderen Gegnern seiner Macht traf auch Frau von Staël im Oktober 1803 der Befehl, Paris zu verlassen und es nie wieder zu betreten.

Sie durfte sich nur im Umkreis von 40 Meilen der Stadt nähern. Es war ein harter Schlag. Nicht nur für die Weltdame, der die Pariser Luft Bedürfnis war, sondern auch für die Schriftstellerin, die diese Luft zur Inspiration ihrer Werke bedurfte, kurz für die Schaffende und geistig Tätige. Für sie war es wahrhaft die Vertreibung aus dem Paradies! Paris, wo allein die Unterhaltung mit kongenialen Menschen ihr Genuss bedeutete! Paris, das ihrem Temperamente und ihrem Geiste so ganz entsprach! Paris, das sie über alles liebte! Dieses Paris sollte ihr von nun an für immer verschlossen bleiben! Diesen Gedanken ertrug sie nicht. Um an nichts mehr erinnert zu werden, was mit Paris und seiner Gesellschaft zusammenhing, begab sich Frau von Staël nach Deutschland. Selbst ihr schönes Schloss Coppet konnte sie damals nicht fesseln. In Deutschland wurde die berühmte französische Schriftstellerin gefeiert. Die Höfe rissen sich um ihren Besuch. Ueberall wo Frau von Staël erschien, fand sie begeisterte Aufnahme. Hier verstand man sie; hier erkannte man ihren Wert.

Leider musste sie ihre Reise bald darauf unterbrechen. Der Tod ihres Vaters rief sie nach Coppet zurück. Aber sie traf ihn, den sie vergöttert hatte, nicht mehr am Leben. Ihr Schmerz über diesen Verlust war unbeschreiblich. Nun war Coppet für sie noch einsamer. Sie hielt es nicht lange dort aus. Eine zweite Reise führte sie nach Italien. Erst im Jahre 1805 kehrte sie wieder an den Genfersee zurück. Die Frucht dieser Reise war ihr berühmter Roman „Corinne“. In Coppet wurde er vollendet und erzielte einen ungeheuren Erfolg, der sie in der ganzen Welt bekannt machte.

Mehr denn je war Frau von Staël jetzt der Mittelpunkt des geistigen Lebens. Zu ihr nach Coppet strömte alles, was Napoleon feindlich gesinnt war, oder was nicht unmittelbar unter seiner gewaltigen Faust stand. Neben ihren früheren Freunden, wie Benjamin Constant, Lucien Bonaparte, dem Marschall Bernadotte, Camille Jordan, Julie Récamier, tauchten neue auf wie Sismondi, Barante, Elzéar de Sabran, Friedrich Bonstetten, die beiden Schlegel usw. Jetzt hatte sie sogar den Mut, während der Kaiser der Franzosen sich im Felde befand, wieder nach Paris zu gehen. Sie hoffte, Napoleon werde sie inmitten seiner Kriegs- und

Staatssorgen vergessen haben. Aber seine gutorganisierte Polizei hatte die gefährliche Frau nicht aus dem Auge gelassen. Und noch ehe Frau von Staël Paris erreichte, war der Kaiser bereits davon unterrichtet. Sie musste wieder umkehren. Aufs neue enttäuscht und beleidigt, trat sie ihre zweite Reise nach Deutschland an. Ihre Rache war das bald darauf erscheinende Werk „De l'Allemagne". Da es eine gewaltige Niederlage alles Französischen bedeutete, war vorauszusehen, dass es Napoleons Missfallen erregte. Er liess sofort die ganze Auflage zerstören, die Matrizen vernichten und das Manuskript beschlagnahmen. Frau von Staël musste ihre Deutschfreundlichkeit teuer bezahlen. Diesmal war die Ungnade des Kaisers fürs Leben. Jetzt verbannte er sie nicht nur aus Paris, sondern aus Frankreich. Auf ihrem Schloss Coppet wurde sie wie eine Gefangene bewacht. Ihre Freunde traf das gleiche Schicksal. Die schöne Julie Récamier und Mathieu de Montmorency, ihre besten Freunde, wurden verbannt, die beiden Schlegel ausgewiesen. So ward ihr das Leben in Coppet zur Qual. Im Jahre 1812, nachdem sie sich ein Jahr zuvor mit dem zweiundzwanzig Jahre jüngeren Husarenoffizier John Rocca vermählt hatte, ergriff sie vor dem mächtigen Arme Napoleons die Flucht. Aus Frankreich verjagt, fand sie an den Höfen von Deutschland, Oesterreich, Russland, Schweden und England die freundlichste und ehrenvollste Aufnahme.

Erst mit Hilfe der Verbündeten sah sie im Jahre 1814 ihr Paris wieder. Aber die Restauration war nicht nach ihrem Sinn. Scharfsichtig und klug schrieb Frau von Staël ihr bedeutendstes Werk „Considérations sur la Révolution Française", das sie freilich nur notdürftig beenden konnte, weil sie schon zwei Jahre später starb. Dieses Buch machte wegen der darin enthaltenen klaren, scharfen und geistreichen Beobachtungen über die sozialen und politischen Zustände in Frankreich, besonders aber weil die Verfasserin energisch gegen die Herrschaft Napoleons auftrat, grosses Aufsehen. Aus der glühenden Bewunderin des jungen Siegers von Italien, hatte sich eine grimmige Feindin des Kaisers entwickelt. In den „Considérations" sowohl als auch in ihrem Erinnerungswerk „Dix Années d'Exil", besonders aber in diesem, entwirft Frau von Staël von Napoleon kein schmeichelhaftes Bild. Alle Bitternis gegen den Mann, der sie so schwer kränkte und so arg enttäuschte, der ihre Eigenliebe so sehr verletzte und sie nicht einmal als Schriftstellerin anerkannte, kommt in diesem Buche zum Ausbruch. Sie hasste den Mann, der einst, als sie ihn fragte: „General, welche ist in ihren Augen die bedeutendste Frau?“ erwiderte: „Madame, die, welche ihrem Manne die meisten Kinder schenkt!“ Damit hatte er Frau von Staël im innersten getroffen. Er hatte ihr deutlich zu verstehen gegeben, dass er ihrem schriftstellerischen Genie nicht die geringste Bedeutung beimesse. Und als Frau hatte sie keinerlei Eindruck auf ihn gemacht. Dass aus dem General Bonaparte der Kaiser Napoleon wurde, darüber vergoss die freie Republikanerin am 18. Brumaire bittere Tränen. Dies und die Nichtachtung, die sie durch Napoleon jederzeit erfuhr, schlugen ihr tiefe Wunden. Der Schrecken aller Schrecken aber war für Frau von Staël die Verbannung. Fast ihr ganzes Leben stand dieses Schreckgespenst vor ihr, denn unter jeder Regierung, vom Beginn der Revolution an, war Frau von Staël verfolgt worden. Zwar verbannte Napoleon Frau von Staël nur aus Frankreich, in dem übrigen Europa konnte sie tun und lassen was sie wollte. Was aber war Frau von Staël die ganze Welt ohne Paris! Nur in Paris konnte sie leben. Ruhelos irrte sie von Land zu Land, von Stadt zu Stadt, nirgends Befriedigung findend. Wie die Motte, die ums Licht flattert und sich die Flügel verbrennt, nähert sich Frau von Staël trotz aller für sie bestehenden Gefahren der glänzenden französischen Hauptstadt. Und immer von neuem schwebt das Damoklesschwert über ihr. Auf jeder Seite ihres Memoirenwerkes „Dix Années d'Exil“ meint man den ohnmächtigen Verzweiflungsschrei der Verbannten, die sich halbtot nach Paris sehnt, zu hören. Dieses Buch ist wie im Fieber einer im höchsten Grade erregten leidenschaftlich empfindenden Frau geschrieben. Man fühlt, wie sie in der Verbannung, fern von der sie belebenden Hauptstadt, leidet und geistig verschmachtet. Sie brauchte die Atmosphäre von Paris zu ihrem ganzen Dasein. Sie war dort geboren, aufgewachsen, hatte dort ihre Jugend verlebt und später eine glänzende Rolle in der Gesellschaft gespielt. Und jahrelang war ihr dann alles verschlossen. Man hatte aus Paris gleichzeitig die Dame von Welt und die Schriftstellerin verbannt, denn auch ihre

Werke durften dort nicht erscheinen. Wohl hätte sie in ihrem schönen Schlosse an den blauen Ufern des Genfersees zufrieden leben und ebenfalls ein Glück, wenn auch ein anderes als in Paris, finden können. Frau von Staël war indes keine Dichterin, die von der Stille der Natur und einer schönen Landschaft begeistert oder inspiriert wurde. Sie brauchte das stark pulsierende Leben der Großstadt. Sie brauchte Paris mit seinen tausend Zerstreuungen und Abwechslungen. Denn trotz ihres unbestreitbar grossen schriftstellerischen Talentes war sie nicht die feinempfindende Künstlerin, deren Auge in und mit der Natur geniesst. Sie sah eine schöne Landschaft, prägte sie sich in ihrem Geist ein, war aber unfähig, wirklich ästhetisch zu geniessen und das Gesehene mit der Seele des Dichters zu beschreiben. Auf ihrer Flucht vor der Gewalt Napoleons sah sie die herrlichsten Länder. Sie erlebte Galiziens romantische Schönheit, Russlands träumerische Landschaft, Deutschlands herrliche Wälder und die majestätischen Felsen Skandinaviens. Sie alle sind an ihrem sehenden und beobachtenden Auge vorübergezogen, aber kein einziges dieser Landschaftsbilder hat ihre Seele wahrhaft berührt. Ihr Interesse wurde nur von dem einen Gedanken beherrscht: Paris! Sie durcheilte Länder und Städte wie eine neugierige Touristin. Die Menschen interessierten sie mehr als die Natur. Eine einzige geistreiche Plauderstunde mit ihren Freunden in Paris ging ihr über alles. Und doch war sie eine Bewunderin des grossen Naturschwärmers Rousseau. Wie gesagt, es waren in ihr die stärksten Gegensätze vereint. Wenn Frau von Staël indes wenig geeignet ist, uns ein farbenprächtiges Gemälde der Natur in ihren Büchern zu bieten, so hat sie es um so besser verstanden, Menschen und Sitten zu beobachten. Das Beste in dieser Beziehung hat sie in den „Dix Années d'Exil“ mit der Schilderung Russlands und seiner Bewohner geboten. Sie sieht und versteht den russischen Bauer, den Muschik. Sie fühlt, wie er denkt, wie er lebt, arbeitet und faulenzt. Sie ergründet das Innere des russischen Juden. Sie schaut in die Bürgerhäuser und die Paläste. Sie, die kein Wort Russisch kann, versteht doch so gut dieses eigenartige Volk und beurteilt es treffender als ein russischer Schriftsteller. Durch Frau von Staël sind die Franzosen erst ein wenig bekannter mit den Sitten und dem Leben in Russland geworden. Ehe ihr

Werk erschien, wusste man in Frankreich recht wenig davon. In Paris kannte man nur die europäisierten Russen der höfischen Welt, die Gesandten und vornehmen Weltleute, die nach Paris kamen, um entweder ihres Amtes zu walten oder auch nur ihr ungeheures Vermögen auszugeben und sich zu amüsieren. Und man hatte nicht immer von allen einen günstigen Eindruck bekommen. Frau von Staël aber sprach den Franzosen in ihren Büchern von dem Volke und seinem Leben. Auch Deutschland hat sie in ihrem Werk „De l'Allemagne" ihren Landsleuten um vieles näher gebracht. Wie wunderbar sind alle ihre Schilderungen der Menschen, denen sie auf ihren Reisen begegnet! Auch in Deutschland macht ihr die Sprache Schwierigkeiten, wenigstens im Anfang. Dennoch ist sie von der deutschen Literatur begeistert. In Weimar trifft sie mit Goethe, Wieland und Schiller zusammen und ist erstaunt, ausserhalb Frankreichs so viele geistige Reichtümer zu finden. Drei Monate lang wird sie von dem Herzog und der Herzogin von Weimar festgehalten, so sehr gefällt die geistreiche Frau. Auch in Berlin hatte sie den grössten Erfolg. Sie, die überzeugte Republikanerin, war von der reizenden Königin Luise begeistert und angezogen. Nichts entging ihrem scharfen Auge, und als sie ihr Buch über Deutschland beendet hatte, freute sie sich, es den Franzosen schenken zu können, um sie mit den neuen Ideen dieses Landes bekanntzumachen. Wie enttäuscht war sie deshalb, als sie im Oktober 1810 vom französischen Polizeiministerium den Bescheid erhielt, dass ihr Buch nicht erscheinen dürfe, weil es zu deutschfreundlich sei. Im Zusammenhang damit musste sie auch Herrn von Schlegel, den deutschen Gelehrten, der ihren Sohn erzog, verabschieden, mit der Begründung, er flösse ihr eine antifranzösische Gesinnung ein!

Die Memoiren dieser genialen und geistreichen Frau, die so vieles erlebte, sind äusserst interessant. Sie konnte sie jedoch nicht beenden, da sie der Tod überraschte. Frau von Staël starb am 14. Juli 1817, dem Jahrestag der Französischen Revolution, in Coppet am Genfersee in den Armen Julie Récamiers, ihrer besten Freundin. Die Schönheit und das Genie hatten sich zusammengefunden; nur der Tod vermochte sie zu trennen.

## Achtes Kapitel
# Königin Luise von Preussen

*Königin Luise von Preussen; Gemälde von J. F. A. Tischbein*

Luises Leben war, abgesehen von den ersten Jahren ihrer wolkenlosen friedlichen Ehe mit Friedrich Wilhelm III., Leid und Kummer. Die Folgen der Politik gegen die Gewaltherrschaft Napoleons I. waren geradezu tragisch für sie und ihr Land. Sie erlebte Dinge, denen weder die Romantik noch das furchtbarste Verhängnis mangelte. Vom Idyllischen ihrer Jugend bis zur erschütternden Stunde ihres frühen Todes ist alles in ihrem Leben einzig und bewegend. Nur wenige Jahre war sie im Glück. Ganz jung schon erfuhr sie die Leiden des Lebens. Aus ihrer Hauptstadt vertrieben, ihrer Staaten beraubt, erduldete sie Not und Entbehrung in der Verbannung. Bittere Enttäuschung über Menschen, die sie am meisten liebte und verehrte, Unglück in der Politik waren ihr Los. Krank im Innersten und mit dem Todeskeim in der Brust, kehrte sie nach schweren Sorgen in ihre Hauptstadt zurück. An der Schwelle einer kommenden besseren Zeit, zu der sie indirekt beigetragen hatte, musste sie aus dem Leben scheiden. Sie erlebte nicht die Früchte ihres Strebens. Sie erlebte nicht den Umschwung der Politik gegen Napoleon, nicht seine Niederlagen, nicht den Untergang ihres Todfeindes.

Luise litt unsäglich unter dem Unglück, das sie, seiner Folgen unbewusst, mit heraufbeschworen hatte. Sie musste die Fehler, die sie wohl im Glauben an etwas Gutes beging, schwer büssen. Sie selbst war sich keiner Schuld bewusst, denn sie besass nicht den Ehrgeiz wie manche Frauen der Geschichte, die die Zügel der Regierung an sich rissen und grössere Tyrannen waren als ihre königlichen Gatten. Sanftheit und Milde, die Grundzüge ihres Charakters, waren das Resultat der Erziehung, die sie durch ihre Grossmutter genossen hatte. Denn Luise verlor bereits als sechsjähriges Kind ihre Mutter, eine geborene Prinzessin von Hessen-Darmstadt. Der Vater, Prinz Karl Ludwig Friedrich von Mecklenburg-Strelitz, der Bruder des prachtliebenden regierenden Herzogs Adolf Friedrich IV., vermählte sich in zweiter Ehe mit der Schwester seiner Frau. Aber schon nach einem Jahr starb auch sie, ebenfalls wie ihre Schwester, im Wochenbett. Die Stiefkinder waren aufs neue mutterlos. Zu einer dritten Ehe konnte sich Karl Ludwig nicht entschliessen. Er nahm als Feldmarschall seinen Abschied aus dem hannoverschen Heere und ging auf Reisen. Seine drei Töchter, Therese, Luise und Friederike, brachte er zur Grossmutter nach Darmstadt.

Luise kam in einem Alter zu ihrer Grossmutter, der Witwe des Prinzen Georg Wilhelm von Darmstadt, da das kindliche Gemüt am empfänglichsten für gute und schlechte Eindrücke ist. Sie sah nur Gutes und hörte nur Gutes in dem alten Palais am Darmstädter Markt.

Im Jahre 1792 reiste die Grossmutter mit den Prinzessinnen nach Frankfurt. Man lebte in einer aufgeregten Zeit. Drei Jahre vorher war die französische Revolution ausgebrochen. Dann kam der Einzug des preussischen Heeres in Frankreich, der Rückzug und die Bedrohung Deutschlands durch französische Truppen. Man hatte sie gerade aus Frankfurt verjagt. Die Verbündeten waren eingerückt, und König Friedrich Wilhelm II. von Preussen hatte mit seinen beiden Söhnen, dem Kronprinzen Friedrich Wilhelm und dem Prinzen Louis hier sein Hauptquartier aufgeschlagen. Alles, was es damals an hohen Persönlichkeiten, Fürsten, Feldherren, Staatsmännern, aber auch an Abenteurern, Scharlatanen in Deutschland und Oesterreich gab, war in der Mainstadt anwesend, dazu eine Unmenge französischer Emigranten.

Die Darmstädter Damen wollten gleich am nächsten Tag weiterreisen, aber der König von Preussen schickte ihnen eine Einladung zur Tafel, und so mussten sie bleiben. Nicht ganz ohne Absicht war die Landgräfin nach Frankfurt gekommen. Im geheimen, ohne Wissen der beiden Prinzessinnen, waren bereits Verhandlungen zwischen Onkel Georg und Friedrich Wilhelm II. wegen der Verheiratung der Söhne des Königs angeknüpft worden. Gleich als Luise und Friederike den Salon des Königs betraten, wurde der Kronprinz von dem Liebreiz der beiden jungen Mädchen gefesselt. Graf Medem stellte den Kronprinzen vor. Friedrich Wilhelm wusste jedoch nicht, welcher von beiden er sein Herz schenken sollte. Schliesslich entschloss er sich für die ältere, denn der erste Eindruck ihrer Schönheit wurde bei näherer Bekanntschaft mit ihr noch stärker.

Schön, überaus schön war die Braut des Kronprinzen. Alle Zeitgenossen, ob Feind oder Freund, sind sich darüber einig. „Sie gehörte zu den Frauen, durch die alle Männer und Frauen hingerissen werden." Auch Goethe war begeistert von ihrer Anmut, und er verstand gewiss etwas von Frauenliebreiz und Frauenschönheit.

An einem Wintermorgen, am 22. Dezember 1793, hielt die siebzehnjährige Prinzessin Luise ihren Einzug in Berlin. Im Sturm eroberte sie sich alle Herzen. Am 24. Dezember fand im Weissen Saal des Berliner Schlosses die Trauung statt. Kaum zwei Jahre später gab sie ihrem ersten Sohn das Leben, dem Prinzen Friedrich Wilhelm, dem nachmaligen König Friedrich Wilhelm IV.

Der Kronprinz lebte mit Luise wie ein glücklicher Privatmann. Er fühlte sich am wohlsten zu Hause im Familienkreis, denn er hasste das leere, hohle Geschwätz der Hofleute und alles steife Zeremoniell. Da er sehr pedantisch war, führte er ein äusserst gleichförmiges Leben, in dem jede Stunde ihre Bestimmung hatte. Für sich und die Seinen mied er jeden Glanz.

Während der alte König zu kränkeln begann, war dem Kronprinzenpaar ein zweiter Sohn geboren worden. Am 22. März 1797 hatte Luise dem Prinzen Wilhelm, dem späteren deutschen Kaiser Wilhelm I., das Leben gegeben. Natürlich vermehrte dies ihre Popularität. Aber sie verlebte auch damals schon qualvolle Tage. Am Hofe des alten Königs übte seine Mätresse, Gräfin Lichtenau, die aus niedrigsten Kreisen stammte, eine unbeschränkte Herrschaft aus. Auch Luise war gezwungen worden, der Vorstellung der Geliebten beizuwohnen, und fühlte sich dadurch tief verletzt. Kurze Zeit darauf starb der König, und Friedrich Wilhelm III. trat eine wenig erfreuliche Erbschaft an. Das Land steckte durch die Verschwendung des Hofes tief in Schulden, und es war für Preussen ein Glück, dass dieser sparsame Herrscher mit seinen einfachen, dem Prunk abholden Gewohnheiten zur Regierung kam.

Ein Ereignis in Luises Leben war die Begegnung mit dem Zaren Alexander I. Sie fand im Jahre 1802 in Memel statt. Die Eindrücke, die die junge Königin in jenen, nach ihren Worten „zauberhaften“ Tagen von Memel empfing, waren so stark, dass sie in ihrem Tagebuch alles niederschrieb, was sie bewegte. Auch Alexander nahm aus diesen Tagen Erinnerungen mit sich, die ihm unvergesslich blieben. Luise soll in Memel ganz besonders schön und anziehend gewesen sein. Sie war 26 Jahre alt, in der Blüte ihres Weibtums. Es war kein Wunder, dass der junge Zar sie bewunderte. Nicht nur ihm ging es so. Graf Ségur, damals Adjutant Napoleons, wurde von der Königin Luise im Jahre 1803 empfangen. Er findet kaum Worte, den Eindruck zu schildern, den sie auf ihn machte. Vor allem fesselte ihn der Klang ihrer Stimme: „Es lag eine so harmonische Weichheit darin, in ihren Worten etwas so Liebenswürdiges, so rührend Hinreissendes ..., dass ich einige Augenblicke völlig betroffen war und mich einem jener Wesen gegenüber glaubte, deren entzückende und bezaubernde Bilder in den alten Fabeln geschildert werden.“

Vom Tage seiner Thronbesteigung an hatte König Friedrich Wilhelm das Bestreben, neutral zu bleiben. Er wollte sich nicht in die Streitigkeiten der Staaten mischen, und er hielt Preussen für stark genug, gegen den siegreichen Kaiser der Franzosen die Neutralität wahren zu können. Während ringsum die Welt im Kampf mit dem Gewaltigen stand, schien es, als nähme Preussen keinen Anteil an den Ereignissen. Friedrich Wilhelm meinte, die Neutralität, die im Basler Frieden von 1795 bestimmt worden war, streng aufrechterhalten zu müssen und war nicht zu bewegen gewesen, der Koalition vom Jahre 1798 beizutreten. Er hing genau so fest an diesem Vertrag wie später an dem russischen Bündnis. Von Tag zu Tag wuchs die Macht Napoleons, aber weder der König noch seine Diplomaten sahen darin für das kleine Preussen eine Gefahr. Nur Luise hegte seit längerer Zeit Zweifel an der Richtigkeit der Politik ihres Gatten und seines Kabinetts. Ihre Abneigung gegen den Emporkömmling hatte mit der Erschiessung des Herzogs von Enghien begonnen, aber sie beruhte zunächst auf menschlichem Mitgefühl gegenüber dem Opfer, nicht auf politischem Hass gegen Napoleon selbst. Erst als sie sah, dass Preussen immer mehr an Ansehen verlor, fasste sie den Entschluss, sich näher mit politischen Dingen zu befassen. Ganz aufgegangen aber sind ihre Zweifel an der Politik Preussens erst nach der zweiten Begegnung mit dem Zaren im Jahre 1805.

Jener Aufenthalt des klugen und äusserst raffinierten russischen Kaisers in Potsdam fand seinen Abschluss durch den berühmten Schwur der beiden Monarchen auf dem Sarge Friedrichs des Grossen. Dann stieg der Zar in seinen Reisewagen und fuhr von dannen, froh, das preussisch-russische Bündnis doch noch zustande gebracht zu haben. Luise war von diesem Bündnis begeistert. Allerdings stiegen ihr bisweilen leise Zweifel auf, dass der liebenswürdige Alexander vielleicht doch nicht die Tiefe der Seele besitzen könnte, die sie ihm zuschrieb. Vorläufig vermochte sie allerdings den König nicht zu beeinflussen, denn dieser unterzeichnete im Dezember 1805 einen Allianzvertrag mit Frankreich, dem der Austausch Hannovers zugrunde lag. Der preussische Minister Haugwitz war auf Grund des Vertrags mit Russland zu Napoleon geschickt worden, um ihm entweder den Frieden vorzuschlagen oder – wenn der französische Kaiser die Vorschläge nicht annähme – den Krieg zu erklären. Haugwitz war jedoch weder dem Kaiser noch Talleyrand gewachsen. Anstatt sich seines Auftrages zu entledigen, kehrte er mit einem Schutz- und Trutzbündnis mit Frankreich heim.

Inzwischen brachten die Waffen die Entscheidung. Die Russen wurden bei Austerlitz geschlagen. Die Nachricht erschütterte Luise aufs tiefste. Noch mehr aber enttäuschte sie die Flucht Alexanders nach der Schlacht. Zum erstenmal in ihrer Ehe gab es zwischen Luise und Friedrich Wilhelm heftige Auseinandersetzungen. Sie war der Meinung, dass nur eins nötig sei: „Das Ungeheuer (Napoleon) schlagen, zu Boden schlagen ...“ Immer stärker wurde die Partei der Königin, und immer wieder versuchte man, den König zum Kriege zu überreden.

In der Folge wurde der Rheinbund geschlossen. Diesem Bündnis zufolge sagten sich sechzehn deutsche Fürsten vom Reiche los und wählten den französischen Kaiser zu ihrem Schirmherrn. Napoleon aber vergass es weder dem preussischen Kabinett noch dem König, dass sie seinem ersten Allianzvertrag so grosses Misstrauen entgegengebracht hatten. Ueberall hatte er Truppen stehen und rief dadurch die grösste Besorgnis in Berlin hervor. Plötzlich traf die Nachricht ein, dass er nun doch Hannover England angeboten habe. Seine Heere standen längst kampfbereit an den Grenzen und warteten nur auf den Befehl zum Vormarsch. Preussen hatte zu lange gezögert. Jetzt war es zu spät, einen Krieg mit Frankreich zu beginnen. Die Zeiten hatten sich geändert.

In dieser Lage stand auch Haugwitz der Königin zur Seite. Der Minister war von Napoleon wenig schmeichelhaft behandelt worden. Nun rächte er sich. Der König folgte dem Rate seines Ministers und erteilte am 9. August 1806 den Mobilmachungsbefehl. Am 17. September wurde der Krieg beschlossen.

Anfangs war die Rede davon, dass Luise den König nur so lange ins Feld begleiten solle, bis die Armee den Vormarsch begonnen hätte. Aber die Königin folgte ihrem Gatten von Naumburg aus nach Erfurt, das man zum Hauptquartier erwählt hatte. Beinahe wäre ihr der Aufenthalt im Kriegsgebiet teuer zu stehen gekommen. Drei Tage vor der Schlacht von Jena hatte sie sich mit dem König nach Weimar zurückgezogen. Hier wurde sie plötzlich von anrückenden französischen Truppen überrascht. Sie musste nach Berlin fliehen.

Es war am Morgen des denkwürdigen 14. Oktober. Der Kanonendonner der Schlacht von Jena schlug an Luises Ohr, als sie in ihrem Reisewagen bangen Herzens und doch voller Hoffnung auf den Sieg über Mühlhausen, Braunschweig nach Berlin fuhr. Kurz vor Brandenburg erreichte sie ein Kurier. Als sie den Brief gelesen hatte, brachen alle ihre Hoffnungen zusammen. Es war alles vernichtet: das Heer, der Staat, ihr Glück. Ihr grösster Feind, Napoleon, war von nun an Diktator über Preussens Geschick. Furchtbar war die Enttäuschung der Königin, unermesslich der Schmerz über das Unglück. Sie litt Qualen der Angst und Sorge. Nun galt es, mit ihren Kindern zu fliehen. Diese waren bereits, als sie in Berlin ankam, auf die Nachricht von der Niederlage nach Schwedt auf das ehemalige Schloss ihrer Schwester Friederike gebracht worden, denn schon standen die Franzosen vor den Toren Berlins. Der König selbst war auf der Flucht. Am Tag nach ihrer Ankunft in Berlin musste auch sie weiter fliehen. Ihr nächstes Ziel war Küstrin. In atemloser Hast reiste sie über Stettin dorthin.

Aber auch hier war kein Bleiben. Tieferschüttert von den Ereignissen setzte die Königin ihre Flucht nach Königsberg fort. Zu all dem Traurigen, das sie in jenen Tagen erleben musste, kamen noch die Schmähungen, die Napoleon seit der Schlacht von Jena in seinen Bulletins gegen sie losliess. Der beissendste Spott, die höchste Ironie sprachen aus den Worten, die das 1. Bulletin der Grossen Armee vom 8. Oktober 1806 über die Königin enthielt. „Marschall", sagte darin der Kaiser zum Marschall Berthier, „man gibt uns für den 8. Rendez-vous. Niemals hat ein Franzose ein solches verfehlt. Und da, wie man sagt, eine schöne Königin Zeuge des Kampfes sein will, so seien wir höflich und marschieren wir, ohne uns Ruhe zu gönnen, nach Sachsen ..." Und weiter höhnt dasselbe Bulletin: „Die Königin ist bei der Armee, als Amazone gekleidet, in der Uniform ihres Dragonerregiments. Sie schreibt täglich zwanzig Briefe, um von allen Seiten den Brand zu schüren. Man meint Armida zu sehen, die in ihrer Verblendung den eigenen Palast anzündet." Allem aber setzte das berühmte 19. Bulletin die Krone auf, worin Napoleon die Königin in ihrer Frauenehre angriff.

Um das Unglück vollzumachen, wurden Luise und ihre Kinder von Krankheiten heimgesucht. Luise selbst traf in Königsberg am 9. Dezember mit hohem Fieber ein. „Sie lag sehr gefährlich darnieder", schrieb ihr Leibarzt in sein Tagebuch, „und nie werde ich die Nacht des 22. Dezember vergessen, wo sie in Todesgefahr lag." Luise war aber selbst in Königsberg nicht mehr sicher. Sie musste fort. In einem offenen Wagen – einen anderen konnte man nicht auftreiben –, mitten im Winter in Sturm und Schnee reiste die Schwerkranke am 5. Januar über die Kurische Nehrung nach Memel. Ihre Kinder waren bereits vorausgeschickt worden. Die Nächte verbrachten die Königin und ihre Begleiter in den elendesten Bauernhäusern oder Gasthöfen. Es war bitter kalt. Der Sturm und das Unwetter waren so schrecklich, dass die Pferde kaum weiter konnten. In der ersten Nacht lag Luise in einer Stube, wo die Fenster zerbrochen waren. Der Schnee wehte auf ihr Bett. Es war eisig kalt, und man hatte weder Feuer noch etwas Warmes zu essen für die Kranke. „So hat noch keine Königin die Not empfunden", schrieb ihr Leibarzt in sein Tagebuch. Erst in Memel konnte sie sich ein wenig Ruhe gönnen.

Langsam erholte sich die kranke Königin. Der Januar 1807 brachte milderes, sonniges Winterwetter. Aber Luise war traurig und niedergeschlagen. Es blieb ihr nichts erspart. Die Unglücksbotschaften waren schon an der Tagesordnung. Nach dem Fall von Danzig folgte Neisse, und schliesslich vernichtete Napoleons Sieg bei Friedland alle Hoffnungen. Diesmal war es Luise, die den Frieden ersehnte und von Napoleon annehmbare Bedingungen erwartete. „Vielleicht braucht auch Napoleon den Frieden", meinte sie, „und macht ihn billig. Das ist jedoch nicht das richtige Wort. Denn dieser Mensch kennt keine Gerechtigkeit. Aber vielleicht tut er aus Laune Dinge, die man von ihm nicht erwartet."

Während Luise dem Zaren Alexander immer noch Vertrauen entgegenbrachte, verriet er sie und die Sache Preussens bei seiner Zusammenkunft mit Napoleon auf dem Njemen. Hier schloss er zwischen Russland und Frankreich einen Waffenstillstand ab, der Preussen nicht inbegriff. Sein Freund Friedrich Wilhelm, dem er noch vor kurzem feierlich Treue geschworen und Hilfe versprochen hatte, musste im strömenden Regen am Ufer stehen und zusehen, wie sich beide Kaiser berieten. Der König von Preussen war der Betrogene. Erst am nächsten Tag durfte er an den Unterhandlungen teilnehmen.

Am 26. Juni kamen die drei Monarchen in Tilsit zusammen, um über den Frieden zu unterhandeln. Russlands Politik hatte sich jetzt völlig Frankreich zugeneigt, dessen Kaiser von den Russen der Menschenfreund genannt wurde. Der preussische König war über die ungeheuren Ansprüche, die Napoleon stellte, verzweifelt. Besonders hing er an den linksseitigen Besitzungen der Elbe und an Magdeburg. Napoleon behandelte ihn wie eine ganz nebensächliche Person. Er unterhielt sich mit ihm über die nichtigsten Dinge, über Uniformknöpfe, Tschakos usw. und spottete bei jeder Gelegenheit über ihn.

Als man Luise den Vorschlag machte, dem so wenig grossmütigen Sieger entgegenzutreten, um von ihm für ihr Land etwas zu erbitten, da fühlte sie sich anfangs durch eine solche Aufforderung masslos erniedrigt. Zum General Kessel sagte sie: „Es ist mir, als wenn ich in den Tod ginge; als wenn dieser Mensch mich würde umbringen lassen.“ Sie begriff aber schliesslich, dass sie ihrem Volke ein Opfer bringen musste und brachte es schliesslich gern. Mit Zweifel im Herzen, trat sie ihre Reise an, obwohl schmerzgebrochen darüber, dass sie wie eine Bittstellerin vor den Gebieter der Welt treten sollte, ohne von ihm eingeladen worden zu sein. Aber sie zitterte vor dem Augenblick, bald dem Verhassten gegenüberstehen zu müssen.

Unter dem klingenden Spiel der Truppen Napoleons hielt sie ihren Einzug in Tilsit. Der Kaiser Alexander, Friedrich Wilhelm und der Graf von der Goltz erwarteten sie. Der Zar sprach ihr beruhigend zu und sagte: „Nehmen Sie es auf sich und retten Sie den Staat!“

Dann empfing Luise den französischen Kaiser. Die Gräfin Voss und die Gräfin Tauentzien gingen hinunter, um Napoleon am Fuss der Treppe zu empfangen. Er ritt einen kleinen weissen Araber und hatte seinen ganzen Stab mitgebracht, um Preussens Königin einen Besuch abzustatten. Alexander und Friedrich Wilhelm empfingen ihn vor der Tür. Leichtfüssig sprang Napoleon ab und die enge Treppe hinauf, wo Luise ihn, vom König vorgestellt, empfing. Der Kaiser hatte eine kleine Reitpeitsche in der Hand. Als er die Treppe hinaufeilte, grüsste er höflich nach allen Seiten und wippte dabei leicht mit der Gerte. Die Königin sah in diesem Augenblick schöner aus denn je. Ihre Schönheit war wahrhaft königlich zu nennen. Die ganze Gestalt Luises war von so bezwingendem Liebreiz und so edler Hoheit, dass Napoleon im ersten Augenblick ein wenig verlegen schien, wenn er auch später behauptete, die Königin habe ihn wie Fräulein Duchesnois auf der Bühne als Ximena empfangen, was ihn an ihr sehr gestört habe. Er schien ein wenig ratlos und zum erstenmal vielleicht in seinem Leben die Situation nicht zu beherrschen.

Auf Luise machte die Erscheinung des Gefürchteten keinen ungünstigen Eindruck. Friedrich Wilhelm hatte ihn als „äusserst gemein aussehend“

geschildert, die Gräfin Voss fand, dass seine grossen runden Augen unheimlich umherrollten und er wie die „Inkarnation des Erfolgs“ aussah. Die Königin Luise war gerechter. Sie glaubte an dem Kopfe Napoleons die reinen Linien der Cäsarenhäupter zu entdecken. Er erschien ihr edel und vornehm im Ausdruck. An ihren Bruder schrieb sie später: „Sein Kopf ist schön geformt. Die Gesichtszüge künden den denkenden Mann an. Das Ganze erinnert an einen römischen Kaiser. Beim Lächeln hat er um den Mund herum einen Zug von Güte; überhaupt kann er sehr liebenswürdig sein.“ Kurz, als Napoleon in seiner schlichten grünen Uniform vor ihr stand, da mochte sie kaum glauben, dass dieser kleine unscheinbare Mann ihrem Lande durch seinen Ehrgeiz soviel Unglück zugefügt hatte. Und in dieser versöhnlichen Stimmung gewann sie es gleich in den ersten Augenblicken über sich, von den Angelegenheiten zu sprechen, die ihr Herz bedrückten. Sie sagte Napoleon, er möchte sie nicht verkennen. Wenn sie sich in die Politik mische, so geschehe es nur, weil sie sich als Landesfürstin und Mutter ihrer Kinder verpflichtet fühle, alles zu versuchen, um ihnen Leid und Not zu ersparen. Napoleon schien indes nicht geneigt zu sein, sich mit ihr in ein politisches Gespräch einzulassen. Er unterbrach die Königin mit Beteuerungen und höflichen Phrasen und lenkte die Unterhaltung absichtlich immer wieder auf nebensächliche Dinge, genau wie bei der Zusammenkunft mit Friedrich Wilhelm. Ihn hatte er über Uniformen befragt, und sie glaubte er über Toilettenfragen unterhalten zu können.

Die tiefgebeugte Frau aber liess sich nicht beirren. Als vollkommene Beherrscherin der Situation wies sie Napoleon mit den Worten zurecht: „Sire, sind wir hierher gekommen, um von nichtigen Dingen zu reden?“ Und damit hatte sie Napoleons Achtung gewonnen. Er hörte ihr jetzt aufmerksam zu. Je weiter die Unterhaltung fortschritt, desto grössere Zuversicht gewann Luise, desto mehr Vertrauen setzte sie in sein Verhalten. Auch Napoleon schien sehr von ihr eingenommen zu sein. Vielleicht wäre er dem unwiderstehlichen Zauber von Frauenschönheit und Frauenliebreiz, der von Luise ausstrahlte, unterlegen, wenn seine Politik in ihm nicht stärker gewesen wäre. Zum Unglück für die Sache trat auch Friedrich Wilhelm gerade in dem Augenblick ins Zimmer, als Napoleon beinahe der Königin Versprechungen machen wollte. Jedenfalls gab der Kaiser ihr Antworten, die sie wohl zu gewissen Hoffnungen berechtigten, ihn aber zu nichts verpflichteten. Es schien, als gäbe er sich ganz dem angenehmen Gefühl hin, mit einer schönen, geistreichen Frau zusammen zu sein, ohne ihrem Zauber ganz zu unterliegen. Er war liebenswürdig und zuvorkommend, nichts weiter. Als er sich dann verabschiedete, flackerte im Herzen der unglücklichen Königin ein Hoffnungsschimmer auf. „Wir werden sehen! Wir werden sehen!“ waren seine letzten Worte gewesen. Dann hatte er Luise für den Abend zum Diner eingeladen und war gegangen.

Froh und hoffnungsvoll fuhr Luise um 8 Uhr abends in dem achtspännigen Staatswagen Napoleons an der Seite des Marschalls Berthier zum Galadiner des Kaisers. Sie war heiterer Laune. Nach langer Zeit konnte sie wieder ein wenig lachen. Die Anwesenheit vieler hoher Gäste verlieh dieser neuen Begegnung mit Napoleon einen mehr gesellschaftlichen Charakter. Der Kaiser war ihr gegenüber äusserst ritterlich und aufmerksam und unterhielt sich auch freundlich mit ihrer Oberhofmeisterin.

Nach Tisch nahm er aus einer in der Nähe stehenden Vase eine Rose und überreichte sie galant der Königin. Luise zögerte zuerst, sie anzunehmen, dann aber erinnerte sie sich als echte Frau auch bei dieser Gelegenheit ihrer diplomatischen Aufgabe und sagte lächelnd, ja sie wolle sie nehmen, aber nur mit Magdeburg. Damit war die Unterhaltung über die schwebende Frage wieder angeknüpft. Napoleon fragte die Königin, wie Preussen es eigentlich habe wagen können, mit ihm Krieg zu führen, und Luise gab ihm die vom Minister Talleyrand so sehr gerühmte stolze Antwort: „Sire, der Ruhm Friedrichs des Grossen hat uns über unsere Macht getäuscht.“

Um so bitterer war die Enttäuschung, die sie am nächsten Tage erleben sollte. Der Frieden, der vor ihrer Ankunft in Tilsit zu keinem Abschluss hatte kommen können, war plötzlich binnen vierundzwanzig Stunden unterzeichnet worden, ohne dass Napoleon noch eine zweite

Zusammenkunft mit Luise gewünscht hätte. Noch am Abend des 6. Juli hatte er zum Zaren gesagt: „Die Königin von Preussen ist eine reizende Frau. Ihre Seele entspricht ihrem Geist, und wahrhaftig, anstatt ihr eine Krone zu nehmen, möchte man versucht sein, ihr eine andere zu Füssen zu legen! ... Der König von Preussen ist zur rechten Zeit dazugekommen, denn eine Viertelstunde später hätte ich der Königin alles versprochen."

Und doch musste Luise zu ihrem Schmerz erfahren, dass seine Forderungen weit härter waren als vor ihrer Ankunft. Ein so unglückliches Ergebnis traf sie wie eine persönliche Erniedrigung. Jedenfalls liess sein eiliges Handeln darauf schliessen, dass er sich ihr gegenüber doch nicht ganz sicher und fest fühlte, wenn er auch zu seinem Großstallmeister Caulaincourt sagte: „Mein Plan stand fest, und weiss Gott, die schönsten Augen der Welt – und sie waren sehr schön, Caulaincourt – konnten mich nicht einen Finger breit davon abbringen!"

Der Frieden war bekanntgemacht worden. Preussen musste alle Provinzen westlich der Elbe mit der Altmark und mit Magdeburg, Kottbus, Kuxhaven, den Netzedistrikt und Kulm, einen Teil Polens, Neu-Ostpreussen, Südpreussen und Danzig mit einem Umkreis von einer Meile um die Stadt abtreten. Memel war für den russischen Kaiser bestimmt, aber er nahm es nicht an. Jérôme wurde König von Westfalen. Aus den polnischen Besitzungen wurde das Grossherzogtum Warschau für Napoleons Bundesgenossen, den König von Sachsen. Als Friedrich Wilhelm bemerkte, das sei wohl für den Verrat, den Sachsen an ihm geübt habe, wurde Napoleon masslos wütend, und beide Monarchen schrien sich gegenseitig an. Alexander erhielt den Bezirk Bialystok. Ausserdem hatte Napoleon im Friedensvertrag ausdrücklich bemerkt, dass Preussen die wenigen Vorteile, die es noch im Frieden von Tilsit davontrug, „nur aus Achtung für den Kaiser von Russland" gewährt bekomme. Also nicht etwa, weil die Königin vermittelnd gewirkt hatte. Ueberdies verpflichtete sich Preussen, dem englischen Handel seine Häfen zu verschliessen, kurz, es gab sich vollkommen in die Hände des Siegers.

Eine grössere Schmach als diese konnte Luise nicht angetan werden. Sie war nach Tilsit gekommen, hatte all ihren Stolz und alle Rücksicht ausser acht gelassen, um Napoleon für ihr Land um bessere Bedingungen zu bitten. Beim Abschluss des Friedens hatte der Kaiser äusserst hart zum Grafen von der Goltz gesagt: alles was er mit der Königin gesprochen habe, seien nur höfliche Phrasen gewesen, und Preussen verdanke seine Erhaltung nur dem Zaren, denn ohne diesen hätte er seinen Bruder Jérôme auf den preussischen Thron gesetzt.

Am Abend stand Luise noch die entsetzliche Qual bevor, wiederum mit Napoleon an seiner Tafel zusammenzukommen. Er gab ihr zu Ehren sein letztes Festmahl. Es glich eher einem Leichenschmaus. Die Gesellschaft war schweigsam und niedergeschlagen. Napoleon schien verlegen zu sein. Als die Königin nach der Tafel nochmals dem Kaiser gegenüber auf die politischen Angelegenheiten zu sprechen kam, schnitt er ihr ziemlich barsch das Wort ab und sagte: „Sie haben mich bis auf den letzten Augenblick ausgepresst." Auf dem Wege zu ihrem Wagen, den sie an der Hand Napoleons zurücklegte, konnte sie sich indes nicht enthalten, zu bemerken: „Ist es denn möglich, dass, nachdem ich den Mann des Jahrhunderts und der Geschichte so in der Nähe gesehen habe, er mir nicht die Genugtuung gibt, meiner ewigen Dankbarkeit sicher zu sein?" Seine kurze Antwort darauf war: „Was wollen Sie, Madame, ich bin zu bedauern, es ist eine Wirkung meines schlechten Sterns." Traurig und tief gekränkt fuhr die Königin davon. Später pflegte sie zu sagen: „Wenn man mein Herz öffnete, würde man darin den Namen Magdeburg eingegraben finden."

Luise hat Napoleon nie wiedergesehen. Wenn die Rede auf die Königin kam, sprach er stets nur in Ausdrücken des höchsten Lobes von ihr. Nie wieder gestattete er sich, ihre Person zu verhöhnen oder zu schmähen. Nun, da er sie kannte, wusste er, dass eine solche Frau nur Achtung, Ehrfurcht und Bewunderung verdiene. Zum Kaiser Alexander hatte er nach den Ereignissen von Tilsit gesagt, er glaube wohl, dass die Königin die öffentlichen Angelegenheiten besser führen würde als der König. Es war nicht klug von ihm, vielleicht sogar ein entscheidender Fehler seiner Politik, dass er sich so unbeugsam zeigte. Hätte er in Tilsit den Bitten der Königin nachgegeben und Preussen auch nur einigermassen geschont, er würde es sich anstatt zum Feind zum Freund gemacht oder sich wenigstens in ihm einen neutralen Staat geschaffen haben.

Der fürchterliche Krieg war zu Ende. Es war wieder Frieden. Aber was für ein Frieden! Das Land durch den Krieg, durch Steuern und Kontributionen gänzlich verarmt, eine Verarmung, die so weit ging, dass für die königliche Familie oft nicht einmal Geld zur Bestreitung der notwendigsten Ausgaben da war. Die Haushaltung war dermassen einfach, ja kärglich, dass Augenzeugen berichten, man habe sogar in dieser Zeit der Not in den geringsten Volkskreisen besser und reichlicher gegessen als am Hofe in Memel und Königsberg. So arm war der König, dass er und Luise sich von manchem wertvollen Familienstück, von manchem Schmuckgegenstand trennen mussten. Das goldene Tafelservice Friedrichs des Grossen fiel in jenen Tagen der Entbehrung der Münze zum Opfer. Friedrich Wilhelm war gezwungen, sich Geld zu borgen, und Luise konnte sich nicht das Nötigste für ihre Kleidung kaufen. Ihre Wohnung in Memel war so primitiv, dass die Fenster nicht richtig schlossen. Auch die Not und das Elend der Einwohner waren erschreckend. Memel und Königsberg waren angefüllt mit Bettlern, Arbeitslosen, Erwerbsunfähigen. Die Kriegssteuern waren so hoch, dass der König den Staatsbankrott hätte ansagen können. Aber ein solches Ansinnen wies Friedrich Wilhelm weit von sich. Er und Luise litten unsäglich unter den herrschenden Umständen. Luise war traurig und bitter enttäuscht. Ihr Herz verblutete fast.

Die Königin sah aber ein, dass etwas geschehen musste. Sie begriff, dass alle bestehenden Einrichtungen einer gründlichen Reform bedurften, sowohl die Armee als auch das Staatswesen, die Diplomatie, die Finanzen. Am schwersten wurde ihr Herz durch die Enttäuschung betroffen, die ihr der Zar bereitete. Eine Proklamation Alexanders in der Petersburger Zeitung besagte, dass der Frieden von Tilsit ihm den Gewinn eines Teiles von Preussen eingebracht habe. Luise fand es über alle Massen schändlich, dass er sich dessen noch rühmte.

Ihre Gesundheit liess inzwischen immer mehr zu wünschen übrig. Sie litt unter der kalten feuchten Luft in Memel, „in diesem Sumpf, und in diesem Norden, wo die Blätter erst im Juni spriessen und die Früchte nie reifen." Im November 1807 traf in Memel endlich ein zwar höfliches, aber trockenes Schreiben Napoleons ein. Er versprach, Ost- und Westpreussen zu räumen. Dann könne die Königin nach Königsberg gehen und dort ihre Niederkunft abwarten. Berlin sei dazu nicht nötig. Am 15. Januar 1808 siedelte die Familie nach Königsberg über, und schon vierzehn Tage später gab die Königin ihrem neunten Kinde, der Prinzessin Luise, das Leben. Allmählich ging es auch gesundheitlich mit ihr wieder aufwärts. Bitter enttäuschte sie auch wieder Alexander I. Auf der Reise nach Erfurt hatte er am 18. September Königsberg berührt. In einer Besprechung hatte er entschieden ein Bündnis mit Preussen und Oesterreich gegen Napoleon abgelehnt. Dann reiste er am 19. nach Thüringen zu seinem neuen Freund Napoleon. In Erfurt schloss er mit dem französischen Kaiser ein Bündnis gegen Oesterreich. Damit stand ein neuer Krieg vor der Türe.

Napoleons Sieg bei Wagram brachte Preussen neue Sorgen. Am 10. Juni 1809 schon stand der Kaiser als Sieger vor den Toren Wiens. Am 18. Juli wurde der Waffenstillstand von Znaim geschlossen. Oesterreich war vernichtet. Jetzt fand sich auch der König von Preussen bereit, einen Annäherungsversuch zu machen, in der Hoffnung, sein Los zu verbessern. Er sandte daher Krusemarck im November nach Paris mit Glückwünschen und gleichzeitig mit der Bitte um Erleichterung der Kontributionszahlungen. Der Kaiser empfing den preussischen Gesandten zwar nicht unfreundlich, forderte aber fast drohend die Rückkehr des Königs nach Berlin.

Unter dem Jubel der Menge zog das preussische Königspaar in Berlin ein. Die geliebte Königin war wieder da. Ueberall sah sie strahlende Gesichter. Ein jeder wollte ihr beweisen, wie man sie verehrte. Aber auch ein Gefühl unendlichen Mitleids mischte sich in diese Wiedersehensfreude. Man sah es der Königin an, dass sie viel gelitten, dass sie in der Verbannung harte Zeiten hatte durchmachen müssen, und man suchte sie ihr auf alle mögliche Weise vergessen zu machen. „Wie süss ist es, so geliebt zu werden“, schrieb Luise einige Tage später an eine Freundin.

Die Gesundheit der Königin war jedoch erschüttert. Sie brauchte Erholung. Wie gern wäre sie wieder nach Pyrmont gegangen, das ihr schon einmal Gesundung gebracht hatte. Dazu fehlte es jedoch am nötigsten, am Geld. Sie dachte daher daran, wenigstens den längst geplanten Besuch bei ihrem Vater in Strelitz zu machen. Am 25. Juni 1810 reiste sie ab. Einige Tage später traf auch der König in Strelitz ein. Nun erst war Luise ganz glücklich. Sie freute sich, ihren Mann zum erstenmal als Tochter ihres Vaters empfangen zu können, und in spontaner Freude darüber schrieb sie an des Herzogs Schreibtisch auf einen Zettel: „Lieber Vater! Ich bin heute sehr glücklich als Ihre Tochter und als die Frau des besten Mannes.“ Es waren ihre letzten geschriebenen Worte.

Von Strelitz aus begab sich das Königspaar nach dem Schloss Hohenzieritz. Als Luise dort ankam, fühlte sie sich matt und leidend. Aber sie wollte ihrem Mann und ihren Verwandten die Freude nicht verderben und blieb doch zum Abendessen. Sie verbrachte eine schlechte Nacht, stand aber am nächsten Tag auf, um bei der Mittagstafel zu erscheinen. Sie hoffte auch am 30. Juni noch, mit dem König nach Rheinsberg fahren zu können und schonte sich daher sehr. Ihr Befinden wurde indes nicht besser. Den Tag verbrachte sie abwechselnd im Bett und auf dem Sofa. Aber sie war noch heiter und guter Dinge. Der Doktor Hieronymi, des Herzogs Leibarzt, erklärte die Krankheit für ein hitziges Fieber, das bald vorübergehen werde. Immerhin schien keine Besserung einzutreten. Luise musste sich entschliessen, noch einige Zeit in Hohenzieritz zu bleiben. Den König riefen dringende Geschäfte nach Berlin. Er reiste am 3. Juli ziemlich beruhigt ab, da ihm der Arzt gesagt hatte, es läge keinerlei Grund zur Besorgnis vor. Friedrich Wilhelm selbst hatte Fieber und musste sich gleich nach seiner Ankunft ins Bett legen. Die Nachrichten des Arztes aus Hohenzieritz waren jedoch durchaus nicht beunruhigend. Da der König selbst krank war und seinen Leibarzt benötigte, unterblieb dessen Sendung nach Strelitz.

Erst auf einen Wink des Prinzen zu Solms-Lych, der dem König mitteilte, es scheine ihm, dass es der Königin schlechter ginge, sandte er den Geheimrat Heim zu seiner kranken Frau. Auch dieser fand den Zustand Luises zwar ernst, aber nicht bedenklich. Sie habe eine heftige Lungenentzündung, es seien indes keinerlei Komplikationen zu befürchten. In einigen Wochen hoffte man, dass die Königin wieder vollkommen hergestellt sei. Heim reiste deshalb nach Berlin zurück. Der König war noch immer krank und konnte nicht, wie er gern gewünscht hätte, seine Frau besuchen.

Von Tag zu Tag verschlechterte sich jedoch der Zustand der Königin. Der Atem wurde ganz kurz und der Husten andauernder. Dazu kamen schreckliche Herzbeklemmungen, die ihr die furchtbarsten Schmerzen bereiteten. Am 16. und 17. waren die Brustkrämpfe so heftig, dass die Kranke fast zu ersticken drohte. Heim wurde mit den Chirurgen Gehrke und Schmidt eiligst wieder aus Berlin herbeigerufen. Die Aerzte fanden, dass die Lungen angegriffen seien und eine Rettung kaum mehr möglich sei.

Erst am 19. konnte auch der König, dem man einen Kurier gesandt hatte, endlich kommen. Aber auf Luises bleichem Antlitz stand bereits der Tod geschrieben. Friedrich Wilhelm hatte am 18. die Schreckensnachricht erhalten, dass seine Frau in Gefahr sei. Als er mit seinen beiden ältesten Söhnen morgens 4.45 Uhr in Hohenzieritz ankam, war ihm bereits Heim entgegengeeilt, um ihn darauf aufmerksam zu machen, dass es der Königin sehr schlecht gehe und sie ihn sogleich zu sprechen wünsche. Aber wie erschrak Friedrich Wilhelm, als er zu Luise ins Zimmer trat und sie so verändert fand. Die furchtbaren Schmerzen und der quälende Husten hatten ihre Züge entstellt. Und doch, mit welcher Freude empfing sie den König. Sie umarmte ihn immer wieder. Er musste ihre Hand halten, die sie öfters mit der zärtlichsten Innigkeit an ihre Lippen drückte. Sie, die Todkranke, erkundigte sich nach seiner Krankheit und war entsetzt, dass er im offenen Wagen gefahren war.

Die Krämpfe hatten nur wenig nachgelassen, auch die Herzbeklemmung blieb. Luise hatte aber doch noch Hoffnung, dass sie wieder gesund würde. Aber schon stand der Angstschweiss auf ihrer Stirn, und die Totenblässe machte sich bemerkbar. Es war neun Uhr. Ihr Kopf neigte sich ein wenig zur Seite. Zuletzt, als die Krämpfe ihr beinahe den Atem benahmen, öffnete sie weit ihre grossen Augen und rief: „Ich sterbe, o Jesu, mach' es kurz!“ Wenige Augenblicke darauf verschied sie.

Der König hatte alles mit ihr verloren. Sein Schmerz über ihren Verlust grenzte an Verzweiflung. Immer wieder kehrte er in das Zimmer zurück, wo Luise kalt und leblos dalag. Er konnte sich nicht von ihr trennen. Ganz im stillen kehrte er mit seinen vier Kindern in das Sterbezimmer zurück und legte mit ihnen weisse Rosen aus dem Garten von Hohenzieritz auf die Brust Luises, in die Nähe des Herzens. Vor der Abreise gingen sie alle noch einmal zu der toten Mutter. Schluchzend küssten sie und der König die eiskalte Stirn und die Hände und nahmen für immer Abschied von ihr. Dann reisten sie heim.

Auch Luise wurde einige Tage später nach Berlin überführt. Wie anders war die Heimkehr! In einem schönen Reisewagen, mit den grössten Hoffnungen für eine bessere Zukunft war sie fröhlich nach Strelitz gefahren; nun brachte sie ein Sarkophag zurück. Leid und Kummer hatten ihre an sich schwache Gesundheit aufgerieben, und noch jung musste sie aus dem Leben scheiden, das sie so sehr geliebt hatte im Glück ihrer Familie. Im Charlottenburger Park fand sie im Schatten der hohen Fichten ihre letzte Ruhestätte.

# Neuntes Kapitel
# Lola Montez

*Lola Montez; Kupferstich von H. L. Garnier*

König Ludwig I. von Bayern war sechzig Jahre alt, als er die schöne spanische Tänzerin Lola Montez im Jahre 1847 kennenlernte. „Es war gewiss nicht das erstemal, dass ein Fürst sich von den Reizen einer pikanten Tochter Terpsichores dermassen bestricken liess, dass er selbt die tollsten Sprünge machte. Sprünge, wie sie einzig fürstliche Stellung und Machtmittel zulassen", sagte E. Fuchs in seinem Werk: „Ein vormärzliches Tanzidyll." Darin also, dass Ludwig I. von Bayern seine alternden Sinne nochmals, und zwar diesmal an den üppigen Schönheiten einer raffinierten Tänzerin, entflammte, darin hätte kein Mensch auf der Welt etwas Aufregendes gefunden ... Um diesen zartgeknüpften Liebesreigen auf die Höhe historischer Bedeutung emporzuheben, musste etwas anderes hinzukommen. Dieses andere war, dass die „feurige Andalusierin" in die Lage kam, durch ihre runden Hüften die Position derjenigen Partei aus dem Gleichgewicht zu bringen, die bis dahin durch den König regierte, das heisst, dass durch den Einfluss der Tänzerin Lola Montez auf Ludwig I. die äussere Herrschaftsform des allgewaltigen Jesuitismus in Bayern zerbrochen wurde. Dieses andere schliesst aber noch ein zweites Gleichgewichtiges in sich, und dieses ist, dass durch das öffentliche Leben der schönen Nebenfrau Ludwigs I. die vormärzlichen Zustände in Bayern, dem grössten Mittelstaat Deutschlands, zu einer Zeit als unhaltbar zusammenbrachen, da man an anderen Orten noch nicht daran dachte, so nahe vor einem bedeutungsvollen Wendepunkt in der Geschichte zu stehen. Das sind die besonderen Umstände, durch welche dieses von zärtlichster Liebe dirigierte Tanzidyll zu dem „europäischen Skandal" wurde, der in den Brennpunkt der allgemeinen öffentlichen Kritik rückte. Die Stimmung des Vormärz, und mit ihr auch die der Frau, ist frisch, männlich und strebend. Nicht alle Frauen unterliegen der Vermännlichung, aber einige verlieren ihr Gleichgewicht und geraten ausser Rand und Band. Sie mischen sich in Politik, pochen dabei auf ihre unwiderstehlichen weiblichen Vorzüge, um ihrer Herrschaft um so sicherer zu sein. Eine solche Frau ist Lola Montez. Ihre südliche, sinnliche Schönheit provoziert und zieht gleichzeitig die Männer an, wie das Licht in der Finsternis den Faltern zum Verderben wird. Das Fremde, Unbekannte in ihr übt jenen faszinierenden Zauber aus, dessen sich die

Männer schwer erwehren können, wenn es sich um eine Frau, noch dazu um eine äusserst temperamentvolle Bühnenkünstlerin handelt.

Gleich ihre erste Begegnung mit dem König ist bezeichnend für ihren Charakter. Lola Montez war von der Münchner Theaterintendanz ein Engagement als Tänzerin verweigert worden, nachdem sie in Paris, London, Madrid und anderen Hauptstädten als Tänzerin auf der Bühne nur geringen Erfolg gehabt hatte. Für sie gab es jedoch keine Hindernisse. Sie setzte das grösste Vertrauen in ihre unwiderstehliche Schönheit. Deshalb begab sie sich in München ohne Umstände gleich selbst zum König, dessen zahlreiche Liebschaften ihr natürlich bekannt waren. Sie ging also ohne vorherige Anmeldung, ohne um eine Audienz gebeten zu haben, ins Schloss. Natürlich hatte sie gleich im Vorzimmer heftigen Streit mit dem Kammerdiener des Königs. Dieser wollte die Tänzerin durchaus nicht vorlassen. Da sie sich aber nicht abweisen liess, kam der Adjutant dazu und meldete schliesslich ihr dreistes Auftreten dem König. Aber auch der Adjutant war ein Mann. Auch er schien von Lolas Schönheit fasziniert zu sein, denn er fügte seiner Meldung hinzu: es wäre schon der Mühe wert, diese Dame zu sehen, denn sie sei sehr schön. Diese Worte zündeten. Nachdem Ludwig I. gesagt hatte: „Was soll ich jede hergereiste Tänzerin empfangen?“ wurde er plötzlich sehr interessiert und erwiderte, „man möge sie nur vorlassen, er werde ihr selbst den Kopf waschen und sie zur Raison bringen.“ Lola Montez kam. Als sie vor ihm stand in ihrem enganliegenden, wie ein Reitkostüm geschnittenen Kleid, das ihre wundervolle Gestalt so recht zur Geltung brachte, war der alte Herr sogleich gefangen, und mit der „Raison“ war es vorbei. Er betrachtete die elegante hübsche Tänzerin mit Wohlgefallen, besonders die schöne Wölbung ihrer Büste. Als Ludwig dann etwas zweifelte, ob die Schönheit ihres Busens auch wirklich echt sei, fühlte sich die temperamentvolle Spanierin über eine solche Zumutung dermassen in ihrer Eitelkeit gekränkt, dass sie mit kühnem Griff von des Königs Schreibtisch eine Schere erfasste und kurz entschlossen ihr Kleid über der Brust aufriss. Der Effekt wäre nicht halb so gross gewesen, hätte sie vielleicht ihre Taille aufgeknöpft oder aufgehakt; eine Lola Montez brauchte die leidenschaftliche Geste, die impulsive Handlung. Sie musste doch beweisen, dass sie die vielbewunderte „leidenschaftliche Andalusierin“ war, von der die europäischen Zeitungen soviel Pikantes und Abenteuerliches geschrieben hatten.

Die „schöne Andalusierin“ war indes nur Halbblut. Sie wurde 1818 in Montrose in Schottland – nach anderen in Limerick in Irland – als aussereheliches Kind eines schottischen oder irischen, jedenfalls eines Offiziers der englischen Armee und einer Spanierin oder Kreolin geboren. Das feurige Temperament der spanischen Rasse und ihren absolut spanischen Typus hatte sie also von der Mutter. Sie hiess weder Montez Gonzales noch Umbro Sos, sondern ganz einfach Gilbert. Ihre Vornamen erinnerten allerdings an die Abstammung der Mutter, die ihr Kind Maria Dolores Eliza Rosanna taufte. Als internationale Abenteuerin sprach Lola Montez mehrere Sprachen. Englisch, Französisch und Spanisch beherrschte sie vollkommen, wenn auch nicht in der Schrift. Als sie nach München kam, war sie dreissig Jahre alt. Wäre sie eine reinrassige Spanierin gewesen, so hätte sie vielleicht nicht mehr jene ideale Schönheit besessen. Die Mischung mit englischem Blut gereichte ihr zum Vorteil und erhielt sie jünger und frischer, als es Spanierinnen im allgemeinen in diesem Alter sind. Anfangs wohnte sie in München mit einem Engländer im Hotel zum Hirschen. Gleich bei ihrem ersten Auftreten in diesem Hotel benahm sie sich dem Dienstpersonal gegenüber höchst anmassend und skandalös. Sie befahl allen in herrschendem Ton. Eine Bitte kannte sie nicht, ebensowenig ein Wort des Dankes gegen Untergebene. Wenn sie ihr nicht sofort gehorchten und alle ihre Launen erfüllten, liess sie die Reitpeitsche, mit der sie stets auf ihren Ausgängen, auch wenn sie nicht ausritt, bewaffnet war, über die Rücken sausen. Einen Hausknecht des „Hirschen“ prügelte sie einst auf diese Weise, und mit den übrigen Dienstboten lag sie in ständiger Fehde. Auch der Wirt bekam ihre kleine, aber energische Hand zu spüren. Ehrbare Münchner Bürger hielten eines Abends in einem der Säle des Hotels eine geschlossene Gesellschaft ab. Lola fand es amüsant, obgleich sie gar kein Recht hatte, in diese Gesellschaft einzudringen, sich mit ihrem englischen Beschützer und ihrer grossen Dogge an die Tür des Tanzsaales zu stellen und sich über die Gewohnheiten, die Kleidung und das Tanzen der Bürger lustig zu machen. Sie lorgnettierte die harmlose Gesellschaft auf die keckste Weise und machte ganz laut freche Bemerkungen. Das liessen sich die Münchner Bürger natürlich nicht gefallen. Der Wirt wurde aufgefordert, die kecke Person zurechtzuweisen, und er erhielt dafür von ihr eine schallende Ohrfeige. Es gab einen grossen Tumult, wobei die herausfordernde Tänzerin ihre Dogge auf die Anwesenden hetzte, aber schliesslich samt ihrem Galan die Treppe hinuntergeworfen wurde. Am nächsten Tag musste sie aus dem Hotel ausziehen.

Der König mietete ihr eine sehr elegante Wohnung in der Theresienstrasse, bis er ihr das schöne Palais in der Barerstrasse einrichtete. Da die Bewohner Münchens gegen die über alle Massen freche und exzentrische Mätresse des Königs ungeheuer aufgebracht waren und es bereits wiederholt von seiten der Bevölkerung zu Ausschreitungen gegen sie gekommen war, fürchtete man erhöhte Exzesse, wenn Lola dieses Geschenk des Königs erhielt. Er liess daher das Haus mit eisernen Fensterläden versehen, um die Geliebte vor Steinwürfen und Schüssen zu sichern. Vor dem Hause stand stets ein Posten mit geladenem Gewehr, und ab und zu durchstreiften Patrouillen auf Geheiss des Königs die Barerstrasse und die umliegenden Strassen. Auch auf ihren Spazierfahrten und Ritten begleitete Lola stets in einer gewissen Entfernung ein Gendarm.

Der König war in kurzer Zeit vollkommen von seiner Geliebten abhängig. Sie behandelte ihn wie einen alten Herrn, der sich den Launen einer schönen Frau zu fügen hat. Bei einem Besuch in ihrem Palais erklärte die Tänzerin dem König, dass ihr der Plafond nicht gefalle, und sie drang in ihn, ihn übermalen zu lassen, worauf der König nicht eingehen wollte. Hierauf fragte sie den mit seinen Gehilfen anwesenden Maler, was der Plafond koste. Dieser erwiderte: „Fünfhundert Gulden." Die Montez bemerkte hierauf, sie wolle sich ihn von ihrem eigenen Gelde malen lassen, und zum König gewendet, sagte sie in gebrochenem Deutsch: „Du bist ein alter Geizhals." Ludwig war über diese deutsche

Phrase der Lola, die er immer zum Deutschlernen anhielt, so erfreut, dass er sogleich die Umarbeitung des Plafonds anordnete.

Sie wusste ganz genau, dass das Fremdländische in ihrer Sprache einen weiteren pikanten Reiz auf ihren Geliebten ausübte und nützte diese Situation aus. Noch in seinen alten Tagen hatte er Spanisch gelernt und unterhielt sich mit seiner Geliebten meist in dieser Sprache. Er liebte es auch, wenn sie ihm Calderon oder Cervantes vorlas. Lolas eigene Ausdrucksweise war indes keineswegs dem klassischen Sprachschatz dieser grossen spanischen Dichter entnommen. Im Gegenteil, sie bediente sich mit Vorliebe einer recht vulgären Sprache. Man erzählte sich unzählige Anekdoten darüber, wie sie sich in den Läden Münchens benahm, wenn sie die teuren Kleider, Toiletten- und Kunstgegenstände einkaufte, deren sie fast täglich bedurfte. Wenn man ihr die Rechnung vorlegte, sagte sie meist: „Sie kennen mich schon. Der König oder „mein" Louis wird es bezahlen!" Sie sprach in den meisten Geschäften französisch, wodurch das Wortspiel mit dem Louis verständlicher wird. Derartige Bonmots hatte sie eine ganze Menge auf Lager. Ihre Briefe an Lieferanten und Behörden unterzeichnete sie im Anfang ihres Favoritentums ganz offiziell mit „Maitresse du roi", bis ihr der König dies verbot.

Im Theater erschien sie ungeniert, selbst wenn die Königin mit dem König und dem ganzen Hof anwesend war. Sie hatte ihre eigene Loge neben der grossen mittleren Hofloge. Immer erregte sie das grösste Aufsehen, sei es durch ihre wirklich eigenartige Schönheit oder durch ihre auffallenden fabelhaften Toiletten, durch ihr tiefes Decolleté, oder – vielleicht am meisten – durch ihr äusserst exzentrisches Wesen. Der Schmuck, den der König ihr geschenkt hatte und den sie bei jeder Gelegenheit anlegte, besonders im Theater, wurde auf 60 000 Gulden geschätzt. Der ehemals gegen seine früheren Mätressen so geizige Ludwig wurde in Lolas Händen zum Verschwender. In München erzählt man, so sagt ein zeitgenössischer Bericht, der König habe der Lola zum letzten Geburtstag 40 000 Gulden und ein Silberservice um 6000 Gulden geschenkt. Ihr Haus in der Barerstrasse war mit dem grössten Luxus ausgestattet. Man speiste bei ihr nur auf silbernem Tafelgeschirr und die Dienerschaft trug eine reichere Livree als die Hoflakaien.

Ihre Unterhaltung war, wenn auch nicht immer klug und geistreich, zum mindesten immer amüsant, und der König langweilte sich keineswegs mit ihr. Sie konnte berückend liebenswürdig sein und eine wahrhaft bestrickende Anmut entfalten. Denn wäre sie das nicht imstande gewesen, schwerlich hätten sich wohl ein Franz Liszt oder andere bedeutende Künstler um ihre Frauengunst bemüht. Ihre Schönheit und Liebenswürdigkeit besassen sogar die Macht, Frauen wie die reizende, geistreiche Marquise d'Agoult, die langjährige Freundin Liszts und Mutter seiner Tochter, Cosima Wagner, aus dem Felde zu schlagen. Lola Montez begleitete den berühmten Virtuosen auf vielen seiner Konzertreisen, bis sie auch seiner überdrüssig wurde, weil sie keinen Nutzen weiter aus ihm ziehen konnte. Seine Berühmtheit allein genügte ihr nicht. Und so trennte sie sich ohne Bedauern von ihm. Es fehlte ihr ja nicht an Bewunderern. Sie wurde mit Liebesanträgen, besonders in Deutschland, wahrhaft überschüttet.

Aber sie wollte die Männer nicht nur durch ihre Schönheit in der Gewalt haben, sondern sie in jeder Beziehung beherrschen. Sie verspottete alle Frauen, die im Banne eines geliebten Mannes standen und sich ihm in natürlicher Hingabe unterordneten. „Man versichert“, bemerkte sie, „dass es Frauen gäbe, die so dumm seien, Männer zu lieben und sich von ihnen beherrschen zu lassen. Das nenne ich verkehrte Wirtschaft. Ich für meinen Teil habe nie an so etwas geglaubt.“

Und doch musste auch sie bisweilen erfahren, dass es Männer gab, die sich nicht von ihren bezaubernden Augen, ihren Körperformen faszinieren liessen. Als sie auch während ihres zweiten Aufenthaltes in Paris mit ihren Tänzen keinen Erfolg hatte, versuchte sie, auf den damals sehr einflussreichen Schriftsteller Emile de Girardin mit ihren Reizen zu wirken, um ihn für sich zu gewinnen. Er aber blieb bei ihrem Anblick und trotz aller Avancen von ihrer Seite kalt und gleichgültig. Dagegen schrieben bedeutende oder wenigstens bekannte Männer wie Dujarrier, Theophile Gautier, Alexandre Dumas, Janin und andere günstig über sie.

Dujarrier musste seine Begeisterung für die schöne Tänzerin mit dem Leben büssen. Es kam zu einem Duell mit einem Kritiker, der die Tänze der Lola lächerlich gemacht hatte. Dujarrier wurde von seinem Gegner getötet. Lolas Aufenthalt in Paris war nun unmöglich, und sie musste die Stadt fluchtartig verlassen.

Aber nicht nur den alten König packte die Liebe für die schöne Tänzerin. Ihre Erfolge bei den Männern trösteten sie daher über die Niederlagen, die sie auf der Bühne als Künstlerin erlitt. In München tanzte sie übrigens nur zweimal. Allen, Jungen und Alten, war sie das Idol. Sie trugen ihr Bild an Krawattennadeln, in Zigarettenetuis, auf Tabakdosen. Die Junggesellen schmückten ihre Wohnungen oder Zimmer mit Lolas Bildern. Studenten brachten ihr Ovationen und sangen Ständchen vor ihrem Haus. Dabei war es ihnen vergönnt, in die hellerleuchteten Räume zu schauen, denn Lolas ganzes Leben war wie ein öffentliches Schaustück. Es fiel ihr nicht ein, die Jalousien oder Vorhänge zu schliessen. Jeder durfte zusehen, wen sie empfing, mit wem sie flirtete, wie sie sich ankleidete. Die Schneider mussten ihr die Kleider und Wäschestücke auf dem blossen Körper anprobieren. Ihr Boudoir und Ankleidezimmer barg für niemand Geheimnisse. Lola provozierte alles und jeden und rief dadurch die stärkste Kritik hervor. Sie war die „fleischgewordene Provokation". Entsprechend kleidete sie sich auch. Meist bewegte sie sich im Reitkostüm, und alles war der Amazonentracht angemessen, Schritt, Gang, Haltung – alles bewusst frech. So wie die Montez als verkörperte Wollust die bürgerliche Wohlanständigkeit Münchens, deren Begriff von Sitte und Anstand brüskierte, so brüskierte sie den geistigen Horizont derselben Gesellschaft durch die Keckheit ihrer Sprache und Urteile. Nicht weniger verletzte sie durch ihre Kühnheiten und zynischen Extravaganzen die jedem Bürger ehrwürdigen Vorstellungen von Recht und Gesetz. Lola Montez vollstreckte selbst und eigenhändig jedes Urteil, das sie geruhte zu fällen. Sie dokumentiert ihren Aerger durch eigenhändig verabreichte Ohrfeigen und Reitpeitschenstreiche – ihr Handgelenk ist so locker wie ihre Zunge – und sie bahnt sich durch die sich ihr entgegenstellenden Mächte mit ihrer Reitpeitsche und ihrer auf den Mann dressierten Dogge selbst den Weg. Nicht ein einziges Mal nur, nein, dies gehört zu ihren ständigen Gepflogenheiten während ihrer Münchner Regierungszeit.

Die berühmtesten Maler und Bildhauer verewigten diesen Dämon Weib unzählige Male in ihren Bildern und Büsten zur Freude des Königs und der Lola selbst. Aber wehe, wenn sie es sich einfallen liessen, ihre Schönheit nicht voll zu Worte kommen zu lassen, wenn sie der Karikatur den Vorzug gaben. Und doch ist nie eine schöne Frau von der Karikatur so zerzaust worden wie gerade diese auf die Macht ihrer körperlichen Reize so stolze Tänzerin. Eduard Furchs hat in seinem bereits erwähnten Werk über die Montez die meisten dieser äusserst amüsanten und zum Teil sehr wertvollen Blätter beschrieben, die die Geliebte Ludwigs I., die „deutsche Pompadour", verhöhnen. Eine köstliche Geschichte erzählt er unter anderem über ein lange Zeit vor dem König und Lola selbst geheimgehaltenes satirisches Oelgemälde, das Kaulbach von dem „Teufelsweib" malte. Es stellte die Tänzerin mit einer Schlange um den nackten Leib und einem Giftbecher in der Hand dar. „Die Tatsache", dass Kaulbach dieses Bild unter der Hand hatte, blieb dem König nicht verborgen, und eines Tages schoss er in seiner bekannten Weise in das Atelier Kaulbachs hinein. „Kaulbach, was höre ich, was haben Sie gemacht? Das ist eine Beleidigung, gegen mich auch! Warten Sie nur, das wird Ihnen die Lola gedenken!" Und ohne das Bild näher zu betrachten oder Kaulbach zu Wort kommen zu lassen, war er auch schon wieder hinaus. Der Maler, der wusste, wie schnell die heissblütige Tochter des Südens zum tätlichen Angriff überging, legte sich für alle Fälle vorsorglich einen tüchtigen Prügel neben die Staffelei.

Er hatte nicht lange zu warten. Eine knappe Stunde danach wurde die Tür aufgerissen, und Lola Montez erschien wutschnaubend, neben ihr die grosse Dogge, hinter ihr der König. Kaulbach, nichts Gutes ahnend, griff sofort nach seinem Prügel, im selben Augenblick hatte jedoch Lola auch schon ihre Dogge auf ihn gehetzt. Aber auch Kaulbach hatte einen Hund, einen riesigen Neufundländer. Dieser schoss ungerufen und ebenso plötzlich hinter der Staffelei hervor, Lolas Dogge an die Kehle. Das änderte die Situation. Die beiden Bestien hatten sich wütend ineinander verbissen und fuhren jäh in den Hof hinaus. Lola sauste in Angst und Wut hinter ihrem Hunde drein, der König ihr selbstverständlich nach und hinter diesem natürlich wieder Kaulbach. Dadurch nahm dieser Auftritt, der so bedrohlich begonnen hatte, plötzlich ein lächerliches Ende. Die beiden Hundebesitzer hatten die grösste Mühe, ihre vierbeinigen Verteidiger wieder auseinanderzubringen. Ein allgemeiner Rückzug schloss die bewegte Szene, das heisst nur für den Augenblick. Denn wenn auch Kaulbach das Bild der Oeffentlichkeit vorenthalten hatte, so wurde ihm trotzdem seine Kühnheit weder vergeben noch vergessen.

Trotz des grossen Einflusses, den Lola Montez auf den König ausübte, ist es ihr doch nicht gelungen, in die Gesellschaft der Aristokratie einzudringen, obwohl sie selbst als Gräfin Landsfeld eine Art Hof hielt und viele Leute von Bedeutung um sich versammelte. Aber die höheren Kreise mieden sie. Selbst die persönlichen Bemühungen des Königs in dieser Beziehung hatten keinen Erfolg. Man wollte nichts mit der kecken Abenteuerin, „dieser hergelaufenen Person“ zu tun haben. Sie war keine Lady Hamilton, die es trotz ihres Vorlebens, trotz ihrer obskuren Herkunft so wundervoll verstanden hatte, mit ihrem Liebreiz, ihrer grossen Liebenswürdigkeit in den feudalsten Kreisen der englischen Aristokratie anerkannt und aufgenommen zu werden. Lola Montez vermochte ihre physischen und geistigen Gaben nur in den Dienst der sie anbetenden Männer zu stellen. Das bürgerliche Zeitalter war nicht tolerant wie das 18. Jahrhundert. Man wahrte in allem den Schein, wenn man auch im geheimen noch so lasterhafte Neigungen besass. Nach aussenhin durfte nichts zugegeben werden. Die Gesellschaft boykottierte Lola. Selbst Männer, die in ihrem Hause ein- und ausgingen, bekamen oft die Verachtung zu spüren, die man der herausfordernden Abenteuerin entgegenbrachte. Viele verkehrten nur ganz geheim in ihrer Gesellschaft und gaben es niemals öffentlich zu, dass sie im Salon der königlichen Mätresse Gäste waren. Als Saphir – der bekannte Schriftsteller – in München Vorlesungen hielt, vermied er es lange Zeit, sich im Hause der Kurtisane zu zeigen, obwohl ihn der König direkt einlud, die

Abendgesellschaften Lolas öfter zu besuchen. Saphir indes befürchtete, er könne von der öffentlichen Meinung boykottiert werden, und so ging er erst am letzten Tage seines Aufenthalts zu ihr. Andere allerdings rissen sich um die Gunst, in ihrer Nähe zu weilen, und es ist durchaus nicht übertrieben, wenn einer ihrer Schmeichler behauptet: „Die ersten Geister ihres Jahrhunderts zogen an ihrem Siegeswagen."

Schliesslich aber hatte auch sie in München ihre Rolle ausgespielt. Im Februar 1848 schlug ihre Stunde. Als Görres, ihr grösster Feind und Gegner, gestorben und in München beigesetzt wurde, kam es zu erneuten Demonstrationen gegen die verhasste Favoritin, und diese Ereignisse verursachten ihre endgültige Verabschiedung. Einige Tage vorher schon hatte der König seine exzentrische Freundin aus der Hauptstadt entfernt, um Aergernisse zu vermeiden. Er hatte sie zu dem Arzt und Magnetiseur Justinus Kerner in das Kernerhaus nach Weinsberg gesandt. Kerner sollte ihr den „Teufel austreiben".

„Die Lola Montez kam vorgestern hier an", schreibt Kerner an seine Tochter, „und ich bewahre sie in meiner Wohnung bis auf weitere Befehle aus München. Drei Alemannen halten dort Wache; es ist mir ärgerlich, dass sie der König zuerst zu mir sandte, aber es wurde ihm gesagt, die Lola sei besessen und er solle sie mir nach Weinsberg senden, den Teufel aus ihr zu treiben. Interessant ist es immer. Ich werde sie magisch und magnetisch behandeln, eine starke Hungerkur mit ihr vornehmen. Sie bekommt täglich nur dreizehn Tropfen Himbeerwasser und das Viertel von einer weissen Oblate. Sage es aber niemand, verbrenne diesen Brief!"

Kerners Sohn Theobald, der die magnetischen Kuren des Vaters unterstützte, musste das „Satansweib" magnetisieren. Es nützte aber nichts. Der „Teufel" sass Lola in Fleisch und Blut. Sie war weder hysterisch noch geistesgestört und fühlte sich auch nicht im geringsten krank, um eine derartige „Teufelskur" auszuhalten. Besonders wird ihr die Hungerkur nicht gefallen haben. Jedenfalls machte sie wie immer kurzen Prozess und verschwand eines Tages heimlich aus Weinsberg. Sie tauchte noch einmal in München beim König auf und hoffte, er werde ihr wie immer zu Füssen liegen. Aber Ludwig schien sie seiner Protektion jetzt nicht mehr für wert zu halten. Es erschien das bekannte Dekret vom 17. März 1848, worin der König erklärte, „dass die Gräfin Landsfeld das bayrische Indigenat zu besitzen aufgehört habe." Er kümmerte sich auch nicht weiter um sie. Nur mit pekuniären Mitteln unterstützte er sie noch eine Zeitlang, bis sie von England aus auf ihn eine sehr deutliche Erpressung machte. Von da an erhielt sie nichts mehr. Bald darauf heiratete sie in England und liess sich wieder scheiden, siedelte dann nach Amerika über, verheiratete sich dort noch zweimal und starb als Witwe eines Arztes in ziemlich dürftigen Verhältnissen im Jahre 1861, kaum 43 Jahre alt.

# Zehntes Kapitel
# Kaiserin Elisabeth von Österreich

*Kaiserin Elisabeth von Österreich; Gemälde von Georg Raab*

Die Frau, deren Leben durch tragische Unglücksfälle verdunkelt wurde, die selbst dem Mordstahl eines Anarchisten zum Opfer fiel, hat wenigstens eine überaus glückliche Kindheit gehabt. Sie kam am Weihnachtsabend des Jahres 1837 als drittes Kind des Herzogs Max in Bayern zur Welt. Man nannte sie Sissy, der passendste Name für die kleine, etwas knabenhafte Prinzessin, die wild wie ein Junge war. Gleichzeitig aber ist etwas Scheues, Schüchternes in ihr. Sie verlebte ihre Jugend in dem entzückend gelegenen Possenhofen am Starnbergersee. Die Liebe zur Natur, zu Blumen, Pflanzen und Tieren ist ihr angeboren.

Auf dem Rücken eines Pferdes dahinzujagen, lernt sie schon früh, denn Herzog Max liebt es, mit seiner Lieblingstochter durch Feld und Wald zu streifen, manchmal zu Fuss, manchmal zu Pferd. Sissy lernt durch ihren Vater das Reiten und das Wandern – das Gehen, auf das sie später ebenso stolz ist als auf ihre Reitkunst. Sie meint, sie habe ihren charakteristischen federnden Gang nur daher, dass sie durch ihren Vater daran gewöhnt wurde, ihre Füsse durch lange Wanderungen zu trainieren. Sissy lernt noch vieles andere von ihrem Vater. Sie haben vieles miteinander gemeinsam, und Sissy steht ihm wohl von allen seinen Kindern seelisch und geistig am nächsten.

Als Kind schon bezwingt sie durch ihr Wesen alle Herzen. Man hat sie überall gern. In Possenhofen kennt sie einen jeden. Wie der Vater unterhält sie sich gern mit den einfachen Dorfleuten. Gelegentlich sitzt sie auch mit dem Herzog an den Tischen der Bauern, hört den Vater Zither spielen und zu selbst gemachten Knüttelreimen singen, zur grossen Freude der Zuhörerschaft. Da ihre Familie einer Nebenlinie der bayrischen Königsfamilie angehört, ist sie vom höfischen Zeremoniell und auch von politischem Zwang befreit. Natürlich gehen der Herzog und die Herzogin ab und zu in München an den Königshof, denn die Herzogin Ludowika ist eine Tochter des Königs Maximilian I. Doch im grossen und ganzen kümmert man sich wenig um ihn. Herzog Max ist darüber nicht böse, denn er macht sich gar nichts aus dem Hofleben. So werden auch Sissys Kinderjahre und die mit der Zeit auf sieben angewachsenen Geschwister in keiner Weise durch höfischen Zwang belastet. Die Kinder des Herzogs leben genau so ungebunden und frei wie die Kinder anderer adeliger Familien, höchstens noch um vieles freier; denn der Vater selbst ist ein ausgesprochen zwangloser Mensch. Er kümmert sich weder um Tradition noch um Klassenunterschiede, und um die Politik schon gar nicht. Robust nach aussen, romantisch im Innern, liebt er es weit mehr, sich mit Kunst und Literatur, mit Musik und mit Wissenschaften zu beschäftigen, als sich auf dem Exerzierplatz mit Paraden hervorzutun.

Herzog Max ist wohlhabend. Er und seine Familie brauchen sich nichts zu versagen, trotz der vielen Kinder. Wahrscheinlich ist er sogar reicher als der König von Preussen, den Herzogin Ludowikas Schwester Elisabeth geheiratet hat. Doch auch zwei andere Schwestern der Herzogin sind Königinnen und teilen hintereinander mit Friedrich August II. und Johann den sächsischen Thron. Die älteste aber, Karoline, war Kaiserin von Oesterreich mit Franz I. Es ist daher für Ludowika in Bayern eine gewisse Genugtuung, dass ihre einflussreiche Schwester an dem jungen Wiener Hof, Erzherzogin Sophie, die älteste Tochter des Herzogs Max, Helene, dazu ausersehen hat, eine der reichsten und mächtigsten Herrscherinnen in Europa zu werden. Sophie ist die Mutter des Kaisers Franz Joseph, der 1848 den österreichischen Thron bestiegen hat. Er ist jetzt dreiundzwanzig Jahre alt, und es ist höchste Zeit, dass er heiratet. Längst war es für die Erzherzogin Sophie beschlossene Sache, dass er seine Münchener Kusine Helene, Sissys Schwester, zur Frau nimmt. Die Prinzessin ist fünf Jahre jünger als Franz Joseph, schön gewachsen, gross und schlank. Doch es fehlt ihr jener Charme, den die um drei Jahre jüngere Sissy in so hohem Masse besitzt.

Bei der Zusammenkunft, die die Erzherzogin mit der herzoglichen Familie vereinbart hat, damit Kaiser Franz Joseph seine zukünftige Gattin näher kennenlerne, ist auch Sissy zugegen. Der Kaiser verliebt sich auf den ersten Blick in sie und entscheidet sich, sie zu heiraten, nachdem die junge Prinzessin ihre Zustimmung gegeben hat. Erzherzogin Sophie ist gegen diese Ehe, denn Sissy erscheint ihr für eine Kaiserin als zu jung. Aber Franz Joseph, der es sonst nie wagte, den Anordnungen seiner Mutter entgegenzuhandeln, besteht in diesem Fall auf seinem Willen.

Am 23. April 1854 zieht Sissy als kaiserliche Braut in Wien ein. In der Kaiserstadt fliegen ihr die Herzen aller zu. Das österreichische Volk, das Frauenschönheit so sehr schätzt, ist von dem Charme und der Anmut der liebenswürdigen zukünftigen Kaiserin entzückt. In der Augustinerkirche nimmt Fürsterzbischof Rauscher die Trauung des jungen Kaiserpaares vor. Am dritten Tag nach der Hochzeit ist Kaiserin Elisabeth von den vielen Zeremonien so erschöpft, dass sie sich weigert, weiter zu erscheinen. Es ist nicht nur körperliche Müdigkeit. Ihre empfindsame Seele leidet darunter, dass das Intimste derart an die Oeffentlichkeit gezerrt wird. Wieviel lieber wäre sie mit ihrem Gatten in irgendeinen kleinen Ort an einen der schönen österreichischen Seen gegangen, wo sie unerkannt mit ihm ihr erstes Glück hätte geniessen können. So hat es sich Sissy wohl einmal vorgestellt, wenn sie sich verheiratete. Nun aber ist sie eine Kaiserin. Kein Schritt in ihrem Leben wird mehr unbeobachtet bleiben. Sie fühlt, in diesen drei Tagen hat sich ihr Leben von Grund auf geändert. Sie gehört jetzt nicht mehr sich selbst oder etwa ihrem Gatten, sie gehört dem Lande. Und noch etwas wird ihr gleich in den ersten Tagen ihrer Ehe klar. Die formenstrenge Mutter des Kaisers übt ihre Macht in einer Weise aus, die Elisabeth bis ins Innerste verletzt. Sie fühlt, hier ist sie in einen goldenen Käfig geraten, aus dem es kein Entrinnen gibt. Sophie, ganz mit den Traditionen des Hofes verwachsen, hat das Feingefühl für gewisse Dinge des Takts verloren. Sie ist gewöhnt, mit ihren Söhnen über alles zu sprechen, auch über ihre Angelegenheiten mit Frauen. Am Wiener Hofe behandelt man diese Dinge mit einer gewissen Derbheit. Man ist nicht prüde in den Ausdrücken. Man redet offen über alles.

Am Morgen nach dem Hochzeitstag verlangt Sophie von der jungen Sissy, dass sie mit dem Kaiser am gemeinsamen Frühstückstisch erscheint. Elisabeth versetzt diese Aufforderung der Mutter in die peinlichste Verlegenheit, aber auch in Erstaunen, dass Franz Joseph scheinbar gar nichts dabei findet oder wenigstens nicht wagt, dieses erste gemeinsame Frühstück zu verhindern. Sissy ist sehr blass und kann vor Verlegenheit keinen Bissen essen. Dazu kommt, dass die Erzherzogin ganz ungeniert ihren Sohn über Einzelheiten ausfragt, die die junge Frau bis in die Haarwurzeln erröten lassen. Sie hält es schliesslich nicht mehr aus und läuft weinend in ihr Zimmer. Franz Joseph schneiden wohl diese ersten Tränen seiner geliebten Sissy ins Herz, doch er hat nicht den Mut, ihre Stellung als Kaiserin seiner Mutter gegenüber gleich von Anfang an in das richtige Verhältnis zu bringen.

Auf den jungen Kaiser wirken der grosse Liebreiz seiner jungen Frau, ihre Eigenart, ihre graziöse Anmut, ja sogar ihr nicht immer leicht zu lenkender Wille von Tag zu Tag berauschender. Er ist verliebt wie ein

Leutnant und glücklich wie ein Gott, schreibt er an seinen Vetter, den Prinzen Albert von Sachsen. Und es ist wahr, Elisabeth wird immer schöner und anmutiger. Die Bilder aus dieser Zeit beweisen es. Trotzdem fehlt der jungen Kaiserin vieles zum vollkommenen Glück. Sie sieht ihren Gatten sehr wenig; sie ist in Laxenburg, das der junge Hof zur Residenz gewählt hat, wie allein. Die Staatsgeschäfte rufen den Kaiser oft tagelang nach Wien, und auch sonst sieht sie ihn nur morgens und abends.

Dem Alleinsein in Laxenburg und der Langeweile hilft sie durch Lesen vieler Bücher ab. Mit der Zeit aber merkt sie, dass der Kaiser, wenn er sie beim Lesen trifft, nicht besonders erfreut zu sein scheint. Von nun an liest Elisabeth heimlich und versteckt ihre Bücher. Wie gern hätte sie mit ihm über das Gelesene gesprochen. So hat sie eigentlich nur ihre Hofdamen zur Unterhaltung. Und die stehen alle im Bann der Erzherzogin Sophie. Als Kaiserin muss Elisabeth ihnen auch immer erst ein Thema geben. Sie muss sie immer fragen. Nie dürfen sie selbst ein interessantes Gespräch über etwas Neues, das Elisabeth nicht kennt, beginnen. So bleibt diese Unterhaltung sehr einseitig, und ein richtiger Gedankenaustausch kommt für Elisabeth, deren rege Phantasie immer beschäftigt sein möchte, nicht zustande. Noch viel weniger aber kann sie sich mit ihrem Schwiegervater unterhalten, der sie immer wie ein kleines Schulmädchen behandelt. Es ist daher um so verständlicher, dass Elisabeth sich später so gut und unbefangen mit ihren verschiedenen Sprachlehrern unterhält. Mit ihnen hat sie immer ein Thema, das den Kontakt sofort herstellt.

Elisabeth sucht ferner das eintönige Leben am Hofe durch Reitausflüge zu beleben. Die herrlichen Tiere in den kaiserlichen Ställen sind ihre grösste Freude. Sie kann halbe Tage, ohne zu ermüden, auf dem Pferde sitzen oder stundenlang spazierengehen. Schon kennt man die junge kühne Reiterin in der ganzen Umgebung von Laxenburg. Elisabeth möchte auch gern Wien einmal von einer anderen Seite kennenlernen als nur durch offizielles Ausfahren mit Sophie und dem Kaiser. In München ist sie mit ihrer Schwester Helene oft einkaufen gegangen. So fährt sie eines Tages mit einer Hofdame nach Wien. Den Wagen lässt sie unweit der Hofburg halten, und beide Damen begeben sich auf den damals beliebten Kohlmarktbummel und spazieren den Graben entlang. Die geschmackvollen Auslagen der eleganten Geschäfte interessieren die junge Kaiserin lebhaft. Sie bleibt hier und da stehen, kauft auch in manchen Geschäften eine Kleinigkeit. Natürlich haben die Wiener sofort ihre Kaiserin erkannt, und am nächsten Tag steht es in der Zeitung, dass Ihre Majestät ganz zwanglos in der Stadt eingekauft habe. Erzherzogin Sophie ist aufs höchste entrüstet. Elisabeth wird „befohlen", solche Gewohnheiten in Zukunft zu unterlassen. Die Gründe zum Tadel häufen sich. Als der Park von Laxenburg wieder dem Publikum offen steht, erfreut die jugendliche Kaiserin sich an den vielen hübschen Kindern, denen sie auf ihren Spaziergängen begegnet. Es sind meist Kinder aus dem Volke. Manchmal nimmt sie sie mit zu sich ins Schloss und lässt ihnen Schokolade oder Milch servieren und kleine Geschenke verabreichen. Die Kinder sind selig, Erzherzogin Sophie aber findet es für eine Kaiserin unpassend, sich unter das Volk zu mischen. Die Besuche der Kinder sind Elisabeth von nun an untersagt. So weht von vornherein eine fremde Luft um die junge Kaiserin; sie fühlt sich isoliert, sobald der Kaiser fern ist. Daher ist sie überglücklich, wenn sie mit ihm verreisen kann.

Die ersten Reisen, die Elisabeth mit Franz Joseph unternimmt, haben wohl hauptsächlich den Zweck, die Kaiserin den Völkern ihres Reiches zu zeigen. Ihr einfaches, natürliches Wesen, ihre liebenswürdige Art der Anteilnahme an allem, ihre entzückende, noch ganz mädchenhafte Erscheinung erwecken überall, wo sie hinkommt, Sympathie und warme Begeisterung. Dazu ist sie wundervoll angezogen, trotz aller Einfachheit. Sie hat viel Geschmack in der Kleidung und ist sehr elegant.

Als Elisabeth aus Mähren zurückkehrt, fühlt sie sich Mutter. Erzherzogin Sophie hat es aus den untrüglichen Anzeichen festgestellt und sofort ihrem Sohne geschrieben, der seine Reise in Böhmen ohne die Kaiserin noch weiter ausgedehnt hat. Wahrscheinlich hätte Elisabeth es ihrem Manne lieber selbst gesagt, wenn er zurückkehrte. Sophie wollte aber, dass es das Publikum erfährt. Elisabeth soll sich auch während der Schwangerschaft täglich im Laxenburger Park zeigen. So wollen es der Hofbrauch und die Tradition, aber gerade das ist für die feinempfindende

Frau schrecklich. Sie findet es furchtbar, dass jedermann von ihrem Zustand weiss und genau die Zeit berechnen kann, wann das Kind, mit dessen Werden sie die süssesten und geheimsten Gedanken verknüpft, zur Welt kommen wird. Und zum grossen Verdruss der Erzherzogin geht sie überhaupt nicht mehr in den Garten. Sie kann sich mit all diesen widersinnigen Dingen, die von einer Herrscherin gefordert werden, nicht einverstanden erklären. Ihr ausgeprägtes Takt- und Persönlichkeitsgefühl sträubt sich dagegen. Und dieser Widerspruch der beiden so verschiedenen Welten ist die Veranlassung zu unaufhörlichem Tadel von seiten Sophies und zu vielen bitteren Stunden für Elisabeth.

Sie hat sich ihre Macht und hohe Stellung ganz anders vorgestellt. Da sie nie etwas recht machen, sich nie einer gleichgestimmten Seele eröffnen kann – auch dem Kaiser mag sie nicht immer ihr Leid klagen – wird Elisabeth an sich selbst irre. Sie ist keine Kampfnatur, sie zieht sich zurück. Sie wird scheu und schüchtern. Sie weint viel um ihre verlorene Freiheit und schreibt traurige Verse. Mit einem gefangenen Vogel vergleicht sich Elisabeth, der vor Heimwehschmerz in seinem Käfig fast vergeht. Oder sie klagt in bitterer Reue über die Eitelkeit, die sie verführte, die „breite Strasse der Freiheit zu verlassen und dafür einen goldenen Kerker einzutauschen“.

In Ischl findet sie nach der Geburt ihres ersten Kindes, das im März 1855 zur Welt gekommen ist, ihre frohe Stimmung wieder. Es ist zwar eine Enttäuschung, dass es nicht ein Thronfolger, sondern ein kleines Töchterchen ist. Dennoch ist Elisabeth sehr glücklich. Das Kind erhält den Namen der Mutter des Kaisers. Das ist unter diesen Umständen selbstverständlich. Elisabeth hat man darüber gar nicht befragt. Ebensowenig fragt man die junge Mutter, als das Kleine fortgetragen und in die „Kindskammer“ gebracht wird, die neben den Gemächern der Erzherzogin Sophie gelegen ist. Die Pflege des Säuglings geschieht nur nach Sophies Anordnungen, nicht nach denen der Mutter. Wenn Elisabeth ihr Töchterchen sehen will, muss sie einen Stock höher steigen, und nur nach vorheriger Anmeldung bei ihrer Schwiegermutter lässt man die Kaiserin das Kinderzimmer betreten. Ist es ein Wunder, dass Elisabeth die Lust verliert, sich weiter um die Erziehung der kleinen Prinzessin zu kümmern? Da man ihr das Kind entzieht, geht sie zu ihren geliebten Pferden. Sie darf wieder reiten und sitzt nun stundenlang im Sattel. Sie turnt und trainiert ihren schlanken Körper, sie lässt sich massieren, damit ihr Leib nicht schlaff wird. Das alles ist für Erzherzogin Sophie Grund genug, der ihrer Meinung nach extravaganten und überspannten jungen Frau die Erziehung ihrer Kinder auch fernerhin zu entziehen.

Die Hoffnung auf einen Thronfolger wird auch im nächsten Jahr zunichte. Elisabeth gibt im Juli 1856 ihrer zweiten Tochter Gisela das Leben. Die Enttäuschung ist allgemein. Erzherzogin Sophie besonders verbirgt ihren Unwillen nicht. Sie schreibt der unregelmässigen und „unsinnigen" Lebensweise der Kaiserin die Schuld zu, dass sie nur Mädchen zur Welt bringt. Jetzt aber hält die Kaiserin nicht mehr mit ihrer Empörung zurück. Sie fordert energisch von Franz Joseph, dass er ihre Rechte bei seiner Mutter verteidige. Sie will ihre beiden Kleinen in ihrer Nähe haben und zu ihnen gehen können, wenn sie will. Der Kaiser lässt sich endlich dazu bestimmen. Es ist der erste Sieg, den Elisabeth über die Erzherzogin erfochten hat. Natürlich verscherzt sie sich dadurch den letzten Rest von Sympathie von Seiten Sophies, und die offene Feindschaft beginnt.

Im gleichen Jahr reist das Kaiserpaar nach Italien, das damals noch teilweise österreichisch war. In Mailand werden Elisabeth und Franz Joseph mit fast beleidigender Kälte empfangen, und auch hier ist es wieder die Erscheinung der Kaiserin, die Wunder wirkt. Sie benutzt jeden Augenblick des Alleinseins mit dem Kaiser, ihn zu milderen Massnahmen für das Land zu gewinnen, und schliesslich ist es besonders ihr zu danken, dass Franz Joseph eine allgemeine Amnestie erlässt. Man spricht nur noch von der edlen Herrscherin, die trotz ihrer Jugend bereits so viel menschliches Empfinden besitzt und so einsichtsvoll zu handeln versteht.

Das Frühjahr 1857 ist für eine Reise nach Ungarn vorgesehen. Diesmal will Elisabeth die beiden Kinder mitnehmen. Erzherzogin Sophie ist dagegen. Die älteste Prinzessin ist nicht besonders kräftig, sie kann sich auf der Reise erkälten. Aber Elisabeth setzt ihren Willen durch, und die

Kinder gehen mit nach Ungarn. Bereits als junges Mädchen hat sich Elisabeth einige Kenntnisse der ungarischen Sprache angeeignet. Graf Majláth, ein in Wien aufgewachsener Ungar, war ihr Lehrer. Er liebt sein Land leidenschaftlich und schildert Elisabeth den Charakter der Ungarn in den blendendsten Farben. Nun ist sie gespannt, ob alles stimmt, und sie erlebt keine Enttäuschung.

Anders als in Italien ist der Erfolg der schönen Kaiserin in Budapest ein ungeteilter. Sie selbst fühlt sich bei dem ritterlichen und lebensfrohen Volk, das ihr seine Sympathien so spontan zuwendet, sehr wohl. Kaum kann sie den Hass begreifen, den die Erzherzogin Sophie gegen alles, was ungarisch ist, zur Schau trägt. Nie hat man Sophie bewegen können, ungarischen Boden zu betreten. Nun feiert Elisabeths Schönheit Triumphe in Budapest, wie sie nur Maria Theresia erlebte. Franz Joseph ist überglücklich über diesen Erfolg. Alles ist für die Reise nach den kleinen ungarischen Städten bereits vorbereitet, da erkrankt die kleine Gisela und später auch Sophie. Während Gisela rasch gesundet, stirbt Sophie in den Armen der Kaiserin. Es ist ein furchtbarer Schlag für Elisabeth. Die ungarische Reise wird sofort unterbrochen. Die Melancholie Elisabeths seit dem Tode des Kindes ist beängstigend. Sie sucht jetzt die Einsamkeit noch mehr auf als früher. Sie lacht kaum mehr. Ihre strahlenden Augen, in denen einst soviel Schalk steckte, bekommen jenen traurigen Ausdruck der Unglücklichen, die schweres inneres Leid niederdrückt. Das schmale blasse Gesicht mit dem schmerzlichen Zug um den Mund hat indes eher gewonnen. Es ist eine aus der Tiefe der Seele kommende Schönheit, die die Züge edler und reiner macht.

Mit Bangen sieht die Kaiserin dem Tag entgegen, an dem sie erneut einem Kinde das Leben schenken wird. Sie weiss ja, man verlangt jetzt unbedingt von ihr einen Sohn. Auch der Kaiser ist besorgt, es könne auch diesmal wieder ein Mädchen sein. Als es aber dann doch ein Sohn ist, da rinnen dem sonst gegen Gefühlsausbrüche verschlossenen Mann unaufhörlich Tränen des Glücks über die Wangen. Der Thronfolger erhält den Namen Rudolf. Nie war Elisabeth so glücklich, nie so von Dank gegen das Schicksal erfüllt. Ihr Lächeln kehrt wieder, aber die Augen behalten den tiefen Blick der Seele, die Trauriges erlebte.

Neues Unglück steht bevor. Oesterreich führt Krieg in Oberitalien. Die grosse Niederlage bei Solferino, durch die die Monarchie die Lombardei verliert, beendet den unglücklichen Feldzug. Elisabeth macht sich grosse Sorgen wegen der Zukunft. Die seelischen Aufregungen und alles, was sie bereits durchgemacht hat, zerren an ihren Nerven. Sie fühlt sich krank. Die Diagnose der Aerzte stellt eine beginnende Lungenaffektion fest. Man rät ihr, ein sonnigeres Klima aufzusuchen. Sie will fort aus Wien, so weit wie möglich weg, um eine andere Umgebung, andere Menschen zu sehen. Eine Zeitlang hält sie sich auf Madeira, dann auf Korfu auf. Vor allem von Korfu ist sie begeistert. Bei ihrer Rückkehr sieht sie wieder blendend aus, aber ihr Frohsinn ist endgültig dahin. Während ihrer Abwesenheit hat sie über vieles in ihrem Leben nachgedacht. Manches hätte auch von ihr aus vermieden werden können, denn sie ist oft starrköpfig und unversöhnlich gewesen. Aber das Wiener Klima bekommt ihr wieder nicht. Die Aerzte schicken sie erneut in wärmere Gegenden, und sie entscheidet sich für Korfu, das sie so liebt. Der Kaiser leidet unter der fluchtartigen Abreise seiner Gattin. Er weiss sehr wohl, dass es tiefere Gründe sind, die sie von Wien fernhalten. Erst 1862 kehrt sie nach Wien zurück. Ihre lange Abwesenheit hat dem Volke viel zu denken gegeben. Niemand spricht mehr von ihrer Hysterie, ihrem exzentrischen Wesen. Vielmehr reden die Leute von dem Martyrium, das die junge Mutter zu erdulden hat. Der Jubel steigert sich beim Empfang der Kaiserin in Wien zu frenetischer Begeisterung. Viele Frauen weinen, und Elisabeth ist ergriffen von dieser warmen Begrüssung.

1866! Bei Ausbruch des Krieges mit Preussen weilt Elisabeth mit ihren Kindern in Ischl. Sie eilt sofort an des Kaisers Seite nach Wien und lässt die Kinder in Tirol. Die Katastrophe, die unvermeidlich war, drückt Elisabeth nieder. Am meisten befürchtet sie einen schmachvollen Frieden. Lieber in Ehren zugrunde gehen, als einen solchen abschliessen, ist ihre Ansicht nach der Schlacht bei Königgrätz. Das Unglück klärt den Kaiser schliesslich doch über die verderbliche Politik seiner Mutter auf.

Nach zwölfjähriger Ehe beginnt Franz Joseph, Vertrauen zu seiner Frau als Ratgeberin auch in manchen Fragen der Politik zu gewinnen. Er ist überzeugt, Elisabeth werde sein bester Minister in Ungarn sein. Er täuscht sich nicht. Was weder ihm noch den Staatsmännern des Wiener Kabinetts bisher gelungen ist, die unversöhnlichen Ungarn von den aufrichtigen Absichten der Regierung zu überzeugen, das bringt Elisabeth mit dem Liebreiz ihrer Erscheinung und ihrem menschlich empfindenden Herzen fertig. Die Ungarn haben vom ersten Augenblick an das Gefühl: diese Frau hat Verständnis für uns, sie liebt uns. Sie kommen ihr deshalb mit der Leidenschaft ihrer eigenen Empfindungen entgegen, zumal sie wissen, dass Elisabeth mit dem grössten Eifer ihre Sprache lernt. Und diese zarte, in der Politik sonst unerfahrene, in der Oeffentlichkeit schüchterne und zaghafte Frau ist in Ungarn eine ganz andere als in Wien, weil sie sich hier freier bewegen kann. Männer, wie der schon an Jahren reife Deák und der noch verhältnismässig junge Andrassy müssen ihrer Meinung nach wieder in der ungarischen Frage zu Einfluss kommen. Es ist indes ein hartes Stück Arbeit für Elisabeth, ehe sie den Kaiser dazu bewegen kann, den Mann der Revolution von 1848, den er einst zum Tode verurteilte, zu empfangen. Im Februar 1867 aber wird das selbständige Ministerium in Ungarn gebildet, mit Andrassy als Ministerpräsidenten. Es ist Elisabeths Verdienst. Sie und jeder weiss das. Diesen Sieg beschliesst einige Monate später die Krönung Elisabeths. Sie wird gleichzeitig mit der des Königs vorgenommen, was bis jetzt noch nie geschah. Als ihr die wirklich aus ehrlichem Herzen kommenden Rufe „Eljen Erzsébeth“ ans Ohr dringen, da ist sie überglücklich über die Freude „ihrer Ungarn“. Das ritterliche Volk aber gedenkt seiner jungen schönen Herrscherin noch eine ganz besondere Freude zu machen. Man weiss, wie sehr Elisabeth bei einem früheren Aufenthalt das einsam und idyllisch gelegene Schloss Gödöllö gefallen hat. Jetzt schenken es die Ungarn ihr und dem König als Sommerresidenz. Es wird bald zum Lieblingsaufenthalt Elisabeths, besonders wegen der schönen Jagdgelände. In diesem Schlosse bringt sie 1868, zehn Jahre nach der Geburt des Kronprinzen, wieder ein Mädchen zur Welt, das sie Marie-Valerie nennt. Erst jetzt kommt ihre Mütterlichkeit zur vollen Entfaltung und Reife. Hätte sie diese Erfüllung gleich anfangs gekannt, vielleicht wäre sie nie die rastlose Weltwanderin geworden.

Der heranwachsende Rudolf macht Elisabeth mit seiner physischen und geistigen Frühreife nicht geringe Sorge. Er ist schon als Zehnjähriger äusserst nervös, reizbar, und seine Lehrer beklagen sich ein paar Jahre später über die bei einem Vierzehnjährigen ganz abnormen Ansichten über Religion, die Zweifelsucht und die erstaunliche Freigeistigkeit des über seine Jahre weit entwickelten Knaben. Man schiebt alles auf den Einfluss Elisabeths, die in den letzten Jahren ihre älteren Kinder etwas mehr für sich gewonnen hat. Doch sie hat keinen Anteil an der Entwicklung solchen Denkens ihres Sohnes. Der Jüngling geht in allem seine eigenen Wege. Seit Valeries Geburt wird die Umgebung der Kaiserin von Jahr zu Jahr ungarischer. Die kleine Prinzessin erhält nur ungarische Ammen und Pflegerinnen, und die Kaiserin selbst verabschiedet eine österreichische Dame nach der anderen aus ihrem Hofdienst, um sie durch Ungarinnen zu ersetzen. Auch der alte Obersthofmeister Königsegg-Bellegarde muss gehen, um dem Baron Franz Nopsca Platz zu machen, der fortan Elisabeths Hofhaltung leiten wird. Nach Rudolfs Heirat ist Elisabeth nicht oft in Wien. Sie kümmert sich so wenig wie möglich um den jungen Hausstand, denn sie weiss aus Erfahrung, wie unwillkommen Schwiegermütter im allgemeinen sind. Jedes Jahr geht Elisabeth ein paar Monate nach England. Die übrige Zeit verbringt sie in Ischl, in München, in Meran, Gödöllö und manchmal, aber noch selten, an der französischen Riviera. In England wird ihre Reit- und Jagdleidenschaft immer grösser, obwohl sie ein paarmal sehr gefährliche Stürze erlebt und einmal sogar eine kleine Gehirnerschütterung davonträgt. Dann erwacht die alte Weltsehnsucht wieder in ihr, die Sehnsucht nach dem Süden, dem stillen Meer. Plötzlich denkt sie an Korfu. In dieser Zeit entsteht das berühmte Schloss, das sie auf der griechischen Insel errichten liess: das Achilleion. Es wird 1891 fertig.

Im Achilleion hofft sie, ihre Tage in seelenberuhigender Stille, unbehelligt von der Tortur lästiger Gemeinsamkeit zu verbringen. Doch ihr Geist strebt nach Vollendung. Wenn sie in Griechenland lebt, will sie auch die griechische Sprache beherrschen. Sie will die griechischen Klassiker lesen und verstehen und sich mit den Bewohnern des Landes unterhalten können. Wie sie Ungarisch gelernt hat, so lernt sie jetzt Griechisch. Schon ehe sie in Korfu baut, beschäftigen sie griechische Sprachstudien. Sie sucht sich Lehrer dazu aus. Der bemerkenswerteste unter ihnen ist ein armer verwachsener griechischer Student, ein Verwandter Baron Nopscas. Er heisst Constantin Christomanos. Auf ihren Spaziergängen muss er ihr die griechischen Dramen vorlesen. Sie hält lange Gespräche mit ihm über die Kunst und Literatur der Hellenen. Immer wird die Unterhaltung griechisch geführt.

Die Jahre vergehen. Elisabeths Menschenscheu und Einsamkeitsbedürfnis werden immer grösser. In Wien sieht man die Kaiserin nur noch selten. Das Jahr 1886 bringt ihr besonders grosse Aufregungen. Ihr Vetter, König Ludwig von Bayern, gibt seinen Aerzten ernstliche Veranlassung, ihn für unheilbar geisteskrank zu erklären. Am 13. Juni findet man den König mit seinem Arzt, Dr. Gudden, tot im Starnbergersee. Elisabeth ist von dieser Nachricht tief erschüttert. Von nun an wird sie den Gedanken nicht mehr los, auch sie könne einmal dem Wahnsinn verfallen, denn in vielen Veranlagungen fühlt sie sich dem Vetter verwandt und die Blutsverwandtschaft macht ihr Sorgen. „Der Gedanke an den Tod“, meint sie, „reinigt die Seele wie der Gärtner das Beet, der das Unkraut jätet. Man muss mit ihm allein sein.“

Eine neue Katastrophe bereitet sich vor. Kronprinz Rudolf, der in seiner Ehe kein wahres Glück gefunden hat, gibt sowohl dem Kaiser als auch Elisabeth, die ihn immer besser verstanden hat, Anlass zur Besorgnis. Er ist inzwischen dreissig Jahre alt geworden, aber zerfallen mit sich und der Welt. An seinem Geburtstag schreibt er an einen Freund: „Dreissig Jahre ist ein grosser Abschnitt, kein eben zu erfreulicher; viel Zeit ist vorüber, mehr oder weniger nützlich zugebracht, doch leer an wahren Taten und Erfolgen. Wir leben in einer schleppenden versumpften Zeit ... Sollen die Hoffnungen in Erfüllung gehen und die Erwartungen, die Sie auf mich setzen, dann muss bald eine grosse, für uns glückliche, kriegerische Zeit kommen.“ Rudolf beklagt sich ferner, dass ihn der Kaiser in den Dingen des Staates genau so wenig ernst nimmt wie einst seine Frau. Bis jetzt hat er auch tatsächlich noch nicht den geringsten Einblick in den Staat nehmen dürfen, den er einst regieren soll.

Allen am Wiener Hof ist es trotz grösster Geheimhaltung von seiten Rudolfs nicht entgangen, dass er für die bildschöne, erst sechzehnjährige Baronesse Mary Vetsera ein grosses Interesse gefasst hat. Das junge Mädchen, das von ihrer Mutter bei Hofe eingeführt wurde, ist ungemein reif, sehr klug und ausserordentlich temperamentvoll, sehr lebenslustig und heiter. Ihre Schönheit und Jugend zieht aller Blicke auf sich. Rudolf und Mary brauchen nicht lange, um sich zu verstehen. Sie liebt ihn vom ersten Augenblick an mit der ganzen Leidenschaft ihres jungen Herzens. Man flüstert am Hofe über dieses neue Verhältnis, das nicht platonisch sein soll, trotz der Jugend der Baronesse. Es ist der 30. Januar 1889. Die Kaiserin hat die Absicht, am 31. mit Franz Joseph nach Budapest zu reisen. Ihr Sohn ist ein wenig unpässlich, d. h. er hat sich am Abend vorher entschuldigen lassen, nicht zu dem stattfindenden grossen Diner erscheinen zu können, da er sich nicht wohlfühle. Alle Vorbereitungen zur Abreise des Kaiserpaares sind bereits getroffen. Da trifft aus Mayerling unerwartet und in grösster Eile Graf Hoyos in der Hofburg ein. Er verlangt sofort den Generaladjutanten des Kaisers zu sprechen und teilt ihm in höchster Erregung mit, der Kronprinz sei tot und mit ihm die Baronesse Vetsera. Graf Paar kann zuerst kaum fassen, was geschehen ist. Wie soll er diese furchtbare Nachricht dem Kaiser überbringen? Es kommt ihm plötzlich der Gedanke: nur die Kaiserin vermag das. Wenige Minuten später weiss Elisabeth alles. Es ist wie ein Schlag, den man ihr versetzt. Sie empfindet ihn auch physisch, wie sie später sagt. Unter diesem Härtesten, was ihr das Schicksal antut, bricht sie zusammen. Aber sie muss sich fassen, der Kaiser ist bereits auf dem Wege zu ihr. Als er erfährt, was geschehen ist, bricht auch er in Tränen aus. Valerie und Stephanie werden geholt. Mit Elisabeths Fassung ist es zu Ende. Die Tochter und sie hängen schluchzend am Halse des Vaters, während Stephanie, die Gattin des Toten, in Tränen aufgelöst daneben steht. Sie hat ihn bis zuletzt geliebt, und nun ist er – wie sie glaubt – von der Hand eines jungen Mädchens, das ihn auch liebte, an Gift gestorben. In der Hofburg weiss man ja noch nicht alles, auch nichts über die Motive der Tat. Alle stehen vor einem unlösbaren Rätsel. In den Briefen, die Rudolf zum Abschied an die Kaiserin, an seine Schwester und an seine Frau schrieb – für den Kaiser ist keiner dabei – spricht er sich über den Grund seines Freitodes nicht aus. Nur eines ist sicher: er kann nicht mehr weiterleben. Seine Ehre gebietet ihm, zu sterben; er ist nicht wert, der Sohn Franz Josephs zu sein. Als der Kaiser nach dem Befund der Aerztekommission in Mayerling durch Dr. Widerhofer schliesslich erfährt, dass Rudolf sich und das Mädchen erschossen hat, da will er es nicht glauben. „Das ist unmöglich. Er hat sich nicht erschossen!" schreit er fast, und tränenüberströmt verbirgt er sein nun schon graues Haupt in den über dem Schreibtisch verschränkten Armen. Es ist herzzerbrechend, wie den Sechzigjährigen diese Nachricht erschüttert.

Ueber das Ereignis von Mayerling wird ein dichter Schleier gezogen. Er darf nicht gelüftet, nie darf der Name Rudolf genannt werden. Zwar gibt der Hof schliesslich vor der Oeffentlichkeit zu, dass der Kronprinz sich erschossen hat. Man sagt: in einem Anfall überreizter Nerven, einer Art Geistesverwirrung. Alle anderen Kommentare unterbleiben. Und erst der neueren Forschung ist es gelungen, einiges Licht in das Dunkel zu bringen. Für Elisabeth ist es indes keine Beruhigung gewesen, dass ihr Sohn aus pathologischen Gründen aus dem Leben geschieden sein soll. Sie erkennt nur den Fluch der Vererbung in einer solchen Annahme. Sie sieht das Unglück ihres Hauses fortschreiten und immer schlimmer werden. Um so mehr, als auch König Otto von Bayern in Wahnsinn verfallen ist. Ihr eigener leidender Zustand verschlimmert sich. In Ischl, Wiesbaden und Meran sieht man die bleiche, tiefschwarz gekleidete Frau Heilung suchen. Anfangs wird der Bevölkerung durch ein Dekret des Kaisers bedeutet, die Kaiserin in den Kurorten auf ihren Spaziergängen unbehelligt zu lassen. Das bestärkt das Publikum in dem Glauben, dass Elisabeth dem Wahnsinn verfallen sei. Doch dem ist nicht so. Wohl ist ihr Gemüt krank, doch ihr Geist ist so klar wie immer. Sie beschäftigt sich wieder mit ihren griechischen Studien, sie dichtet und schreibt viel, um zu vergessen. Aber es gelingt ihr nicht. Von Unruhe getrieben, strebt sie hinaus. Zunächst flüchtet sie nach Griechenland, dann nach Tunis, dann wieder ins Gebirge. Sie ist wie aufgepeitscht von dem Drang, nur nicht allein mit sich und ihren Gedanken zu sein. Als die Kaiserin Ende des Jahres 1889 wieder nach Wien kommt, ist es ein trauriges Wiedersehen mit allem. Im nächsten Jahre verliert Elisabeth wieder zwei Menschen durch den Tod, die ihr lieb sind. Ihre Schwester Helene stirbt in Regensburg, und ihr Freund Andrassy, der zu Elisabeths grossem Bedauern schon im Jahre 1879 seine Amtsgeschäfte niedergelegt hatte, erliegt im gleichen Jahre qualvollen Leiden. Doch es ist, als walteten böse Mächte über der Gequälten. Das Mass des Traurigen, das sie erlitten, ist noch nicht erfüllt.

Am 5. Mai 1897 ereignet sich in Paris das damals die ganze Welt mit Entsetzen erfüllende grosse Brandunglück des Pariser Basars. Elisabeths Schwester Sophie, Prinzessin Ferdinand von Orléans, Herzogin von Alençon, ist eine der eifrigsten Komiteedamen, die sich in den Dienst der Wohltätigkeit gestellt haben. Es ist ein glänzendes, gesellschaftliches Ereignis, zu dem der höchste Adel, die Fürstlichkeiten und der Reichtum der Welt zusammenströmen. Mit einem Male steht das Zelt, in dem die Herzogin von Alençon sich mit über tausend Personen aufhält, in Flammen. Die Panik ist so gross unter den von Todesangst fast wahnsinnigen Menschen, dass sich nur wenige retten können. Unter den Haufen verkohlter Leichen sucht man vergebens nach Elisabeths Schwester. Der Herzog von Alençon sucht wie ein Irrsinniger fast die ganze Nacht in den Spitälern seine Frau. Dann unternimmt er es, mit dem Zahnarzt der Herzogin, unter den Leichen zu suchen. Mit Hilfe der Mundkarte entdeckt man endlich den furchtbar verstümmelten und verkohlten Leichnam. Als diese schauerlichen Einzelheiten nach Wien gelangen, fürchtet man, dass die Aufregung Elisabeths geschwächten Körper und die Nerven ganz zermalmen werden. Und es ist so. Sie geht sehr krank nach Kissingen.

Dann zieht es sie in die Schweiz, nach Caux, von wo aus sie sich vornimmt, die wunderbarsten Gebirgstouren und Ausflüge nach Bex, den

Rochers de Naye, nach Evian, Thonon, nach Genf und zu den Rothschilds, die die herrlichsten Gewächshäuser der Welt besitzen, zu machen. Elisabeth fühlt sich wie neugeboren, als sie in Caux Ende 1898 anlangt. Gegen einen Aufenthalt in Genf bestehen zwar gewisse Bedenken. Es ist in diesen Jahren der Treffpunkt vieler Anarchisten und daher sehr gefährlich. Elisabeth aber wehrt ab. „Was kann mir denn in Genf passieren?“ Als man in sie dringt, wenigstens eine männliche Begleitung mitzunehmen, willigte sie ein und sagte: „Nun gut, dann will ich Sekretär Kromar mitnehmen, obschon ich nicht weiss, was er mir nützen könnte, wenn er, während ich spazieren gehe, im Hotel ruht.“ Sie nimmt darauf die Einladung der Baronin Rothschild nach Pregny an und lässt im Hotel Beau Rivage in Genf Zimmer für sich und drei Frauen und einen Lakaien bestellen. Die Jacht, die ihr Baronin Rothschild anbietet, schlägt Elisabeth aus, weil sie erfahren hat, dass die Schiffsmannschaft, wie alle Diener der Rothschilds, kein Trinkgeld annehmen darf. Es ist ihr unangenehm, Dienste der Leute in Anspruch zu nehmen und sich in keiner Weise erkenntlich zeigen zu können. Sie fährt also mit dem fahrplanmässigen Dampfer um 9 Uhr früh von Territet ab und trifft mittags in Genf ein. Es ist ein wundervoller Septembertag. Die Vorgänge, die sich am nächsten Tag, dem 10. September 1898, in dem Genfer Hotel bis zum Betreten des Schiffs zur Rückreise nach Territet abspielen, lassen wir am besten von der einzigen Begleiterin Elisabeths, der Gräfin Irma Sztáray, erzählen:

„Mit dem Schlage 9 Uhr“, schreibt diese in ihrem Tagebuch, „meldete ich mich bei der Kaiserin. Sie liess sich eben frisieren. Aus ihrer guten Laune und dem frischen Aussehen schloss ich, dass sie eine bessere Nacht gehabt hatte als ich. Nachdem sie mir noch einige kleine Aufträge für die Stadt gegeben hatte, fragte ich, ob es dabei bliebe, dass wir mit dem Schiff nach Territet zurückkehren würden.

„Jawohl, um 1 Uhr 40 Minuten fahren wir. Das Personal kann mit dem 12-Uhr-Zug reisen, denn ich liebe die grossen Aufzüge nicht ...“

Es war genau 1 Uhr 35 Minuten, als wir zum Tor (des Hotels) hinaustraten ... Wir schritten das Seeufer entlang. Wir gingen eben an dem Braunschweiger-Denkmal vorbei, als die Kaiserin, heiter wie ein sorgloses Kind, auf zwei Bäume hinwies: „Sehen Sie, Irma, die Kastanien blühen. Auch in Schönbrunn gibt es solche zweimal blühende, und der Kaiser schreibt, dass auch sie in voller Blüte sind."

„Majestät, das Schiffssignal", sagte ich und zählte unwillkürlich die auf das Läuten folgenden dumpfen Schläge ... eins ... zwei.

In diesem Moment erblicke ich in ziemlicher Entfernung einen Menschen, der, wie von jemand gejagt, hinter einem Baume am Wegrande hervorspringt und zum nächststehenden anderen läuft, von da zu dem eisernen Geländer am See hinübersetzt, sodann abermals zu einem Baum und so, kreuz und quer über das Trottoir huschend, sich uns naht. „Dass der uns noch aufhalten muss", denke ich, ihm mit den Blicken folgend, als er aufs neue das Geländer erreicht, und, von da wegspringend, schräg auf uns losstürmt.

Unwillkürlich tat ich einen Schritt vorwärts, wodurch ich die Kaiserin vor ihm deckte, allein der Mann stellt sich nun wie einer, der arg strauchelt, dringt vor und fährt im selben Augenblick mit der Faust gegen die Kaiserin. Als ob der Blitz sie getroffen hätte, sank die Kaiserin lautlos zurück, und ich, meiner Sinne nicht mächtig, beugte mich mit einem einzigen verzweiflungsvollen Aufschrei über sie ... Und dann war mir, als tue sich der Himmel vor mir auf. Die Kaiserin sah um sich. Ihre Blicke verrieten, dass sie bei vollem Bewusstsein war, dann erhob sie sich, von mir gestützt, langsam vom Boden. Ein Kutscher half mir ... Wie ein Wunder erschien es mir, als sie jetzt, gerade aufgerichtet, vor mir stand. Ihre Augen glänzten, ihr Gesicht war gerötet, ihre herrlichen Haarflechten hingen, vom Falle gelockert, wie ein langer Kranz um ihr Haupt ... Mit erstickter Stimme, da die Freude den Schrecken überwand, fragte ich sie: „Wie fühlen Sie sich, Majestät? Ist Ihnen nichts geschehen?"

„Nein", antwortete sie lächelnd, „es ist mir nichts geschehen!"

Dass in jener gottverfluchten Hand sich ein Dolch befunden, ahnten in diesem Augenblick weder sie noch ich.

Inzwischen waren von allen Seiten Leute herbeigeströmt, die sich über den brutalen Angriff entsetzten und mit Teilnahme die Kaiserin fragten, ob sie keinen Schaden genommen. Und sie, mit der herzlichsten Freundlichkeit, dankte jedem für die Teilnahme, bestätigte, dass ihr nichts fehle, und gestattete, dass der Kutscher ihr bestaubtes Seidenkleid abbürstete.

Währenddessen war auch der Portier des Beau Rivage zur Stelle gelangt, er hatte vom Tore aus die schreckliche Szene mit angesehen und bat dringendst, ins Hotel zurückzukehren.

„Warum?“ fragte die Kaiserin, während sie ihr Haar in Ordnung zu bringen versuchte, „es ist mir ja nichts geschehen, eilen wir lieber aufs Schiff.“

Sie setzte unterdessen den Hut auf, nahm Fächer und Schirm, grüsste freundlich das Publikum, und wir gingen.

„Sagen Sie, was wollte denn eigentlich dieser Mensch?“ fragte sie unterwegs.

„Welcher Mensch, Majestät? Der Portier?“

„Nein, jener andere, jener furchtbare Mensch?“

„Ich weiss es nicht, Majestät. Aber er ist gewiss ein verworfener Bösewicht.“

„Vielleicht wollte er mir meine Uhr wegnehmen“, sagte sie nach einer Weile.

Wir gelangten an den Hafen. Auf der Schiffsbrücke ging sie noch leichten Schrittes vor mir her, doch kaum hatte sie das Schiff betreten, als ihr plötzlich schwindelte. „Jetzt Ihren Arm“, stammelte sie plötzlich mit erstickender Stimme. Ich umfing sie, konnte sie aber nicht halten und, ihren Kopf an meine Brust pressend, sank ich ins Knie. „Einen Arzt, einen Arzt!“ schrie ich dem zu Hilfe eilenden Lakai entgegen. Die Kaiserin lag totenbleich mit geschlossenen Augen in meinen Armen ... Als ich ihr Antlitz und Schläfe besprengte, öffneten sich ihre Augenlider, und mit Entsetzen erblickte ich hinter ihnen den Tod. Ich habe ihn öfters gesehen, und jetzt erkannte ich ihn in den verglasten Augen. Ich dachte an Herzschlag. Ein Herr machte mich darauf aufmerksam, dass wir uns in der Nähe der Maschine befänden und es besser wäre, die Dame aufs Verdeck zu bringen, wo sie rascher zu sich kommen würde. Mit Hilfe zweier Herren trugen wir sie also aufs Verdeck und legten sie auf eine Bank ... Ein Herr trat herzu und bot mir die Hilfe seiner Gattin an, die halb und halb Aerztin sei und sich auf Krankenpflege verstehe. Madame Dardelle liess Wasser und Eau de Cologne bringen und machte sich sogleich an die Wiederbelebung der Kaiserin. Sie ordnete an. Ich schnitt ihre Miederschnüre auf, während eine barmherzige Schwester ihre Stirn mit Eau de Cologne rieb. Inzwischen war das Schiff abgefahren, aber trotz seiner Bewegung nahm ich wahr, wie die Kaiserin bemüht war, sich zu erheben, damit ich das Mieder unter ihr hervorziehen könnte. Dann schob ich ein in Aether getauchtes Stückchen Zucker zwischen ihre Zähne, und ein Hoffnungsstrahl durchzuckte mich, als ich hörte, dass sie ein- oder zweimal darauf biss.

Auf dem in Bewegung befindlichen Schiffe wehte kühle Seeluft. Die Kaiserin öffnete langsam ihre Augen und lag einige Minuten mit umherirrenden Blicken da, als wollte sie sich orientieren, wo sie sei und was mit ihr geschehen war. Dann erhob sie sich langsam und setzte sich auf. Wir halfen ihr dabei, und sie hauchte, gegen die fremde Dame gewendet: „Merci."

Obgleich die Kaiserin sich aus eigener Kraft sitzend erhielt, sah sie doch sehr gebrochen aus. Ihre Augen waren verschleiert und unsicher, schwankend strich ihr unsicherer Blick umher. Die Passagiere des Schiffes, die uns bisher umstanden hatten, zogen sich zurück, und nur wir blieben um die Kaiserin: Madame Dardelle, die Klosterfrau und der Lakai, dem ich meine Aufträge ungarisch erteilen konnte.

„Was ist denn jetzt mit mir geschehen?" Das waren ihre letzten Worte, dann sank sie bewusstlos zurück. Ich wusste, dass sie dem Tode nahe war. Madame Dardelle labte sie mit Aether. Die Kaiserin trug ein kleines schwarzes Seidenfigaro, das ich, um ihr auch diese Erleichterung zu verschaffen, über der Brust öffnen wollte. Als ich die Bänder auseinanderriss, bemerkte ich auf dem darunter befindlichen Batisthemd, in der Nähe des Herzens, einen dunklen Fleck in der Grösse eines

Silberguldens. Was war das? Im nächsten Augenblick stand die lähmende Wahrheit vor mir. Das Hemd beiseite schiebend, entdeckte ich in der Herzgegend eine kleine dreieckige Wunde, an der ein Tropfen gestockten Blutes klebte. – Luccheni hatte die Kaiserin erdolcht!"

Gräfin Sztáray eilte sofort, angesichts dieser furchtbaren Wirklichkeit, zu dem Kapitän des Schiffes und bat ihn, sofort umzukehren, denn die Dame, die da liege, sei die tödlich verwundete Kaiserin Elisabeth. Stumm gehorchte er und liess das Schiff beikehren, das nun wieder in dem Hafen von Genf landete. Es wird in Eile eine improvisierte Tragbahre gemacht und die sterbende Kaiserin daraufgelegt. Ihr grosser schwarzer Mantel deckt die schmale Gestalt mit dem totenbleichen Gesicht. Ein fremder Herr hält den weissen Schirm Elisabeths sorgsam über sie offen. So kommt dieser traurige Zug mit der Kaiserin ins Hotel zurück, das sie vor kaum einer Stunde ganz froh verlassen hat. Die Gräfin erzählt weiter: „In ihr Zimmer gelangt, legten wir sie auf ihr Bett. Doktor Golay (ein Genfer Arzt) war schon zur Stelle, bald darauf kam der zweite Arzt. Ich zeigte Doktor Golay die Wunde. Er konnte mit seiner Sonde nicht mehr eindringen, weil die Wundöffnung nach der Entfernung des Mieders sich verschoben hatte. „Es ist gar keine Hoffnung", sprach der Arzt nach einer Weile. „Gar keine Hoffnung!" Sie lebte noch, doch atmete sie kaum mehr. Jetzt kam der Priester und gab ihr die Generalabsolution. War da noch Leben in ihr? ... Um 2 Uhr 40 Minuten sprach der Arzt das furchtbare Wort aus. Die edelste Seele, die am schwersten geprüfte von allen, hatte die Erde verlassen, und ihr Entschwinden bezeichnete man mit dem einzigen kurzen Wort: tot."

Im Hotel Beau Rivage wird die Kaiserin, so feierlich es geht, aufgebahrt. Es kommen die Klosterfrauen und die katholische Geistlichkeit, geführt vom Bischof von Fribourg, um an der Leiche zu beten. Gräfin Sztáray, General von Berzeviczy, der sofort aus Caux herbeigeeilt ist, und der österreichische Gesandte in Bern, Graf Kuefstein, halten die Totenwacht. Man hat das Inkognito bis zuletzt gewahrt. Elisabeth wird im Hotel auch im Tode nicht als Kaiserin gehuldigt. Und doch ist am nächsten Tag der Leichenzug ein überaus feierlicher, der die sterbliche Hülle Elisabeths zum Bahnhof führt. Es ist für die ganze Stadt ein Tag der Trauer. Die Glocken der Genfer Kathedrale läuten und bringen Elisabeth den letzten Gruss, ehe ihr Sarg die Stadt verlässt, die sie so sehr geliebt und die ihr doch zum Verhängnis wurde. Die Trauerkundgebung der Schweiz ist ergreifend und würdevoll. Mit gesenkten Waffen ziehen die Schweizer Soldaten, die Polizeigarde in ihren charakteristischen Uniformen, die Mitglieder der Stadtbehörden, die Abgesandten der Kantone, die Gesandten vieler Länder und der endlose Zug trauernder Bürger am Hotel Beau Rivage vorüber und geben dem von sechs Pferden gezogenen Trauerwagen, in dem der Sarg ruht, das letzte Geleit. Zwei Tage später hält die tote Kaiserin ihren Einzug in Wien.

Als Graf Paar dem Kaiser die furchtbare Nachricht, zuerst von einer Verletzung, bald darauf vom Tode Elisabeths überbrachte, da ist Franz Joseph so erschüttert gewesen, dass er sich am Schreibtisch festhalten musste, um nicht umzusinken. Dann lässt er sich schluchzend in seinen Sessel fallen und, den Kopf auf den Schreibtisch gelegt, weint der Kaiser lange fassungslos. Nun empfängt er am 15. September mit Aufbietung aller seiner Kräfte seine tote Gattin in der Hofburgkapelle. Als der Sarg zum Altar hinaufgetragen wird, geht er ihm entgegen und faltet im stillen Gebet seine Hände. Und als der Geistliche den Namen Elisabeths nennt, da bricht Franz Joseph tränenüberströmt am Sarge zusammen. Die Beisetzung der Kaiserin in der Kapuzinergruft ist die imposanteste Trauerkundgebung, die Wien je gesehen. Achtzig Bischöfe stehen vor dem Altar, und die Kirche kann die Menschenmenge, die gekommen ist, um Elisabeth die letzte Ehre zu erweisen, kaum fassen. Noch ein letztes Mal kniet Franz Joseph am Sarge der Toten nieder. Er hat Abschied von ihr genommen, für immer.